博士论文
出版项目

数字化生产力工具突破性创新研究

The Radical Innovation of Digital Workforce Tools

李树文　著

中国社会科学出版社

图书在版编目（CIP）数据

数字化生产力工具突破性创新研究 / 李树文著. --
北京：中国社会科学出版社，2025.3. -- ISBN 978-7-
5227-4561-9

Ⅰ. F120.2

中国国家版本馆 CIP 数据核字第 20245SZ778 号

出 版 人	赵剑英
责任编辑	喻　苗
责任校对	胡新芳
责任印制	李寡寡

出　　版	中国社会科学出版社
社　　址	北京鼓楼西大街甲 158 号
邮　　编	100720
网　　址	http://www.csspw.cn
发 行 部	010-84083685
门 市 部	010-84029450
经　　销	新华书店及其他书店
印　　刷	北京君升印刷有限公司
装　　订	廊坊市广阳区广增装订厂
版　　次	2025 年 3 月第 1 版
印　　次	2025 年 3 月第 1 次印刷
开　　本	710×1000　1/16
印　　张	18
字　　数	255 千字
定　　价	98.00 元

凡购买中国社会科学出版社图书，如有质量问题请与本社营销中心联系调换
电话：010-84083683
版权所有　侵权必究

出 版 说 明

　　为进一步加大对哲学社会科学领域青年人才扶持力度，促进优秀青年学者更快更好成长，国家社科基金2019年起设立博士论文出版项目，重点资助学术基础扎实、具有创新意识和发展潜力的青年学者。每年评选一次。2023年经组织申报、专家评审、社会公示，评选出第五批博士论文项目。按照"统一标识、统一封面、统一版式、统一标准"的总体要求，现予出版，以飨读者。

全国哲学社会科学工作办公室
2024年

摘　　要

　　数字创新是中国践行创新驱动发展战略、构建新发展格局的重要依托，是推动中国经济高质量发展、实现产业数字化与数字产业化的重要动力。虽然近年来中国数字创新取得了显著成绩，涌现出阿里巴巴、京东、腾讯、海尔等一批优秀的数字创新平台型企业，但这仍得益于数字基础设施快速建设红利，尚未真正实现从"数字赋能"到"数智赋能"的实质性转变。这种转变的症结在于数字创新动力与快速发展的数字创新需求不匹配，仍依赖于数字创新初期的累积优势，在纯数字产品方面的突破性创新程度较低，即数字创新的数字动力问题未得到解决。为了解决这一问题，中国需要着力于数字化赋能企业产品突破性创新，从数字化生产力工具突破性创新着手，为打造数字经济新优势提供充足数字动力。那么，数字化生产力工具突破性创新的实现条件有哪些？这些条件如何助推企业实现突破性创新？这些问题亟待得到系统性解答。

　　然而，与这一实践期望相对应的是，当前研究热衷于探讨传统企业的数字化转型问题，将研究对象聚焦于数字化使能企业，而忽视了数字创新的工具性基础及数字化赋能企业转型相关问题，这不利于我们深入理解数字化生产力工具突破性创新的形成过程，进而难以实现为数字使能创新赋能的目的。基于此，本研究在回顾数字创新、产品突破性创新、数字化生产力工具等相关领域研究文献基础上，围绕着"数字化生产力工具如何实现创新突破与持续迭代"这一核心问题，遵循"理论框架构建—迭代过程剖析—实现条件检验"的总分研究逻辑，设计五个子研究。其中，子研究一旨在搭建理论框架，子研究二与子研究三剖析迭代过程，子研究四与子研究五检验实现条件。

具体而言，"数字化生产力工具突破性创新条件与迭代过程的探索性案例研究"（子研究一）回答了数字化生产力工具如何实现突破性创新的阶段、条件及相互关系等系统性问题；"基于价值转型的数字化生产力工具突破性创新迭代过程研究"（子研究二）则深入回答了从普通软件企业向数字化赋能企业转变过程中数字化生产力工具突破性创新如何迭代的问题；"数字化生产力工具突破性创新过程中价值转型困境的破解策略研究"（子研究三）进一步回答了数字化赋能企业在数字化生产力突破性创新过程中如何破解价值转型困境；"基于技术型管理者认知的数字化生产力工具突破性创新的实现条件检验"（子研究四）回答了不同数字意义建构水平下技术型管理者认知如何通过资源配置与动态能力双重路径实现数字化生产力工具突破性创新的问题；"动态能力与资源配置对数字化生产力工具突破性创新的组态影响"（子研究五）回答了资源配置要素与动态能力要素如何匹配才能更好增进数字化生产力工具突破性创新的问题。具体结论如下。

子研究一：数字化生产力工具突破性创新条件与迭代过程的探索性案例研究

通过文献梳理与探索性案例研究方法，本研究对容智信息科技的中、高层管理者以及基层员工进行访谈，并对访谈材料进行整理、编码与归纳，分析数字化生产力工具突破性创新的条件与迭代过程。研究发现：（1）数字化生产力工具突破性创新的条件是行业技术变革、市场结构更替、政策目标取向等外部情境刺激管理者认知，并借助战略性意义建构启动组织开发动态能力与资源配置间关系的过程。（2）数字化生产力工具突破性创新的迭代过程依次经历了场景式数字化、泛用式数字化、交互式数字化三个数字化阶段。（3）随着不同数字化阶段的外部情境变化，管理者认知由技术判断型转变为技术创造型，再转变为技术拓展型，呈现出"创造性搜寻—关键性突破—前瞻性拓展"的认知演变规律。（4）随着管理者认知在不同数字化阶段的演变，资源配置与动态能力间关系表现出一种从分离到共生的迭代逻辑，即从相互分离的"独奏"关系转变为单向影响的"协奏"关系，再转变为协同共生的"合奏"关系。（5）伴随着组织资源与能力间关系更迭，数字化生产力工具突破性创新在不同数字化阶段依次涌现，实现了数字化领域开拓到数字化技术独占的"连接"迭代，再到数字化赋能提质的"赋新"迭代。

子研究二：基于价值转型的数字化生产力工具突破性创新迭代过程研究

基于子研究一获得的理论框架，子研究二将深入回答从普通软件企业向数字化赋能企业转型过程中，数字化生产力工具突破性创新如何迭代的问题。依据理论框架得出的"连接—赋新"迭代节点，结合数字化转型的价值转变逻辑，本研究以容智信息科技公司为调研对象，采用结构化的数据分析方法，构建出数字化赋能企业在数字化转型进程中从基于产品竞争的价值交易到基于数字共生的价值共创的转变过程模型。研究发现：（1）数字化赋能企业从价值交易转向价值共创需经历连接迭代与赋新迭代两个过程，而连接迭代过程为赋新迭代过程奠定了数字资源基础；（2）在连接迭代中，数字化赋能企业通过前瞻性认知、适应性重构、创造性搜寻三个节点突破资源受限，形成数字资源优势，实现了从普通软件供应商到数字化赋能企业、以产品为中心到以客户为中心的转变；（3）在赋新迭代中，创新型企业通过聚合、衍射、共生三个节点打破路径依赖，发展智能生态，实现了从满足客户现有需求到挖掘客户潜在需求、从产品主导逻辑到服务主导逻辑的转变；（4）数字化赋能企业的价值转型表现出一种在数字战略认知中的持续迭代与跃升逻辑，即在连接—赋新两个节点的循环迭代中解决资源受限与路径依赖问题，并从突破资源受限的连接迭代向打破路径依赖的赋新迭代跃升的过程。

子研究三：数字化生产力工具突破性创新过程中价值转型困境的破解策略研究

基于子研究二的价值转型过程，子研究三进一步回答数字化赋能企业如何在数字化生产力工具突破性创新过程中破解"既需要利益相关者支持又通过突破性创新挑战相关者的既有利益"的价值转型困境。本研究以零赛云为调研对象，通过纵向案例分析方法，构建出数字化赋能企业破解价值转型困境的过程模型。研究发现：（1）数字化赋能企业破解价值转型困境是企业为应对不同张力而依次实施裂变式、赋能式与开放式共创的过程，并体现为"身份主张—价值行动"的共创机制动态迭代。（2）在裂变式共创阶段，企业通过身份信号释放与互补价值开发来发展衍生产品矩阵；在赋能式共创阶段，企业通过服务身份加工与地位价值撬动来建构技术平台；在开放式共创阶段，企业通过关系身份运动与平台价值主导来建构模块化生态平台。（3）在价值转型困境破解过程中，身份主张呈现出从需求侧的信号释放到身份加工，再到供需双侧的身份运动的进阶；价值行动呈现出从产品矩阵式开发到地位杠杆化撬动，再到平台主导性联结的升阶。（4）随着阶段性更迭，企业实现了从低集成度到高集成度的技术溢出，以及技术平台到生态平台的平台溢出，完成了"产品矩阵—技术平台—生态平台"的演进。

子研究四：基于技术型管理者认知的数字化生产力工具突破性创新的实现条件检验

基于子研究一获得的理论框架，子研究四将着重探讨不同意义建构水平下技术型管理者认知如何通过资源配置与动态能力实现数字化生产力工具突破性创新。依据技术型管理者认知的自然属性与社会属性，本研究从知识与社会化互动视角分别选择知识场活性与组织情绪能力作为技术型管理者认知对数字化生产力工具突破性创新的影响路径。本研究基于389名数字化赋能企业中高层管理者的问卷调查，运用层次回归分析、bootstrapping、结构方程模型等方法检验发现：（1）知识场活性与组织情绪能力分别在技术型管理者认知与数字化生产力工具突破性创新间起部分中介作用。(2) 在高数字意义建构情境下，技术型管理者认知更能通过知识场活性与组织情绪能力影响数字化生产力工具突破性创新。(3) 虽然数字意义建构能够强化知识场活性、组织情绪能力的第一阶段中介作用，但这一效应并非总是有效的，只有当数字意义建构大于 2.83 时（5 分为满分），组织情绪能力的中介作用才更有效，当数字意义建构大于 3.01 时（5 分为满分），知识场活性的中介作用才更有效。

子研究五：动态能力与资源配置对数字化生产力工具突破性创新的组态影响

基于子研究四的实证检验结果，子研究五将着重探究资源配置要素与动态能力要素如何匹配才能更好增进数字化生产力工具突破性创新。依据理论框架，并结合数字创新情境，本研究在动态能力层次选择容错能力、市场能力与战略能力作为条件，在资源配置层次选择高级人力资本与大数据作为条件。在上述 5 个条件下，本研究将引入组态思维，运用定性比较分析方法探讨动态能力与资源配置对数字化生产力工具突破性创新的组态影响。研究发现：(1) 产生高数字化生产力工具突破性创新的路径有能力驱动型与资源配置型两种构型。其中，能力驱动型是非高容错能力、高市场能力、高战略能力作为核心条件，高高级人力资本、高大数据作为边缘条件的构型；资源配置型是高容错能力、高高级人力资本、高大数据作为核心条件，高市场能力与高战略能力作为边缘条件的构型。(2) 产生非高数字化生产力工具创新突破的路径有人力缺失型、能力失效型与资源空洞型三种构型。其中，人力缺失型是非高容错能力、非高高级人力资本作为核心条件，非高战略能力作为边缘条件；能力失效型是非高大数据作为核心条件，高容错能力、高市场能力、高战略能力作为边缘条件的构型；资源空洞型是非高大数据作为核心条件，高容错能力、非高高级人力资本作为边缘条件的构型。(3) 产生高数字化生产力工具创新突破与非高数字化生产力工具创新突破的路径间存在非对称关系。

本研究对复杂多变的数字创新情境下提炼和升华具有深刻洞见的管理理论、推进数字创新管理实践的情境化发展具有重要启示。首先，本研究不再局限于数字化使能企业的数字化转型问题，而是嵌入数字化赋能企业管理情境，关注数字动力问题，这丰富和拓展了数字创新的管理边界，推动数字创新管理理论从使能创新回溯至赋能创新。其次，本研究明晰了数字化生产力工具突破性创新的实现条件，这不仅丰富了数字化生产力工具突破性创新的形成机制，将竞争优势来源从资源配置与动态能力间关系拓展至管理者认知，而且厘清了不同形式的资源配置与动态能力在数字化生产力工具突破性创新形成中的作用差异。最后，本研究揭示了不同阶段数字化生产力工具突破性创新的迭代关系，这不仅为数字化赋能企业实现生产力工具突破性创新提供了理论指导，而且为数字化赋能企业实现数字化转型提供了实践启示。

关键词：数字化生产力工具；产品突破性创新；价值共创；技术型管理者认知；数字意义建构

Abstract

Digital innovation is an important support for China to implement the innovation-driven development strategy and build a new development pattern. It is an important driving force to promote China's high-quality economic development and realize industrial digitization and digital industrialization. Although China's digital innovation has made remarkable achievements in recent years, with the emergence of a number of excellent digital innovation platform enterprises such as Alibaba, JD, Tencent and Haier, it still benefits from the dividend of rapid construction of digital infrastructure, and has not really realized the substantive transformation from "digital empowering" to "digital enabling". The crux of this transformation lies in the mismatch between the digital innovation power and the rapidly developing digital innovation demand. It still depends on the accumulated advantages in the early stage of digital innovation. The degree of radical innovation in pure digital products is low, that is, the digital power problem of digital innovation has not been solved. In order to solve this problem, China needs to focus on the radical innovation of digital workforce tools to provide sufficient digital power for building new advantages of digital economy. Thus, what are the conditions for realizing the radical innovation of digital workforce tools? How can these conditions help enterprises achieve radical innovation? These problems need to be solved systematically.

However, corresponding to this practical expectation, the current research is keen to explore the digital transformation of traditional enterprises, focusing on digital enabling enterprises, while ignoring the instrumental basis of digital innovation and issues related to the transformation of digital empowering enterprises, which is not conducive to our in-depth understanding of the formation process of radical innovation of digital workforce tool. Furthermore, it is difficult to achieve the purpose of empowering digital enabling innovation. Based on this, on the basis of reviewing the research literature in related fields such as digital innovation and radical product innovation, this study focuses on the core issue of "how digital workforce tools realize radical innovation and continuous iteration", and follows the total score research logic of "theoretical framework construction-iterative process analysis-realization condition test". Among them, substudy one aims to construct a theoretical framework, substudy two and substudy three analyze the iterative process, and substudy four and substudy five test the implementation conditions.

Specifically, "exploratory case study on radical innovation conditions and iterative process of digital workforce tools" (sub study 1) answers systematic questions such as how digital workforce tools realize radical innovation, conditions and relationships; "Research on the iterative process of digital workforce tools based on value transformation" (sub research 2) answers the question of how to iterate digital workforce tools in the process of transformation from ordinary software enterprises to digital enabling enterprises; "a study on the strategies for resolving the value transformation dilemma in the process of digital workforce tools radical innovation" (sub research 3) further addresses how enterprises empowered by digital technologies can overcome challenges in value transformation during the digital workforce tools radical innovation; "test on the realization conditions of the radical innovation of digital workforce tools based on the technical managers' cognition" (sub study 4) answers the question of how the technical managers' cognition realizes the radical innovation of digital workforce tools through the dual path of resource allocation and dynamic capability under different levels of digital sensemaking; "the configuration impact of dynamic capability and resource allocation on the radical innovation of digital workforce tools" (sub study 5) addresses how the alignment of resource allocation and dynamic capabilities elements enhances radical innovation in digital workforce tools. The specific conclusions are as follows.

Sub study 1: Exploratory case study on generation and iteration process of radical innovation of digital workforce tools

Through literature review and exploratory case study, we interview the middle and senior managers and front line employees of Rongzhi information technology, sort out, code and summarize the interview materials, and analyze the generation and iteration process of radical innovation of digital workforce tools. It is found that: (1) the conditions for the radical innovation of digital workforce tools are that external situations such as industrial technological change, market structure replacement and policy goal orientation stimulate managers' cognition, and start the process of the relationship between dynamic capability and resource allocation with the help of strategic sensemaking. (2) The iterative process of radical innovation of digital workforce tools has successively experienced three digital stages: scene digitization, universal digitization and interactive digitization. (3) With the change of external situation in different digital stages, managers' cognition changes from technical judgment to technical cretivity, and then to technical expansion, showing the cognitive evolution law of creative search, key breakthrough and forward-looking expansion. (4) With the evolution of managers' cognition in different digital stages, the relationship between resource allocation and dynamic capability shows an iterative logic from separation to symbiosis, that is, from the separated "solo" relationship to the unidirectional "concerto" relationship, and then to the collaborative "ensemble" relationship. (5) With the change of the relationship between organizational resources and capabilities, the radical innovation of digital workforce tool have emerged in different digital stages, realizing the "connecting" iteration of digital field development to digital technology monopoly, and then to the "endowing" iteration of digital empowerment and quality improvement.

Sub study 2: Research on iterative process of digital workforce tools based on value transformation

Based on the theoretical framework obtained in sub study 1, sub study 2 will answer the question of how to iterate digital workforce tools in the process of transformation from ordinary software enterprises to digital empowering enterprises. According to the "connecting-endowing" iterative node obtained from the theoretical framework, combined with the value transformation logic of digital transformation, this study takes Rongzhi information technology company as the research object, and uses the structured data analysis method to construct the transformation process model of innovative enterprises from value transaction to value co-creation in the process of digital transformation. It is found that: (1) the transformation of digital empowering enterprises from value transaction to value co-creation needs to go through two processes: "connecting" iteration and "endowing" iteration, and the "connecting" iteration process lays the digital resource foundation for the "endowing" iteration process; (2) In "connecting" iteration, digital empowering enterprises breakthrough resource constraints through three nodes: forward-looking cognition, adaptive reconstruction and creative search, form digital resource advantages, and realize the transformation from ordinary software suppliers to digital empowering enterprises, and from product-centered to customer-centered; (3) In the "endowing" iteration, digital empowering enterprises break the path dependence through three nodes: aggregation, diffraction and symbiosis, develop intelligent ecology, and realize the transformation from meeting customers' existing needs to mining customers' potential needs, and from product-orientated logic to service-orientated logic; (4) The value transformation of digital empowering enterprises shows a logic of continuous iteration and jump in the digital strategy cognition, that is, solve the problems of resource constraints and path dependence in the circular iteration of "connecting" and "endowing" nodes, and jump from the "connecting" iteration breaking through resource constraints to the "endowing" iteration breaking path dependence.

Sub study 3: Research on strategies for resolving value transformation dilemma in radical innovation process of digital workforce tools

Building on the value transformation process in sub-study two, sub-study three further explores how digital empowering enterprises to solve the value transformation dilemma of "needing support from stakeholders while challenging stakeholders' existing interests through radical innovation" in the process of radical innovation of digital workforce tools. Taking Leansight as a research subject, this study constructs a process model for digital empowering enterprises to resolve the value transformation dilemma through longitudinal case analysis. The study reveals that: (1) the process of digital empowering enterprises resolving the value transformation dilemma involves implementing a sequence of fission, empowerment, and open co-creation in response to different tensions, and it manifests as a dynamic iteration of "identity claim-value action" mechanism. (2) In the fission co-creation stage, enterprises develop derivative product matrices through identity signal release and complementary value development; in the empowering co-creation stage, enterprises construct technological platforms through service identity processing and leveraging status value; in the open co-creation stage, enterprises build modularized ecological platforms through relationship identity movement and platform value dominance. (3) In the process of resolving the value transformation dilemma, identity claim evolves from signal release on the demand side to identity processing, and then to advanced identity movement on both sides of supply and demand; value action evolves from matrix-like product development to leverage-driven status value, and then to the ascension of platform-dominant connections. (4) With the phased transition, enterprises achieve technology spillover from low to high integration, as well as platform spillover from technological platform to ecological platform, completing the evolution from "product matrix-technology platform-ecological platform

Sub study 4: Test on the antecedents of digital workforce tool radical innovation based on the technical managers' cognition

Based on the theoretical framework obtained in sub study 1, sub study 4 will focus on how the technical managers' cognition affects the radical innovation of digital workforce tools through resource allocation and dynamic capability under different levels of digital sensemaking. According to the natural and social attributes of technical managers' cognition, this study selects knowledge field activity and organizational emotional capability as the influence path of technical managers' cognition on the radical innovation of digital workforce tools from the perspective of the knowledge and social interaction, respectively. Based on the questionnaire survey of 389 middle and senior managers of digital enabling enterprises, this study uses the methods of hierarchical regression analysis, bootstrapping and structural equation model to test and find that: (1) knowledge field activity and organizational emotional capability play a partial mediating role between the technical managers' cognition and the radical innovation of digital workforce tools, respectively. (2) In the context of high digital sensemaking, the technical managers' cognition can affect the radical innovation of digital workforce tools through the knowledge field activity and organizational emotional capability; (3) Digital sensemaking can strengthen the mediation effect of knowledge field activity and organizational emotional capability in the first stage, but this effect is not always effective. Only when digital sensemaking is greater than 2.83 (full score of 5 points), the mediation effect of organizational emotional capability will be more effective. When digital sensemaking is greater than 3.01 (full score of 5 points), the mediation effect of knowledge field activity is more effective.

Sub study 5: The configuration impact of dynamic capability and resource allocation on the radical innovation of digital workforce tools

Based on the theoretical framework obtained by sub study 1, sub study 2 will further answer how to match them to produce highradical innovation of digital workforce tools. According to the theoretical framework and the situation of digital innovation, this study selects fault tolerance capability, market capability and strategic capability as conditions at the level of dynamic capability, and senior human capital and big data as conditions at the level of resource allocation. Under the above five conditions, this study will introduce configuration thinking and use qualitative comparative analysis (QCA) method to explore the configuration impact of dynamic capability and resource allocation on the radical innovation of digital workforce tools. It is found that: (1) the path of high radical innovation of digital workforce tools has two configurations: capability-driven and resource-allocation. Among them, capability-driven is a configuration with non high error tolerance capability, high market capability and high strategic capability as the core conditions, high-level human capital and high data as the peripheral conditions; Resource allocation is a configuration with high error tolerance capability, high senior human capital and high data as the core conditions and high market capability and high strategic capability as the peripheral conditions. (2) There are three types of paths for the non high radical innovation of digital workforce tools: lack of talents, capability failure and empty resources. Among them, the lack of talents is non high error tolerance capability, non high senior human capital as the core condition, and non high strategic capability as the peripheral condition; Capability failure is a configuration in which non big data is the core condition and high error tolerance capability, high market capability and high strategic capability are the peripheral conditions; The empty resources is a configuration with non big data as the core condition and high error tolerance capability and non high senior human capital as the peripheral condition. (3) There is an asymmetric relationship between the paths of the high radical innovation of digital workforce tool and non high radical innovation of digital workforce tool.

This study has important enlightenment for refining and sublimating management theory with profound insight under the complex and changeable digital innovation situation, and promoting the situational development of digital innovation management practice. Firstly, this study is no longer limited to the digital transformation of digital enabling enterprises, but embeds the management situation of digital empowering enterprises and pays attention to the problem of digital power, which enriches and expands the management boundary of digital innovation and promotes the digital innovation management theory to trace back from enabling innovation to empowering innovation. Secondly, this study clarifies the realization conditions of the radical innovation of digital workforce tools and the configuration effect of different conditions on the radical innovation of digital workforce tools, which not only enriches the formation mechanism of digital workforce tools, but also expands the source of competitive advantage from the relationship between resource allocation and dynamic ability to managers' cognition, It also clarifies the differences of different forms of resource allocation and dynamic capability in the formation of the radical innovation of digital workforce tools. Finally, this study reveals the iterative relationship of the radical innovation of digital workforce tool in different stages, which not only provides theoretical guidance for digital empowering enterprises to realize the radical innovation of workforce tools, but also provides practical enlightenment for digital empowering enterprises to realize digital transformation.

Key Words: Digital workforce tools; Radical product innovation; Value co-creation; Technical managers' cognition; Digital sensemaking

目 录

第一章 绪论 …………………………………………………（1）
  第一节 研究背景 ……………………………………（1）
  第二节 研究目的与研究意义 ………………………（8）
  第三节 研究设计 ……………………………………（15）
  第四节 主要创新点 …………………………………（22）
  第五节 本章小结 ……………………………………（25）

第二章 文献综述 …………………………………………（27）
  第一节 数字创新研究综述 …………………………（27）
  第二节 产品突破性创新研究综述 …………………（35）
  第三节 数字化生产力工具研究综述 ………………（44）
  第四节 组织意义建构研究综述 ……………………（46）
  第五节 本章小结 ……………………………………（61）

第三章 数字化生产力工具突破性创新条件与迭代过程的
    探索性案例研究 …………………………………（63）
  第一节 研究目的 ……………………………………（63）
  第二节 相关理论与研究框架 ………………………（64）
  第三节 研究设计 ……………………………………（68）

第四节　数据收集 …………………………………………（71）
　　第五节　案例分析与发现 …………………………………（75）
　　第六节　本章小结 …………………………………………（90）

第四章　基于价值转型的数字化生产力工具突破性创新
　　　　迭代过程研究 …………………………………………（91）
　　第一节　研究目的 …………………………………………（91）
　　第二节　相关理论与研究框架 ……………………………（92）
　　第三节　研究设计 …………………………………………（95）
　　第四节　案例分析与发现 …………………………………（100）
　　第五节　本章小结 …………………………………………（114）

第五章　数字化生产力工具突破性创新过程中价值转型
　　　　困境的破解策略研究 …………………………………（115）
　　第一节　研究目的 …………………………………………（116）
　　第二节　相关理论与研究框架 ……………………………（116）
　　第三节　研究方法 …………………………………………（119）
　　第四节　案例分析与发现 …………………………………（126）
　　第五节　本章小结 …………………………………………（142）

第六章　基于技术型管理者认知的数字化生产力工具突破性
　　　　创新的实现条件检验 …………………………………（144）
　　第一节　研究目的 …………………………………………（145）
　　第二节　理论基础与研究假设 ……………………………（145）
　　第三节　研究设计 …………………………………………（153）
　　第四节　实证研究 …………………………………………（157）
　　第五节　本章小结 …………………………………………（171）

**第七章　动态能力与资源配置对数字化生产力工具突破性
　　　　创新的组态影响** ……………………………………… (172)
　　第一节　研究目的 ………………………………………… (173)
　　第二节　理论基础与模型构建 …………………………… (174)
　　第三节　方法选择 ………………………………………… (179)
　　第四节　数据收集 ………………………………………… (180)
　　第五节　变量测量 ………………………………………… (181)
　　第六节　描述性统计分析与变量校准 …………………… (184)
　　第七节　实证分析 ………………………………………… (185)
　　第八节　本章小结 ………………………………………… (189)

第八章　研究结论与展望 ……………………………………… (191)
　　第一节　研究结论 ………………………………………… (191)
　　第二节　理论贡献 ………………………………………… (201)
　　第三节　管理启示 ………………………………………… (208)
　　第四节　研究不足与展望 ………………………………… (211)

附录一　容智信息的访谈提纲 ……………………………… (213)
附录二　零赛云的访谈提纲 ………………………………… (217)
附录三　子研究四调查问卷 ………………………………… (223)
附录四　子研究五调查问卷 ………………………………… (227)

参考文献 ……………………………………………………… (232)

索　引 ………………………………………………………… (258)

致　谢 ………………………………………………………… (260)

Contents

Chapter 1 Introduction .... (1)
  1.1 Research background .... (1)
  1.2 Research objectives and implications .... (8)
  1.3 Research design .... (15)
  1.4 Main contributions .... (22)
  1.5 Summary of this Chapter .... (25)

Chapter 2 Literature Review .... (27)
  2.1 Review of digital innovation .... (27)
  2.2 Review of radical product innovation .... (35)
  2.3 Review of digital workforce tools .... (44)
  2.4 Review of organizational sense making .... (46)
  2.5 Summary of this chapter .... (61)

Chapter 3 Exploratory case study on generation and iteration process of radical innovation of digital workforce tools .... (63)
  3.1 Research objectives .... (63)
  3.2 Relevant theories and research framework .... (64)
  3.3 Research design .... (68)
  3.4 Data collection .... (71)

3.5　Case analysis and findings ……………………………… (75)
3.6　Summary of this chapter ………………………………… (90)

Chapter 4　Research on iterative process of digital workforce tools based on value transformation …………… (91)
4.1　Research objectives ………………………………………… (91)
4.2　Relevant theories and research framework …………… (92)
4.3　Research design …………………………………………… (95)
4.4　Case analysis and findings ……………………………… (100)
4.5　Summary of this chapter ………………………………… (114)

Chapter 5　Research on strategies for resolving value transformation dilemma in radical innovation process of digital workforce tools ……………… (115)
5.1　Research objectives ………………………………………… (116)
5.2　Relevant theories and research framework …………… (116)
5.3　Research method …………………………………………… (119)
5.4　Case analysis and findings ……………………………… (126)
5.5　Summary of this chapter ………………………………… (142)

Chapter 6　Test on the antecedents of digital workforce tool radical innovation based on the technical managers' cognition ……………………………… (144)
6.1　Research objectives ………………………………………… (145)
6.2　Theoretical foundations and research hypotheses ……… (145)
6.3　Research design …………………………………………… (153)
6.4　Empirical research ………………………………………… (157)
6.5　Summary of this chapter ………………………………… (171)

Chapter 7 The configuration impact of dynamic capability and resource allocation on the radical innovation of digital workforce tools (172)
  7.1 Research objectives (173)
  7.2 Theoretical foundation and model construction (174)
  7.3 Method selection (179)
  7.4 Data collection (180)
  7.5 Variable measurement (181)
  7.6 Descriptive statistical analysis and variable calibration (184)
  7.7 Empirical analysis (185)
  7.8 Summary of this chapter (189)

Chapter 8 Conclusion and future direction (191)
  8.1 Research Conclusions (191)
  8.2 The Oretical Contributions (201)
  8.3 Managerial Implications (208)
  8.4 Research Limitations and Future Directions (211)

Appendix 1 Interview Outline for Infodator (213)
Appendix 2 Interview Outline for Leansight (217)
Appendix 3 Survey Questionnaire for Sub-study Four (223)
Appendix 4 Survey Questionnaire for Sub-study Five (227)

References (232)

Indexes (258)

Acknowledgements (260)

第一章

绪　论

第一节　研究背景

一　现实背景

当前中国供给侧结构性改革处于关键期，产品创新在竞争市场与经济改革中的作用逐渐凸显，其成为企业获得跨越式发展、可持续发展、高质量发展及市场竞争优势的重要路径选择。改革开放以来，作为自主创新的后发国，中国通过引进先进技术进行产品渐进性创新，逐渐缩小与发达国家的技术差距，实现了经济的快速发展，但这种产品渐进性创新模式却无法实现超越与突破。科技主导权的缺失致使中国企业时常遭遇国外企业在芯片供应、核心专利等方面的遏制。党的十八大以来，习近平总书记也多次指出："核心技术靠化缘是要不来的，只有自力更生。"显然，企业唯有着力于以全新产品和全新技术为基础的突破性创新，掌握领先技术，制造先进产品，方能在激烈的竞争局势中立于不败之地，并有效服务于国家战略。突破性创新可以大幅度提高产品性能，重塑企业市场地位，能够从根本上改变其技术轨迹和组织能力，是企业获取和保持持续竞争优势的重要基础。为了应对各种外部危机、服务国家战略与掌控核心产品技术，企业如何实现产品突破性创新成为我们亟须探索的重要议题。

伴随着工业经济时代向数字经济时代的变迁，数字技术改变了原有产品形态、作用方式以及竞争优势的获得渠道（Nambisan et al.，2017）。在工业经济时代，产品突破性创新源于产品实体的市场建构以及技术优势。由于数字经济时代的到来，信息技术革命也将采用智能化工具发展数字化产品（Colbert et al.，2016），其突破性创新更多源于数字化生产力工具的突破性创新。数字化生产力工具突破性创新是指数字化赋能企业采用与现有数字产品不同的数字技术、比现有数字产品更好满足和挖掘客户需求的纯数字产品创新。在管理实践中，数字化企业被分为数字化赋能企业与数字化使能企业两种类型，前者旨在提升数字效率、打造更先进的数字化生产力工具，如容智信息科技、UiPath等企业，后者旨在运用工具创造价值、优化流程，如林清轩等传统制造企业。而从赋能到使能的过程构成了完整的数字创新链条。数字创新是指企业运用虚拟现实、人工智能、大数据、云计算等数字技术改变原有产品、流程、商业或服务模式的过程（Yoo et al.，2010），它是数字经济时代企业实现产品突破性创新、可持续发展、经济社会实现高质量发展的必要条件（Svahn et al.，2017）。为此，数字创新成为构建新发展格局、增强国家数字竞争力、推动万物互联、践行数实共生的重要战略性力量。

（1）数字创新成为国家重要战略支撑。当今世界正经历百年未有之大变局，科技创新处于常态化的变动之中，我们只有在变局中开新局，准确识变、科学应变、主动求变，才能因时而变、随事而制、乘势而进。随着大数据、云计算、人工智能等智能化工具的迅速兴起，数字经济逐渐成为中国实现高质量发展、构建新发展格局的重要依托。据《中国数字经济发展白皮书（2021）》显示，2020年中国数字经济市场规模为39.2万亿元，占GDP的38.6%。数字经济增速达GDP增速的3.2倍，成为稳定经济增长的关键动力。在数字经济浪潮下，数字创新的战略重要性日益突显，以云计算、大数据、区块链、物联网等数字技术为核心的创新结构不断驱动中国产业生态变革，并催生了工业互联网、智能制造、平台经济、车联网、两化融合等众多新型产业生态（谢小云等，2021）。

面对数字经济发展形势与数字重构创新范式，国家在《国民经济和社会发展第十四个五年（2021—2025年）规划和2035年远景目标纲要》明确提出"加快数字化发展，建设数字中国""加快建设数字经济、数字社会、数字政府，以数字化转型整体驱动生产方式、生活方式和治理方式变革"等愿景规划，以此来推动数字创新的蓬勃与健康发展。习近平总书记在二十国集团领导人第十五次峰会上再次强调"要主动应变、化危为机，以科技创新和数字化变革催生新的发展动能"。李克强总理在2020年政府工作报告中将"打造数字经济新优势"作为国家发展的重要方向。可见，数字创新已经成为中国践行创新驱动发展战略的重要工具，也是中国打造数字竞争力的重要载体。

虽然近年来中国数字创新取得了显著成绩，涌现出阿里巴巴、京东、腾讯、海尔等一批优秀的数字创新平台型企业，但这得益于数字基础设施快速建设红利，而尚未真正实现从"数字赋能"到"数智赋能"的实质性转变，仍然存在数字动力不足等问题。这种转变的症结在于数字创新能力与快速发展的数字创新需求不匹配，仍依赖于数字创新初期的累积优势（魏江和刘洋，2020），在纯数字产品方面的突破性创新程度较低，即数字创新的数字动力问题未得到解决。为了解决这一问题，中国需要着力于数字化生产力工具突破性创新，为打造数字经济新优势提供充足数字动力。

（2）数字化生产力工具为数字创新提供数字动力。随着数字创新的深入发展，根据"能"的来源，管理实践将数字创新分为使能创新与赋能创新。使能创新旨在解决数字价值创造的问题，而赋能创新旨在解决数字技术效率提升的问题（陈剑等，2020）。从使能创新视角来看，管理实践将数字创新的本质提升到了经济关系层面，认为其本质是生产力重构，即运用数字技术帮助传统行业打破信息隔离与信息垄断，进而改善生产关系。从赋能创新视角来看，赋能是使能创新的源头，数字化企业通过赋能创新为传统行业数字化转型提供纯数字产品。而管理实践将数字化赋能企业提供的纯数字产品被称为数字化生产力工具。

当前众多数字化企业致力于运用生产力工具推动传统企业数字化转型、提升工作效率、转变价值创造方式。例如，华为通过 CloudLink 重新定义生产力工具价值，为企业全场景化办公赋能，将移动终端、会议终端、桌面终端无缝接入，实现互联互通；微软通过 Microsoft Remote Assist 将物理世界与数字世界融为一体，为企业远程工作互动体验赋能，打造面向现代工作环境的混合现实应用，提升企业远程协作效率；容智信息科技通过人工智能机器人，为白领人员解放双手赋能，推动企业由重复性工作向创造性工作转变，最大化释放生产效能。但与此同时，使能创新的蓬勃发展也为赋能创新提出了更高要求，这要求数字化生产力工具不再局限于简单的数字编辑与多端互联等需求满足性创新，而是需要通过更大程度的工具突破性创新为传统企业数字化发展创造需求（陈春花等，2019）。京东集团首席战略官廖建文提出，在数字经济时代，数字创新的逻辑已经从竞争转向共生，数字化企业的关键价值已不在于满足传统企业的数字化需求，而在于能否为传统企业创造需求（陈春花，2021）。这表明数字创新将会面临更加复杂的创新情境与创新过程，需要更具技术性与突破性的生产力工具来为数字创新提供动力。

（3）数字创新情境独特性为数字化生产力工具突破性创新提出更高要求。在数字经济时代，创新情境发生了本质变化，如产品主导逻辑转变为服务主导逻辑，即产品为中心的价值需求满足已经逐渐被以客户为中心的价值需求创造所替代。创新战略的本质与形态也发生着颠覆性变化，如传统企业的战略目标是获得比较优势，其竞争优势获得需要通过异质性资源领先于竞争对手。但数字化企业的战略目标是寻找共生伙伴，其竞争优势更多源于管理者认知的改变，不再由异质性资源决定。这种转变是因为数字资源是可流动、可复制的，它在某种程度上已经不能满足资源基础观所强调的不可模仿、难以替代等资源特性（魏江和刘洋，2020）。为此，创新逻辑与战略形态的情境改变为数字化生产力工具突破性创新的形成提出更高要求。

在数字情境下，管理者认知成为数字化生产力工具突破性创新的来源，他们不能再沿用过去的认知和经验来判断数字化带来的可能性，而要在数字化价值与数字化本质方面拓展认知边界。在数字化价值方面，管理者认知须由原来满足客户价值需求转向创造客户价值需求，这对管理者在生产力工具突破性创新方面的数字化认知与判断提出更高要求。例如柯达管理者未真正理解数字技术将会带来消费行为的改变，而不恰当地将数字技术运用在拓展胶片业务方面，最终于 2012 年申请破产；相比之下，富士胶片总裁在 2003 年认为在数字经济时代，富士将不再是胶片公司或数码公司，而是以尖端技术为核心的多元化公司，并嵌入数字化战略，最终大获成功。可见，两家企业管理者认知差异导致其获得截然不同的结果。在数字化本质方面，"连接比拥有更重要"的独特数字情境要求管理者在数字化生产力工具突破性创新方面要具备更高层次的认知理念。与传统软件企业的特定软件产品不同，数字化赋能企业要借助更先进的数字化生产力工具为使能企业提供全套服务解决方案，即依靠"连接"构建数字生态。容智信息科技 CEO 在创造 iBot 时便认识到跨平台操作将成为未来生产力工具应用的重要场景，这一认知为其近 3 年的强势发展奠定了关键基础。

平安集团董事长马明哲指出，数字化不仅仅是一场技术革命，更是认知革命，在企业战略、组织、管理、运营、人才、服务等方面，带来思维模式上的巨大颠覆与产业实践上的系统变革。虽然众多管理实践证据已经证实数字创新情境独特性为数字化生产力工具突破性创新的形成提出了更高要求，尤其要求企业管理者的认知边界更加开放。但关于管理者认知如何在数字化生产力工具突破性创新过程中发挥作用，却尚未可知。为此，我们需要深入探讨数字化生产力工具突破性创新的形成条件与迭代过程。

二 理论背景

1. 数字创新研究需要关注生产力工具创新

数字创新是近年来创新管理领域研究的热点议题。现有数字创新理论将数字创新的主线分为创新支撑、创新流程与创新产出（刘洋等，2020）。其中，创新支撑研究从系统视角聚焦于数字创新实现的基础设施，如数字分层架构、数字生态系统、数字平台等；创新流程研究从过程视角关注数字创新实现的动态条件，如环境—启动—开发—应用的数字创新行动过程（Kohli & Melville，2019）、数字创新的路径设计逻辑（Nambisan et al.，2017）等；创新产出则着重强调数字创新带来的组织结果，如数字产品创新、数字商业模式创新等。陈剑等（2020）则从"能"的作用差异着手，探讨了赋能创新与使能创新的区别，前者更注重数字化生产力工具的效率提升，而后者更注重将数字化生产力工具应用至特定场景进行价值创造。创新支撑与创新流程更强调赋能创新，创新产出则更强调使能创新。

虽然从整个数字创新理论主线来看，相比使能创新，赋能创新决定着数字创新的效率与底层逻辑。但意外的是，当前众多研究热衷于探讨传统企业数字化转型问题（单宇等，2021），将研究对象聚焦于数字化使能企业，而忽视了数字创新的工具性基础以及数字化赋能企业的数字化转型问题，这不利于我们深入理解"从赋能到使能"的数字创新过程。数字化转型的本质是生产力重构，数字化转型企业能否实现"使能"的关键在于"能"，巧妇难为无米之炊，传统企业只有获得数字"赋能"才能实施"使能"过程（陈剑等，2020）。换言之，数字化赋能企业能否实现生产力工具的高质量创新、持续性创新、突破性创新决定着传统企业数字化转型的质量与效率。为此，探讨数字化生产力工具创新对解决"能"的来源问题具有重要意义。

2. 数字情境下竞争优势的来源有所变化

数字创新研究认为数字创新具有自我参照、动态、可延展等自生长性特征，以及边界模糊、连接共生等收敛性特征（刘洋等，2020；Ciriello et al., 2018；Nambisan et al., 2017），这对数字时代传统创新管理理论的基本假设提出了挑战。一方面，不同于从创意产生、开发与应用的传统产品创新流程，数字化生产力工具创新突破过程更注重各参与主体间互动、跨界与连接性共生（梅亮等，2021；陈冬梅等，2020）。它不再由资源或能力的简单线性影响决定，而是由二者在深度情境细分后的非线性组合导致。为此，部分学者开始将竞争优势的焦点转向资源与能力间关系，强调在当前不确定性、模糊性激增的创新环境中，资源与能力并不能成为竞争优势获得的必要条件，而需要结合具体发展情境分析二者间的复杂组合关系（张璐等，2020；Bhandari et al., 2020）。另一方面，与能够清晰地将创新性质与组织间相互作用予以理论化的传统创新过程不同（陈冬梅等，2020），数字化生产力工具突破性创新是一个资源与能力间的动态联合与持续迭代的非线性过程，创新突破间不再有明确清晰的开始点与结束点（Franke & Hippel，2003），而是在开放式创新框架下组织不断进行自我参照，且持续更新外部情境认知是实现数字化生产力工具突破性创新迭代的重要基础（刘洋等，2020）。

陈春花（2021）在其《价值共生——数字化时代的组织管理》一书中指出，管理者认知是企业进行数字化生存的首要因素，他们不能再依赖经验来判断数字化带来的改变。同样，最新研究基于能力—资源协同观提出了一个令人深思的问题：为何在许多企业中，具备资源和能力仍不足以实现突破性创新、获得竞争优势（Bhandari et al., 2020；张璐等，2020）？他们认为该问题的症结在于管理者认知。若管理者未对外部情境变化做出认知转变，即使企业具备资源与能力，也会因管理者认知凝滞而不能适应环境。为此，在本书中，我们将从管理者认知的视角探讨数字化生产力工具突破性创新的形成。

第二节 研究目的与研究意义

一 研究目的

数字化赋能企业的数字化生产力工具突破性创新决定着数字生态的发展质量,尤其在数字经济时代,数字化发展的关键在于"能",巧妇难为无米之炊,只有生产力工具产生高质量"能",才能实现从赋能到使能的过程,进而构建有效数字生态(陈剑等,2020)。虽然以往研究曾广泛探讨了数字创新的形成及价值创造方式(谢卫红等,2020),但多聚焦于数字化转型等使能过程研究,而赋能工具的创新管理过程研究尚处于起步阶段。关于数字化生产力工具如何实现突破性创新的问题悬而未决。为此,本书的研究目的主要体现于以下几方面。

第一,数字化生产力工具作为数字创新与产品突破性创新的结合体,本书系统梳理和归纳数字创新与产品突破性创新管理研究的发展趋势。通过文献分析法对数字创新管理相关文献进行系统的梳理、总结与回顾,明确数字创新的内涵与特征、类型、理论进展等问题,对产品突破性创新的内涵与测量、理论进展等问题进行了梳理,并指出未来数字情境下创新管理的研究方向,为进一步开展相关研究奠定理论基础。

第二,探讨数字化生产力工具的实现条件与迭代过程。创新管理研究表明,当前突破性创新的触发条件已经逐渐从组织层面的资源与能力间关系转变为个体层面的管理者认知(Bhandari et al.,2020),尤其在数字情境下,资源边界模糊与能力主体虚拟致使数字创新不再依赖于异质性资源(魏江和刘洋,2020),而是管理者对复杂多变的数字情境综合认知的结果。但当前关于数字化赋能企业如何突破资源约束与优势选择实现数字化生产力工具突破性创新、管理者如何实现从个体认知到组织行动的跨层建构以及数字化赋能企业的生产力工具突破性创新如何迭代等问题尚未得到充分解答。为此，本书以在数字创新领域取得领先优势的容智信息科技为研究对象，以案例企业的三种数字化生产力工具突破性创新的时间线与典型事件为线索，探讨了数字化生产力工具突破性创新的实现条件与迭代过程。

第三，挖掘价值转型过程中数字化生产力工具的迭代机制。在数字经济浪潮下，众多企业将数字化转型视为摆脱经营困境、实现弯道超车的唯一工具（单宇等，2021），从以产品性价比为典型的产品主导逻辑向以提供全套服务解决方案为典型的服务主导逻辑转变（Vargo & Lusch，2004），从以"产品为中心"的单边范式向以"客户为中心"的交互范式转变，从单一提供产品销售为导向的价值交易模式向企业与客户间互为生态伙伴关系的价值共创模式转变（吴瑶等，2017）。但与此大相径庭的是，麦肯锡的一项报告显示，当前企业数字化转型成功率仅为20%，即使是对在技术与设备研发方面具有相对优势的数字化赋能企业而言，其数字化转型成功率也不超过26%。为此，本书以数字化转型成功的容智信息科技公司为调研对象，试图在其价值转型中更深入地挖掘生产力工具迭代机制，为数字化转型实践提供管理启示。

第四，解构数字化生产力工具突破性创新过程中价值转型困境的破解策略。从价值交易到价值共创的价值转型过程并非一蹴而就，除企业内部认知、资源与能力间关系外，还涉及逐渐与利益相关者间建立紧密合作关系（李树文等，2022）。但由于生产力工具突破性创新本身具备产品颠覆性与难以被理解等特质，这意味着要挑战在位企业、监管机构等利益相关者的既有标准。在此情境下，数字化赋能企业如何破解"既能与利益相关者实现共创又能不被其排斥"的价值转型困境成为迫切需要解决难题。为此，本书以数字化生产力工具突破成功且借助与利益相关者价值共创构建模块化生态平台的数字化赋能企业——零赛云作为调研对象，试图剖析价值转型中企业与利益相关者间关系策略，为进一步推进价值转型、实现数字化生产力工具突破性创新提供借鉴。

第五，探讨管理者认知对生产力工具突破性创新的影响路径与边界条件。虽然资源与能力是企业取得核心竞争优势的关键，但近期研究显示资源与能力却并非竞争优势的必要条件（Bhandari et al.，2020；张璐等，2020）。组织若沿着既定资源与能力开展创新活动，则很可能因为资源黏性和能力刚性而陷入"中等陷阱"。为此，部分研究指出管理者认知凝滞是企业刚性束缚与路径依赖的症结所在（Heffernan，2003；张璐等，2020），若管理者未对外部情境变化做出认知转变，即使企业具备资源与能力，也不足以实现可持续竞争优势（Bhandari et al.，2020）。为此，本书试图从资源与能力视角探讨管理者认知如何影响数字化生产力工具突破性创新，以及在何种条件下这种影响更强。

第六，探讨组织能力与资源对数字化生产力工具创新突破的组态影响。复杂多变的数字化情境为传统理论假设提出了挑战，传统的还原论假设主张前因与结果间的简单线性关系（杜运周等，2021），但在数字经济时代，生产力工具的创新机制更加复杂，它由原来的线性价值交付转变为多主体价值共创，这不再依赖于特定要素的单一作用，而是多要素间的组态效果。为此，创新管理研究将社会学研究的组态思维引入创新研究中，呼吁学界要从多层面、多要素探讨数字创新管理问题。为此，本书从资源与能力两个层面出发，探讨了市场、容错、战略等能力与高级人力资本与大数据等资源配置方式对数字化生产力工具创新突破的组态影响。

二 研究意义

在数字经济时代，组织创新逻辑开始由产品主导逻辑转向服务主导逻辑，价值主张开始由线性价值交付转向多主体价值共创（吴瑶等，2017）。在如此复杂多变的数字创新情境下，提炼和升华具有深刻洞见的管理理论对推进数字创新管理实践的情境化发展具有重要启示。在数字创新进程中，从赋能到使能是数字创新的发展逻辑

（陈剑等，2020）。但当前学界将研究焦点过多聚焦于使能创新，如数字化转型研究，而忽视了赋能对数字技术发展的重要性，甚至在数字生态质量提升中的决定性作用。为此，本书嵌入数字化赋能企业管理情境，通过探讨"数字化生产力工具突破性创新的条件与迭代过程"，丰富和拓展数字创新的管理边界，推动数字创新管理理论从使能创新回溯至赋能创新，从"能"的源头上解决数字创新动力不足的问题。

1. 理论意义

本书对数字创新管理理论、竞争优势理论具有重要理论意义。第一，探索了数字化赋能企业生产力工具突破性创新的条件与迭代过程。本书采用探索性案例分析方法，以容智信息科技为调研对象，剖析了数字化生产力工具突破性创新的实现条件与迭代过程。一方面，不同于以往数字创新研究关注数字战略转型、制造转型等数字价值创造领域，本书回溯至数字效率提升，从源头上去探讨如何在数字化生产力工具方面实现突破性创新，进而为数字价值创造领域赋予更多"能量"。这拓展了数字创新管理理论边界，推动数字创新理论从使能创新向赋能创新发展。另一方面，传统竞争优势理论将企业核心优势获得归功于资源或能力（Barney，1991；Teece et al.，1997），但部分研究指出，在数字经济时代，数据资源的高速流动性与可复制性使得资源基础理论受到挑战，简单的探讨资源或能力并不能构成企业竞争优势的必要条件（魏江和刘洋，2020）。为此，本书基于探索性案例分析，揭示了不同数字化阶段数字赋能企业生产力工具突破性创新的实现条件与迭代过程。这既丰富了数字情境下竞争优势获得的前因条件，也推动前因条件向深度情境化发展。

第二，本书对数字化赋能企业数字化转型研究予以有效补充。研究采用探索性案例研究方法，以容智信息科技为调研对象，更深入地挖掘了从普通软件企业向数字化赋能企业转型中的生产力工具迭代机制。一方面，本书响应陈春花（2019）提出的数字战略认知框架，明晰了在数字化转型过程中连接迭代与赋新迭代的数字职能差异、不同的迭代机制以及解决不同的数字问题。这明确了数字化赋能企业数字化转型的阶段性迭代机制，揭示出价值转型过程的认知变化规律，推动数字战略认知与价值转型研究向深度情境化研究方向发展。另一方面，本书基于连接迭代与赋新迭代的转化机制提炼出数字化赋能企业数字化转型的迭代与跃升逻辑（Yoo et al., 2010；Ciriello et al., 2018）。数字化赋能企业的数字化转型逻辑不再遵从常规情境下的迭代逻辑或特殊情境下的跃升逻辑（单宇等，2021），而是在连接迭代与赋新迭代阶段基于不同数字任务的循环迭代逻辑以及两个阶段间的跃升逻辑。这推动数字化转型研究从单一数字逻辑转向双重逻辑，促使理论研究开始重新思考企业数字化转型的数字逻辑转变。

第三，解构了数字化赋能企业突破数字化生产力工具过程中价值转型困境的破解策略。当前价值共创理论假设"企业与利益相关者间存在稳定与相互平等的关系"（Appiah et al., 2021），但突破性创新具有挑战相关者既有利益的典型特质。为此，数字化赋能企业在数字化生产力突破性创新过程中往往面临着更强的合法性挑战，迫切需要解决差异化与合法性间价值转型困境（Taeuscher & Rothe, 2021）。本书以"身份主张—价值行动"为理论框架，解构了价值转型困境的破解策略。一方面，本书推进创造性尝试（Brownlie & Hewer, 2011）、外部背书（Appiah et al., 2021）、声誉构建（Jyoti & Efpraxia, 2023）与外部叙事（Cutolo & Ferriani, 2024）策略在价值转型困境中的过程化呈现，深化对价值共创关系的理论认知。另一方面，本书不仅响应了以往关于突破性创新过程中平台形成的研究（Pushpananthan & Elmquist, 2022），而且进一步比较了水平平台与模块化平台的共创结果演进异同，为后续不同形式的生态平台价值共创研究提供参考思路。

第四，揭示了技术型管理者认知对数字化生产力工具突破性创新的影响路径与边界条件。本书基于案例研究结果，构建了以情绪能力与知识场活性为中介、以数字意义建构为调节的双路径过程模型，进而揭示了技术型管理者认知对数字化生产力工具突破性创新影响的内在机制。一方面，在数字创新情境下，组织形态逐渐趋于基础模块微粒化、组织关系网络化、组织架构平台化、组织情境生态化，在此新形态下数字创新产生不再依赖于组织整体领先竞争对手，而是转向自组织甚至个体认知（魏江和刘洋，2020）。陈春花（2021）在阐述数字组织价值共生逻辑时，将管理者认知作为数字创新的首要因素，若管理者仍然沿用传统企业的认知经验，那将无法真正理解数字化带来的改变和可能性。为此，本书探讨管理者认知对数字化生产力工具突破性创新的影响，不仅将数字创新的前因条件从资源或能力拓展至认知领域，而且推动生产力工具突破性创新研究从理论化阶段迈向实证化阶段，为未来数字创新实体化研究提供了新思路。另一方面，Nambisan et al.（2017）提出的"数字创新的社会认知意义建构"的数字创新逻辑认为，共享认知与联合意义建构是数字创新管理的关键要素。但现有研究并未实证检验管理者认知如何与意义建构联合推动数字创新。本书将意义建构引入双路径过程模型中，这不仅从实体上检验了 Nambisan et al.（2017）提出的数字创新逻辑，而且拓展了管理者认知影响数字化生产力工具突破性创新的边界条件，实现了意义建构与管理者认知领域的融合，为未来数字创新管理研究提供了情境参考。

第五，揭示了数字化生产力工具突破性创新的组态条件。本书采用模糊集定性比较分析（fsQCA）方法探讨了组织动态能力与资源配置间如何匹配能够更好实现数字化生产力工具创新突破。一方面，这响应了创新管理研究的呼吁，从单一因果关系转向关注创新形成的多重并发性与条件不对称性，突破传统单一因果线性思维的限制，强调产生高水平创新突破与低水平创新突破的条件是不同的，二者的形成条件并非截然相反。这不仅推动数字创新研究从传统还原论假定转向组态思维，深度剖析数字创新形成的因果复杂性，而且为未来数字创新管理研究提供新思路。另一方面，资源与能力间关系一直受到竞争优势研究的青睐，部分研究也曾强调企业只有以资源强能力、以能力运资源，才能获得核心竞争优势（李树文等，2021）。但现有研究并未回答能力与资源间如何匹配才能更好获得竞争优势。尤其在数字情境下，数字资源的高流动性需要匹配更广泛和多层面的组织动态能力。本书将资源与能力间关系从传统创新情境拓展至数字创新情境，并深度细化了资源与能力间匹配情境。

2. 实践意义

本书通过采用案例分析、实证分析相结合的研究方法，揭示了数字化赋能企业生产力工具突破性创新的实现条件与迭代过程，研究结论具有较强的实践意义。首先，为数字化赋能企业实现生产力工具突破性创新提供了理论指导。一方面，数字化生产力工具突破性创新在不同数字创新阶段具有不同内涵，而管理者与组织需要在不同阶段采取相对应的认知策略与组织行动，如从场景式数字化阶段的技术判断型认知到泛用式数字化阶段的技术创造型认知，再到交互式数字化阶段的技术拓展型认知。另一方面，鉴于数字资源的高流动性与可复制性，资源与能力的简单联合已经不足以支撑数字化生产力工具的突破性创新，而要寻求更大范围的资源与能力的聚合（陈春花，2021）。为此，在不同数字化阶段，资源与能力间聚合关系有所不同，如在场景式数字化阶段，企业要积极搜寻前沿知识，解决客户痛点，并判断未来数字化发展方向；在泛用式数字化阶段，企业要营造容错氛围，鼓舞研发成员大胆创新，大力发展技术能力与重构技术体系；在交互式数字化阶段，企业要扩展产业链条，树立品牌，主动为客户创造需求。

其次，为传统企业数字化转型具有实践启示。一方面，传统企业要实现数字化转型，就势必要打破路径依赖，突破优势选择。而市场能力进阶与产业链延伸是打破优势选择的有效手段。数字化转型企业需要在优势产品基础上主动延伸售前或售后需求，树立企业品牌，为打造智能生态奠定坚实基础。另一方面，管理者及组织上下要转变认知理念，从创造性搜寻理念转变为前瞻性拓展理念。在数字经济时代，数字企业的价值主张已经从传统的产品主导逻辑转向服务主导逻辑，以产品为中心的价值需求满足已经逐渐被以客户为中心的价值需求创造替代。为此，数字化转型企业必须摒弃传统竞争性认知理念，意识到数字创新进程中的战略关键并不是获得比较优势，而是如何从数字化赋能企业中找到共生伙伴，利用先进的数字化生产力工具创造顾客需求。

最后，为数字化赋能企业破解价值转型困境实现与利益相关者和谐共生提供启示。一方面，数字化赋能企业要遵循"产品矩阵—技术平台—生态平台"，有步骤地实施共创策略来破解价值转型困境。例如引入高地位客户做背书，撬动其他客户参与，以打造坚实的技术平台，实现企业与客户的深度互嵌。另一方面，数字化赋能企业要在不同时点有侧重地实施共创策略。例如，在裂变式共创阶段更应注重对外释放可信任的信号，吸引更多参与者加入共创过程；而在生态平台建构的开放式共创阶段更应兼顾在供需双侧转换身份并灵活分配价值，促进各方在生态系统中的平衡发展。

第三节　研究设计

一　技术路线

本书旨在聚焦于数字化赋能企业产品突破性创新，从"数字化生产力工具如何实现突破性创新与持续迭代"这一问题出发，遵循"理论框架构建—迭代过程剖析—实现条件检验"的总分研究逻辑，分别提出本书的五个子研究，即"数字化生产力工具突破性创新条件与迭代过程的探索性案例研究"（子研究一）回答了数字化生产力工具如何实现突破性创新的阶段、条件及相互关系等系统性问题；"基于价值转型的数字化生产力工具突破性创新迭代过程研究"（子研究二）深入回答了从普通软件企业向数字化赋能企业转变过程中数字化生产力工具突破性创新如何迭代的问题；"数字化生产力工具突破性创新过程中价值转型困境的破解策略研究"（子研究三）进一步回答了数字化赋能企业在数字化生产力突破性创新过程中如何破解价值转型困境;"基于技术型管理者认知的数字化生产力工具突破性创新的实现条件检验"(子研究四)回答了不同数字意义建构水平下技术型管理者认知如何通过资源配置与动态能力双重路径实现数字化生产力工具突破性创新的问题;"动态能力与资源配置对数字化生产力工具突破性创新的组态影响"(子研究五)回答了资源配置要素与动态能力要素如何匹配才能更好增进数字化生产力工具突破性创新的问题。

在实际研究过程中,本书主要依据以下具体研究思路:第一,通过理论背景与现实背景双重角度介绍数字创新与数字化生产力工具突破性创新,并逐步引入本书的核心问题;第二,在深度文献研究基础上,继续发现数字创新等相关领域研究的盲点与不足;第三,通过探索性案例研究识别数字化生产力工具突破性创新的实现条件以及不同数字化阶段的迭代过程,并最终构建理论框架(子研究一);第四,基于理论框架的迭代相关结论,通过案例研究更深入地探讨数字化赋能企业在价值转型中数字化生产力工具如何实现连接迭代与赋新迭代,并最终获得生产力工具突破性创新迭代过程模型(子研究二);第五,基于数字化生产力工具突破性创新过程中企业与利益相关者间价值共创关系,通过案例研究解构了数字化赋能企业如何破解价值转型困境,实现与利益相关者间"和而不同"(子研究三);第六,基于理论框架的实现条件相关结论,理论推演不同数字意义建构情境下技术型管理者认知对数字化生产力工具突破性创新的影响,并发放问卷、收集样本数据,采用规范的实证手段分析数据与检验假设,并最终明晰路径与边界条件(子研究四);第七,基于资源配置与动态能力的内部要素,通过模糊集定性比较分析方法探讨动态能力与资源配置对数字化生产力工具突破性创新的组态效应,并最终获得组态构型;第八,总结本书,讨论理论贡献与管理启示,研究不足与未来研究方向。总之,子研究一最终构建的理论框架,为子研究二与子研究三的迭代过程剖析、子研究四与子研究五的实现条件检验奠定了理论基础。具体技术路线如图 1-1 所示。

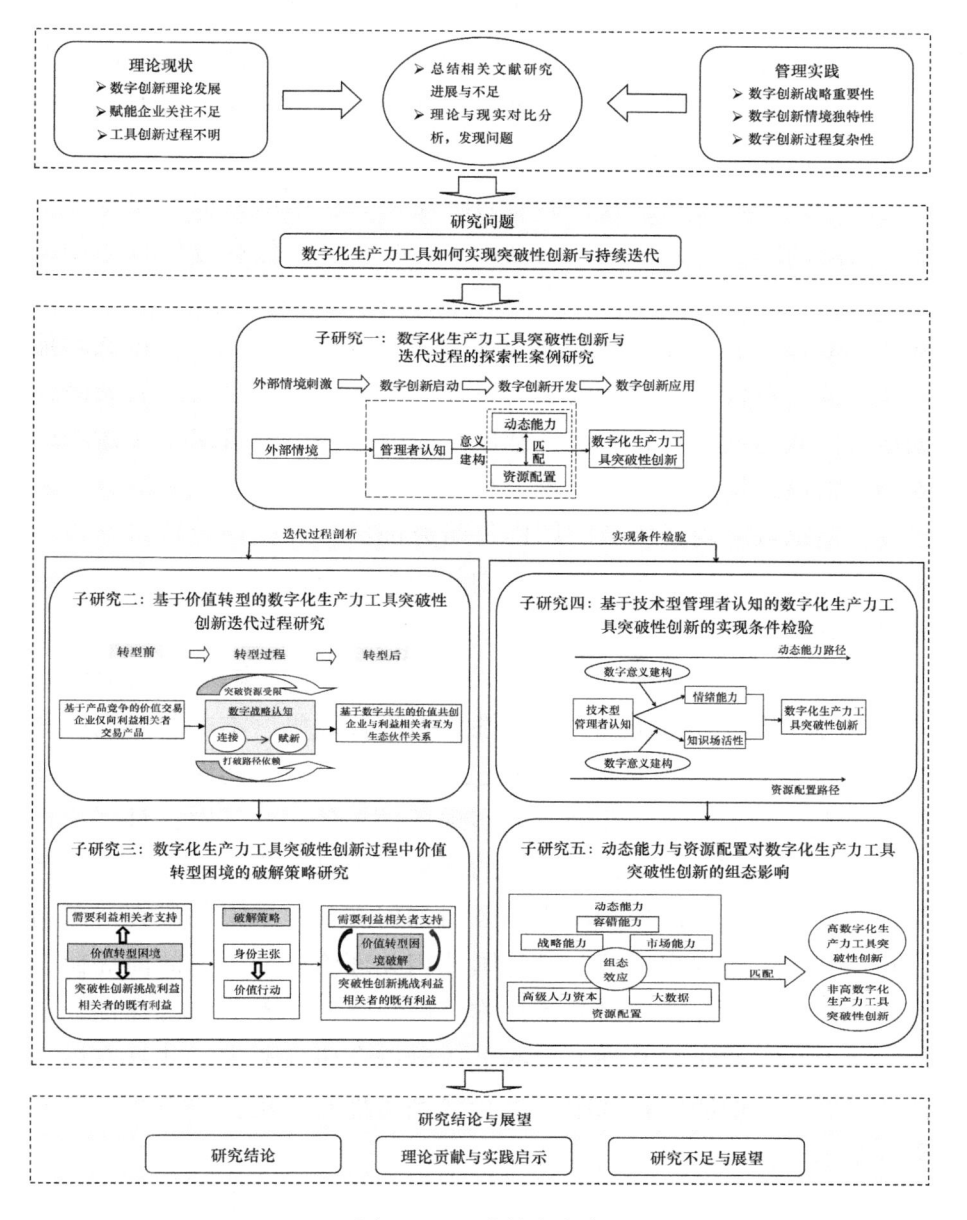

图 1-1 研究技术路线

二 研究方法

本书基于探讨"数字化赋能企业生产力工具如何实现突破性创新与持续迭代"的研究问题,综合运用文献研究方法、探索性案例研究方法、实证研究方法和模糊集定性比较分析方法,对五个子研究进行全面的深入分析。

第一,文献研究方法。本书的研究主题和理论假设均建立在中英文文献的阅读、分析和归纳基础上,收集、整理和分析数字创新等领域的研究文献。文献收集主要通过 Web of Science、CNKI、EBSCO 和 Google Scholar 等文献搜索平台进行关键词搜索,通过文献梳理和阅读,对数字创新的内涵与特征、数字创新类型,产品突破性创新的内涵与测量方式、理论基础、前因条件以及组织意义建构的内涵、情境、发展脉络等内容进行了系统梳理与归纳。从既有文献出发,追踪数字创新领域的国内外研究前沿,寻找理论缺口并进一步深入研究。通过全面掌握数字创新相关研究现状,为本书后续研究奠定基础。

第二,探索性案例研究方法。本书选用探索性案例研究的模式,采用内容分析法进行研究,对质性数据进行编码。本书的研究问题符合"单案例研究三要素"。首先,对"是什么"问题的回答,即数字化生产力工具突破性创新的实现条件是什么?其次,对"为什么"问题的回答,即上述条件间的因果逻辑是什么?最后,对"怎么样"问题解答,即各阶段影响逻辑如何迭代?本书的研究对象与视角均基于中国现实情境,这与国外相关理论实证研究的前提假设存在差异,探索性案例研究正是弥补该缺陷、体现情境特殊性的最优方法。在文献研究基础上,本书选出符合研究要求,并具有极端性的案例,在访谈资料基础上进行案例整理与分析,并作为后续研究的基本依据。

第三,实证研究方法。在探索性案例研究基础上,本书采用了一套综合性的实证研究方法对理论模型与研究假设进行验证,主要包括借助问卷调研收集样本数据以及数据统计分析。首先，根据以往文献的逻辑梳理，提出研究假设；其次，通过选取成熟量表进行问卷设计，综合验证性因子分析、相关分析、线性回归分析和结构方程模型等多种统计研究方法验证研究假设，最终确定各变量间关系的路径模型与权变机制，并对结论进行讨论。

第四，模糊集定性比较分析方法。为了检验案例研究中资源配置与动态能力间如何匹配能够更好地实现数字化生产力工具创新突破的问题，本书分别选取容错能力、战略能力、市场能力以及大数据、高级人力资本作为条件，采用模糊集定性比较分析方法探讨五个条件分别对高与非高生产力工具创新突破的组态效应。本书之所以采用定性比较分析方法，一是因为生产力工具创新突破不是某种资源或能力的片面作用，而是不同资源与能力间协同交互作用的结果；二是因为在数字化生产力工具创新突破的多重触发因素间存在多种组合。首先，本书梳理每个条件对数字化生产力工具创新突破的影响逻辑；其次，通过成熟量表进行问卷收集，并对条件与结果变量进行均值、最大值、最小值等描述性统计分析；再次，根据 Calibrate（x，n1，n2，n3）函数进行变量校准与必要性分析；最后，对高与非高数字化生产力工具创新突破的前因条件进行组态分析，并基于管理实践进行组态解释。

三 结构安排

围绕研究问题，本书共分为 8 个章节，章节安排如图 1-2 所示。

第一章，绪论。基于中国数字化发展进程，从多个角度阐述本书的现实背景与理论背景，结合以往研究的不足和企业面临的现实情况提出研究问题。同时，阐述本书的理论意义与实践启示，简要提出论文总体框架与各章节内容安排，提出所采用的研究方法和技术路线，最后探讨本书预期的理论创新点。

第二章，文献综述。本书在梳理现有文献的基础之上，首先，对数字创新内涵与特征、数字创新的分类、理论进展等内容进行总结和述评；其次，对于产品突破性创新相关理论脉络的梳理，包括产品突破性创新内涵界定、测量方式、触发路径、理论基础等；再次，对组织意义建构研究的概念内涵界定、测量方式、典型情境等进行系统性梳理。最后，通过总结与梳理，发现既有研究的局限性与不足，为本书后续数字化生产力工具突破性创新的实现条件与迭代过程研究奠定了理论基础。

第三章，数字化生产力工具突破性创新条件与迭代过程的探索性单案例研究。本书在文献分析的基础上，通过运用探索性单案例研究方法，以容智信息科技为研究对象，对公司CEO、研发项目负责人、产品部负责人、架构师、两位研发人员以及一位销售人员进行访谈，试图解构数字化生产力工具突破性创新的条件与迭代过程。

第四章，基于价值转型的数字化生产力工具突破性创新迭代过程研究。本书在第三章研究的基础上，通过案例研究方法探讨在企业从普通软件企业向数字化赋能企业转变进程中，数字化生产力工具突破性创新如何进行迭代，试图深入地揭示迭代机制与过程。

第五章，数字化生产力工具突破性创新过程中价值转型困境的破解策略研究。本书在价值转型基础上，进一步基于数字化生产力工具突破性创新过程中企业与利益相关者间价值共创关系，通过案例研究解构了数字化赋能企业如何破解价值转型困境的策略，实现与利益相关者间"和而不同"。

第六章，基于技术型管理者认知的数字化生产力工具突破性创新的实现条件检验。在案例研究基础上，本书通过假设提出、模型构建、问卷收集、统计分析等系列分析程序，试图从资源与能力的双路径视角实证检验不同数字意义建构水平下技术型管理者认知对数字化生产力工具突破性创新的影响机制。

第七章，动态能力与资源配置对数字化生产力工具突破性创新的组态影响。本书在探索性案例研究基础上，通过模糊集定性比较分析方法探讨三种动态能力与两种资源配置对数字化生产力工具创新突破的组态效应，试图揭示产生高与非高数字化生产力工具创新突破的组态差异。

第八章，研究结论与展望。本书基于五个子研究的结果，归纳本书的研究结论，提出理论贡献与管理启示，并为未来研究提出可供选择的研究方向。

章节安排	研究目标与研究内容
提出研究问题 — 第一章 绪论	研究背景、研究问题、研究目的、研究意义、研究内容与框架
第二章 文献综述	数字创新、产品突破性创新、组织意义建构方面的文献梳理与归纳，总结以往研究不足
探索性案例分析研究 — 第三章 数字化生产力工具突破性创新条件与迭代过程的探索性案例研究	以容智信息科技这家典型的数字化赋能企业为调研对象，识别数字化生产力工具创新突破的条件与迭代过程
第四章 基于价值转型的数字化生产力工具突破性创新迭代过程研究	以容智信息科技从普通软件企业向数字化赋能企业的转型实践为案例对象，挖掘了数字化生产力工具的迭代过程与机制
第五章 数字化生产力工具突破性创新过程中价值转型困境的破解策略研究	以零赛云数字化生产力工具突破性创新过程中与利益相关者关系管理实践为对象，解构了价值转型困境的破解策略
实证研究 — 第六章 基于技术型管理者认知的数字化生产力工具突破性创新的实现条件检验	运用统计方法实证检验不同数字意义建构水平下技术型管理者认知通过情绪能力与知识场活性对数字化生产力工具突破性创新的影响
定性比较 — 第七章 动态能力与资源配置对数字化生产力工具突破性创新的组态影响	运用模糊集定性比较分析解构资源配置与动态能力对高与非高数字化生产力工具突破性创新的组态差异
贡献与启示 — 第八章 研究结论与展望	对五个子研究结论进行讨论，提炼理论贡献和实践启示，并对未来研究方向提出展望

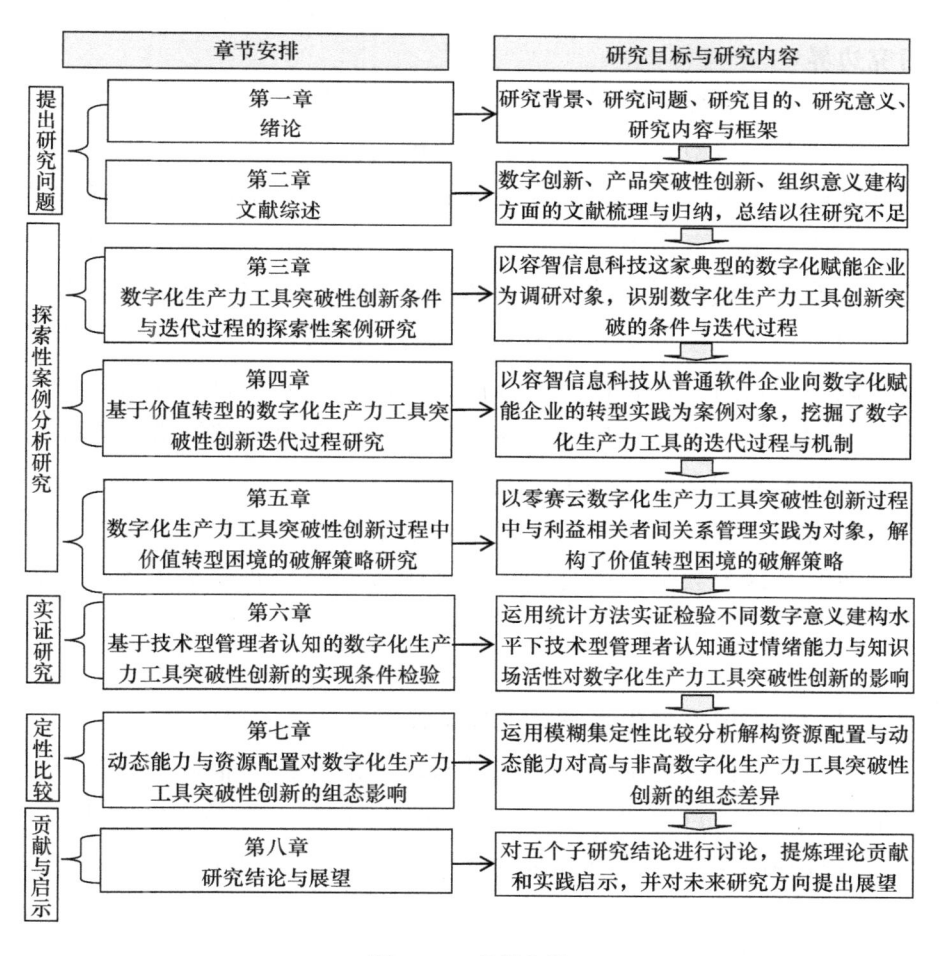

图 1-2　章节安排

第四节 主要创新点

通过对"数字化生产力工具如何实现突破性创新与持续迭代"这一问题的深入剖析，本书的创新点拟体现于以下七个方面。

一 基于数字化生产力工具的赋能创新研究，拓展了数字创新研究边界

虽然近年来数字创新研究取得了丰硕成果，但多聚焦于使能创新，如数字化转型研究，而关于赋能创新仍然局限于数字平台、数字基础设施、数字生态系统等战略问题的探讨，而对其如何涌现的问题关注不足。事实上，赋能创新是数字技术效率提升的关键，直接决定着数字化进程中的动力问题。本书聚焦于数字化赋能企业的生产力工具突破性创新，采用案例分析方法探索了数字化生产力工具突破性创新的实现条件。一方面，推动数字创新研究从价值创造的使能创新回溯至效率提升的赋能创新，试图通过解析数字化生产力工具突破性创新的条件来为数字创新注入动力。另一方面，数字化生产力工具突破性创新的提出融合了数字产品创新与产品突破性创新研究，这为数字领域与创新管理领域的交叉研究提供了新思路与新借鉴。

二 明晰了数字化生产力工具突破性创新的实现条件

传统竞争优势理论将资源基础与动态能力作为企业获得竞争优势的关键（Barney，1991；Teece et al.，1997），但在数字情境下，数据资源是高速流动与可复制的，它不再满足异质性资源的部分特定条件（魏江和刘洋，2020）。本书通过探索性案例研究发现，资源与能力间关系在数字化生产力工具突破性创新的实现过程中起着重要的链接性作用，而非决定性作用，而外部情境变化与管理者认知

影响着组织资源与动态能力间关系。换言之，数字化生产力工具突破性创新的条件是外部情境刺激管理者认知，并借助战略性意义建构启动组织开发动态能力与资源配置间关系的过程。这帮助我们更深刻地认识数字创新涌现的独特性，推动创新管理研究从资源基础观与动态能力观转向组织外部情境与内部社会认知意义建构过程间的联动。

三　探析了数字化生产力工具突破性创新实现的阶段化情境

虽然数字创新研究一直强调数字情境的重要性（陈春花，2021；魏江和刘洋，2020），也有部分研究探讨了不同情境下平台型企业的动态发展（王节祥等，2021），但对赋能创新的情境化研究较为薄弱。为了弥补这一不足，本书基于案例企业的数字化生产力工具迭代，将数字情境划分为场景式数字化、泛用式数字化、交互式数字化三个数字化阶段。这不仅推动了赋能创新管理研究从静态视角转向动态视角，而且为数字化生产力工具突破性创新的深度情境化研究提供了理论基础。

四　基于价值转型更深入地挖掘了数字化赋能企业数字化转型过程中数字化生产力工具突破性创新的迭代机制

以往研究广泛探讨了传统企业数字化转型的迭代逻辑或特定情境下数字跳升逻辑（单宇等，2021），但对数字化赋能企业的数字化转型逻辑关注不足。本书基于价值转型这一典型数字化转型过程，聚焦于数字化赋能企业，提炼出连接迭代与赋新迭代的生产力工具迭代与跃升逻辑。一方面，这明确了在数字化生产力工具创新突破过程中数字化赋能企业数字化转型的阶段性迭代机制，从连接与赋新的内部循环迭代视角揭示出价值转型过程的认知变化规律，更清晰地描绘出连接迭代与赋新迭代在价值转型中的职能差异，推动数字战略认知与价值转型研究向深度情境化研究方向发展；另一方面，这推动了数字化转型研究从单一数字逻辑转向双重逻辑，促使理论研究开始重新思考企业数字化转型的数字逻辑转变。

五 解构了数字化生产力工具突破性创新过程中价值转型困境的破解策略

尽管子研究二探讨了价值转型的过程，但价值转型中企业与利益相关者间关系也并非如当前理论所假设的"存在稳定与相互平等的关系"（Appiah et al., 2021）。相反，突破性创新的颠覆性往往能够挑战利益相关者的在位优势以及不能为监管者等利益相关者所理解，进而面临着更强的合法性挑战。鉴于此，本书从差异化与合法性间价值转型困境入手，提出了破解困境的策略。这深化了现有研究对突破性创新过程中价值关系的认知，推动数字化赋能企业价值转型过程从战略认知层面转向关系认知层面。

六 基于技术型管理者认知检验了数字化生产力工具突破性创新的实现条件

虽然本书的子研究一探讨了管理者认知对数字化生产力工具突破性创新的影响过程，但并未对其实证检验。为保障研究结论稳健，本书选择了情绪能力与知识场活性分别作为动态能力与资源配置的代表性构念，并从数字意义建构视角探讨了技术型管理者认知对数字化生产力工具突破性创新的双重影响路径。一方面，这推动了数字化生产力工具突破性创新形成研究从概念化框架阶段转向实体化关系阶段，为后续数字化生产力工具的实证研究提供了实证支持。另一方面，本书将情绪能力与知识场活性引入数字创新领域，实现了情绪管理、知识管理与创新管理间的交叉融合，推动相关理论的跨领域发展。

七 解构了不同动态能力与资源配置对高与非高数字化生产力工具创新突破的组态效应

传统创新管理研究遵循还原论假定，将创新突破归结为特定因素线性影响的结果，且认为高创新突破与低创新突破间存在完全相反的前因条件。但组态分析研究认为，数字经济复杂性决定了数字创新的产生不可能是单一要素的线性影响，而是多要素间的非线性作用，且产生高创新与非高创新的条件并非完全对称（杜运周等，2021）。基于这一逻辑，本书采用模糊集定性比较分析方法剖析了多种动态能力与资源配置对数字化生产力工具创新突破的组态效应。这突破了数字创新领域传统单一因果线性思维的限制，推动数字创新研究从线性思维转向多重并发性与条件不对称性为主的组态思维，为未来数字创新管理研究的形成机制提供了新思路，夯实并深化了数字化生产力工具创新突破的形成机制研究。

第五节 本章小结

本章首先基于中国数字化发展进程，对数字创新的现实背景与理论背景进行深入分析，并提出"数字化生产力工具如何实现突破性创新与持续迭代"这一研究问题。从研究问题出发，遵循"理论框架构建—迭代过程剖析—实现条件检验"的研究逻辑，分别提出本书的五个子研究，即"数字化生产力工具突破性创新条件与迭代过程的探索性案例研究"（子研究一）旨在回答数字化生产力工具如何实现突破性创新的阶段、条件、相互关系等系统性问题；"基于价值转型的数字化生产力工具突破性创新迭代过程研究"（子研究二）旨在回答从普通软件企业向数字化赋能企业转型中的数字化生产力工具突破性创新迭代机制的问题；"数字化生产力工具突破性创新过程中价值转型困境的破解策略研究"（子研究三）进一步回答数字化赋能企业在数字化生产力突破性创新过程中如何破解价值转型困境；"基于技术型管理者认知的数字化生产力工具突破性创新的实现条件检验"（子研究三）旨在回答不同数字意义建构水平下技术型管理者认知如何通过资源配置与动态能力双重路径实现数字化生产力工具突破性创新的问题;"动态能力与资源配置对数字化生产力工具创新突破的组态影响"（子研究五）回答了资源配置要素与动态能力要素如何匹配才能更好增进数字化生产力工具突破性创新的问题。同时，对本书所应用的研究方法进行总结，梳理结构安排，提炼本书的创新之处。本章节是其余各章节的指引章节，所涉及后续部分将具体而详细展开。

第 二 章

文献综述

本章旨在从内涵界定与研究进展梳理等方面对相关概念予以述评。从数字化与创新管理领域来看,数字化生产力工具突破性创新是一种数字化产品突破性创新,其属于数字创新与产品突破性创新的结合体。为此,本书首先对数字创新的内涵、特征、分类以及研究进展等内容进行了研究述评;其次对产品突破性创新的内涵、测量方式、理论进展等内容进行了系统性回顾;最后在数字创新与产品突破性创新的基础上,提出了数字化生产力工具及其突破性创新的概念内涵。但鉴于数字化生产力工具研究尚处于起步阶段,当前鲜有对其展开深入探讨。为此,本书并未对数字化生产力工具的研究进展进行评述。同时,本书对产品突破性创新实现的组织意义建构的内涵、发展脉络等内容进行了系统性梳理。

第一节　数字创新研究综述

一　数字创新的内涵与特征

数字创新是指数字化载体下企业运用虚拟现实、人工智能、大数据、云计算等数字技术改变原有产品、流程、商业或服务模式的过程（Yoo et al.,2010）,它是数字经济时代企业实现可持续发展、经济社会实现高质量发展的必要条件（Svahn et al., 2017）。从数字创新的概念界定来看，数字创新的内涵包含三个核心要素，即数字化、数字技术、创新过程。

1. 数字化是数字创新得以延续的重要载体，其具有技术和代际双重概念属性

从技术概念来看，数字化是指把模拟数据转化成由0和1表示的二进制代码；从代际概念来看，数字化是指从工业时代到数字时代的转换，是现实世界与虚拟世界并存且融合的新世界，它的本质特征体现于连接、共生、当下三方面（陈春花，2021）。连接特性强调客户的即时连接性体验，即数字化带来的时效、成本、价值明显超越拥有的获得感；共生特性强调真实世界的虚拟复制，并通过复制品与真实品间的数据交换建立联系，实现真实世界与虚拟世界的融合；当下特性强调过去与未来压缩在当下，竞争优势获得不再仅仅依赖于时间轴的资源积累或者能力提升，而在于选择连接的问题，即选择与谁连接、何时连接。

2. 虚拟现实、人工智能、大数据、云计算等数字技术是数字创新的工具

从数字技术运用来看，数字技术的本质在于信息转化为数据与处理数据的不断迭代更新过程，这一过程也使得数字技术呈现出数据同质性（Data homogenization）与可供编程性（Reprogrammable functionality）两个特征（Ciriello et al., 2018；Yoo et al., 2010）。数据同质性是企业借助数字技术将声音、图片等信息转化为0和1的二进制计算机语言，可供编程性是企业将处理信息的程序作为数据进行存储，使得企业可以在后续活动中以同样程序来处理不同信息。根植于数字技术的特征，以往文献将数字创新的特征归结为自生长性（Generativity）与收敛性（Convergence）（刘洋等，2020；Nambisan et al., 2017），前者是指数字创新具有动态性，能在复杂多变且不具统一协调规律的信息驱动下实现自我革新，后者是指数字创新的边界模糊性，能突破空间限制将无数分散需求汇聚到数字

终端（陈冬梅等，2020）。

3. 创新过程旨在诠释数字创新如何产生的问题

数字创新的收敛性与自生长性特征为数字时代传统创新管理理论的基本假设提出了挑战。在数字经济时代，数字技术使得创新边界日趋模糊，创新过程与创新产出间没有清晰的界限，创新过程也不再遵循创意产生、创意执行、创意应用的线性集中过程，而是长期处于分散的、开放的、以网络为中心的动态交互过程。为此，以往研究也曾基于这一独特创新过程，提出了系列数字创新过程框架，如启动—开发—利用—应用的数字创新框架（Kohli & Melville，2019）、社会认知意义建构的数字创新框架（Nambisan et al.，2017）、创新支撑—流程—产出的数字创新框架（刘洋等，2020）等。这些框架为后续数字化研究提供了良好的理论支撑。

二 数字创新的类型

在数字创新进程中，数字技术全面渗透到不同的组织创新活动。基于数字创新的内涵，学者们将数字创新划分为不同类型，如 Fichman et al.（2014）将数字创新划分为数字产品创新、数字服务创新与数字商业模式创新。但刘洋等（2020）在此基础上增加了数字组织创新，他们认为数字技术改变了组织形式，例如，阿里巴巴为适应数字经济而通过中台战略重构组织运作方式。谢卫红等（2020）认为上述划分方式更注重数字创新结果，而单从创新结果视角划分难以覆盖数字创新的丰富内涵，为此他们在综合视角下将数字流程创新纳入数字创新类型。至此，数字创新的五种表现形式得到了众多学者的一致推荐。

1. 数字产品创新

数字产品创新是指运用数字技术开发新产品的创新形式（刘洋等，2020）。从数字产品的创新形式来看，学者们将其分为数字融合创新与数字连接创新，前者是指通过将原有产品信息转化为统一数字格式，进而改变产品特性，后者是指通过操作数字化资源实现不同空间和时间功能的协同。从数字产品的表现形式来看，学者们将数字产品创新划分为数字技术与物理部件相结合的产品及纯数字产品创新（Boudreau，2012）。其中，纯数字产品创新也被管理实践称之为"数字化生产力工具创新"。数字技术与物理部件相结合的产品多见于数字化使能企业，例如将数字技术应用于家电，纯数字产品多见于数字化赋能企业（刘洋等，2020）。二者的相同之处在于均依赖于完善的数字基础设施与数字平台，不同之处在于前者强调数字技术的产品延展性，而后者强调数字技术的产品实体性（魏江和刘洋，2020）。

2. 数字服务创新

数字服务创新是指运用数字技术产生的新服务（刘洋等，2020）。随着数字连接的发展，数字技术可以借助大数据分析实现客户服务的精准化、无边界化，例如电商平台通过用户浏览网页时间及商品属性精准识别用户偏好。与数字产品创新所强调的数字连接不同，数字服务创新更加强调数字化的连接与共生属性，通过数字技术为客户提供独特的价值主张（Vargo & Lusch，2011）。陈春花（2021）基于微信研究发现，与传统创新的产品价值主张不同，数字情境下企业更注重服务主导逻辑，更强调面向企业与客户等价值共创的服务创新的涌现。

3. 数字流程创新

数字流程创新是指运用数字技术改善和优化原有组织流程的创新（Nambisan et al.，2017）。数字经济时代的动态交互迭代为传统创新理论提出了挑战，产品制造流程更加透明，客户不再通过面对面讨论产品价值，而是通过跨空间参与产品设计、开发、销售等系列流程实现企业与客户的价值共创（魏江和刘洋，2020）。例如 Boland et al.（2007）指出 3D 技术能够实现不同参与者跨时空协同创新过程。可见，数字流程创新逐渐呈现出跨空间、与其他创新形式（如产品创新）深度融合的特征。

4. 数字组织创新

数字组织创新是指运用数字技术重塑组织结构的创新（刘洋等，2020）。已有研究发现数字技术能够改变工作地点、工作内容，甚至改变企业形态（Yoo et al.，2010）。以产品和服务为典型的数字创新能够为组织文化、组织价值观、组织结构带来颠覆性影响，进而通过生态系统塑造与游戏规则改变来建立数字化组织（Franke & Hippel，2003）。Hinings et al.（2018）从制度视角研究发现，数字组织创新是组织结构、组织文化、组织制度等要素的综合变革过程。

5. 数字商业模式创新

数字商业模式创新是运用数字技术重塑现有商业模式的创新（刘洋等，2020）。商业模式创新是价值主张与价值获取发生变化的结果，而数字技术能够通过发展自动化的数字资源网络与价值空间而创造多种价值逻辑（Henfridsson et al.，2014）。宜家通过机器人流程自动化实现了全球订仓、物流信息更新、系统维护业务流程自动化，年节省时间 12672 小时，这极大地降低了物流环节差错率，实现了线上与线下的高度协同。

三　数字创新研究的理论进展

当前数字创新研究主要集中于数字创新为何与如何创造价值。从数字创新为何能创造价值来看，以往学者分别从系统观、架构观、资源观阐述了数字创新产生价值的理论基础。首先，系统观强调数字创新系统是由不同参与者组成，这些参与者在创新系统中扮演着不同的创新角色（Wang，2021）。Lusch & Nambisan（2015）将生产者与消费者形成的创新网络作为数字创新创造价值的关系主体，认为在数字创新进程中，生产者与消费者之间存在着动态交互的服务主导逻辑，这种逻辑能够解释数字创新的作用机制。吴瑶等（2017）则认为以往研究所强调的消费者是领先用户等特殊消费者，而普通消费者所参与的数字创新则要根据企业导向而定，如在用户导向的企业中，消费者通过数据化方式更可能促成数据驱动型数字创新，而在设计导向的企业中，更可能促成数据支持型数字创新。Majchrzak et al.（2016）同样将数字创新能够创造价值的根源归结为参与者的网络效应。可见，系统观更强调参与者在数字创新价值创造中的作用。

其次，与系统观不同，架构观则更注重数字技术，他们认为数字技术框架决定了数字创新能否创造价值以及能够在多大程度上创造价值（Henfridsson et al.，2014）。在架构观视角下，数字创新研究相继涌现出了分层模块框架（Yoo et al.，2010）、价值空间框架（Henfridsson et al.，2018）等。其中，分层模块框架将数字技术划分为设备层（devices，如鸿蒙操作系统）、网络层（network，如5G标准）、内容层（content，如用户的行为数据），这决定了数字创新的产生需要更完善的数字基础设施与更灵活的数字可编辑性（谢卫红等，2020；刘洋等，2020）。价值空间框架主张数字创新将价值网络从静态的、垂直整合的转变为松散耦合的价值空间（Hteanlfridsson et al.，2018），不同参与者可以运用数字技术重新设计与组合数字资源，并创造出定制化的价值路径。最后，资源观认为数字创新的本质在于数字资源整合，在服务主导逻辑下，参与者可以运用数字技术整合不同数字资源（Vargo & Lusch，2004）。但与架构观不同的是，资源观更强调所有参与者都是数字资源整合者，所有数字创新都是数字资源整合的结果（Lusch & Nambisan，2015）。部分学者认为资源观的出现得益于数字技术的可编程性，这要求数字创新需要结合特定场景进行技术调整（刘洋等，2020；魏江和刘洋，2020）。

从数字创新如何能创造价值来看，以往文献主要聚焦于提高组织绩效、提升组织运营效率、促进高质量发展、改变竞争格局等。按照创新结果的功能性，我们可以将其划分为效率性价值与颠覆性价值两方面。从效率性价值的数字创新结果来看，企业可以通过数据集成管理、产品全周期管理、流程自动化管理等缩短项目研发周期，降低研发资源消耗，提升创新效率与经营绩效（Fichman et al.，

2014）。多个案例研究表明，优步、沃尔玛等企业能够利用数字技术显著提升经营绩效。一项研究报告也曾显示，大数据分析能够帮助企业降低47%的客户成本，增加8%的收入（Pigni et al.，2016）。从颠覆性价值的数字创新结果来看，以往研究认为在服务主导逻辑下，企业的竞争优势不再源于简单的资源优势或者产品优势，而是提供的整套服务解决方案，这改变了行业竞争格局与竞争优势来源（Lusch & Nambisan，2015；陈春花，2021）。一方面，数字生态成为数字经济时代的重要组织形式，数字组织不再依赖于产品本身获得竞争优势，而是从不同领域获得数据连接，进而从数据网络中获得竞争优势（陈春花，2021）。例如共享单车通过用户数据收集为数字生态提供数据生产力。另一方面，数字化基础设施完善所带来的数字技术可编程性为商业模式改变带来新机会（Ciriello et al.，2018；Yoo et al.，2010），并改变竞争格局，例如短视频平台将直接改变电商的竞争格局。具体数字创新的研究视角、关注点及代表性文献如表2-1所示。

表2-1　　　　　　　　　　数字创新研究进展

问题解决	视角	关注点	典型文献
数字创新为何能创造价值	系统观	参与者	Wang（2021）
	架构观	数字技术	Henfridsson et al.（2018）
	资源观	资源整合	Lusch & Nambisan（2015）
数字创新如何能创造价值	效率性价值	提升效率、绩效	Fichman et al.（2014）
	颠覆性价值	改变竞争格局	陈春花（2021）

资料来源：笔者根据文献整理。

四　数字创新研究的评价与展望

虽然以往研究针对数字创新的内涵、分类及其结果进行了广泛的探讨，但尚处于起步阶段，关于众多数字创新问题未得到充分解决。基于上述文献梳理，我们不难发现，现有数字创新研究存在以下不足：第一，当前众多研究热衷于探讨数字化转型问题，将研究对象聚焦于数字化使能企业。但数字化转型的本质是生产力重构，数字化转型企业能否实现"使能"的关键在于"能"，巧妇难为无米之炊，传统企业只有获得数字"赋能"才能实施"使能"过程（陈剑等，2020）。为此，数字化赋能企业能否实现生产力工具的高质量创新、持续性创新、突破性创新决定着传统企业数字化转型的质量与效率。但与此大相径庭，现有研究却鲜有关注数字化赋能企业如何实现生产力工具突破性创新，即"能"从何而来？为此，本书呼吁在未来开展数字化赋能企业中相关的数字创新研究，以丰富数字创新理论。

第二，数字化转型的重要特征是价值转型，从以基于产品竞争的价值交易模式转变为基于数字共生的价值共创模式。尽管现有研究在不同情境下检验了价值转型对企业数字化生存的重要性（吴瑶等，2017），却多聚焦于价值创造主体间互动的视角，鲜有从组织的数字战略认知视角来探讨价值转型问题。事实上，正如平安集团董事长马明哲先生指出的，数字化不仅仅是一种技术革命，更是一种认知革命，数字化转型需要从数字化认知内核出发，认知的高度决定了数字化思维的高度。为此，未来研究亟待探讨数字认知相关主题在价值转型中的作用。

第三，从数字创新治理来看，数字创新的本质是社会技术系统的运作，除技术本身外，更重要的是将数字创新嵌入社会情境中（魏江和刘洋，2020）。刘洋等（2020）在未来研究展望中指出，在数字创新的收敛性与自生长性特征下，以往研究广泛探讨了重组能力、双元能力等组织能力在数字创新进程中的重要性，而这些能力正是中国企业的优势所在。为此，在中国独特市场与制度情境下，组织能力如何助推数字企业实现数字创新，尚待未来研究进一步探究。

第二节 产品突破性创新研究综述

一 产品突破性创新的内涵与测量

"创新"一词最初是由熊彼特于1912年提出，他认为创新是新生产要素与新生产条件的"新组合"，是创新主体重新构建的一种生产函数。1985年德鲁克在其《创新与企业家精神》（Innovation and Entrepreneurship）一书中指出，创新是企业创新结果的综合反映，具有不确定性。但随着创新理论研究的深入，学者们认识到创新在不同组织活动中具有不同属性，将其划分为产品创新、流程创新与管理创新三种形式，并认为产品创新是指组织经过改进或完善的产品所承载的创造性与新想法的多少（Jimenez-Jimenez & Sanz-Valle，2008）。基于产品创新的定义，部分研究进一步根据产品具备的技术优势与市场优势分为产品渐进性创新（incremental product innovation）与产品突破性创新（radical product innovation）（Bouncken et al.，2020），前者侧重于持续发生的局部改良性活动，强调对现有产品技术或市场的利用，后者侧重于从技术突破与市场颠覆双重来衡量创新，强调技术性能的重大跃迁与市场格局颠覆。产品突破性创新是由"radical product innovation"意译而来的，"radical"在希腊语中意为"根源"（付玉秀和张洪石，2004）。为此，"radical product innovation"本意为产品的根本性创新。但由于"根本性"难以界定，也有部分研究将产品突破性创新译为"breakthrough product innovation"（蒋军锋等，2017）。当前众多学者认为两种提法均能体现产品突破性创新，这也逐渐被国内创新领域的学者所认可。

虽然产品突破性创新被研究者认为是企业获得竞争优势的重要方式，但目前对其定义的理解尚未达成共识。从判断指标来看，当前对产品突破性创新含义的界定可被划分为技术优势视角、市场格局视角、客户需求视角。Schumpeter（1934）最早将产品突破性创新认为是对现有技术创新的破坏，是一种运用完全不同的科学技术与经营模式对产品市场或产业做出颠覆性的改变。Dess & Beard（1984）认为产品突破性创新与破坏性创新有本质区别，虽然它时常会为企业带来难题，却是基于一套不同的工程和科学原理开启了新产品市场。Anderson & Tushman（1991）将产品突破性创新定义为"技术不连续性，这种技术不连续性在一定程度上提升了一个行业的技术水平"，且它产生了根本不同的产品形式，与以前的产品形式相比具有成本、性能或质量方面的决定性的优势，并表现为新产品的技术优势获得与市场格局颠覆等多方面。这标志着产品突破性创新从技术的单一指标转变为技术与市场的双重指标。George et al.（1999）认为创新的根本含义是变革，渐进性创新、破坏性创新、突破性创新是一个连续统一体，而突破性创新是一种处于统一体边缘的非线性创新。Vadim Kotelnikov（2000）指出产品突破性创新是在产品领域创造出戏剧性变革并改变现有市场或者创造出新市场的创新形式。Kristina & Dean（2005）提出，可以根据产品的不同技术特征来评估产品突破性创新，即新颖性与唯一性。新颖性是与既有（prior）技术不同，唯一性是与现有（current）技术不同。经过产品突破性创新从破坏性到颠覆性、从技术优势到市场格局的演变，Joshi（2016）提出了客户需求视角，认为技术与市场固然是判断产品突破性创新的重要指标，但比现有产品更好地满足客户需求同样可以作为突破性创新的判断指标之一，Rampa & Marine（2021）支持了这一视角。为此，本书将产品突破性创新界定为"采用了与现有产品不同技术、比现有产品更好地满足客户需求、改变市场现有规则的新产品"。

从内涵上来看，产品突破性创新与产品渐进性创新、产品破坏性创新显著不同，主要体现在创新特性、知识基础、技术轨迹、市场效应等多个方面（蒋军锋等，2017）。在创新特性上，产品突破性创新是一种跃迁型、非线性、不连续性创新，它通常处于技术轨道前端，无法根据历史数据对技术发展方向进行推理（Schweitzer et al., 2020);而渐进性创新是一种维持型、线性、连续性创新,它是对原有技术轨道的扩展,可以通过历史数据对原有产品进行技术延伸(Oerlemans et al., 2013);产品破坏性创新是一种颠覆型、非线性、不连续性创新,它更强调对产品市场结构的破坏,这种破坏不一定能够带来产品技术的重大跃迁(Zhang & Zhu, 2021)。在知识基础上,产品突破性创新依赖前沿知识,而产品渐进性创新与产品破坏性创新均是基于既有知识(Alexander & van Knippenberg, 2014)。在技术轨迹上,产品突破性创新是脱离现有技术轨迹,重新创造一种新颖、差异化的产品技术轨迹,而产品渐进性与破坏性创新则是完全基于现有产品技术轨迹,在原有产品基础上进行改进、更新与升级(Ritala & Hurmelinna-Laukkanen, 2013)。在市场效应上,产品突破性创新旨在通过产品技术性能的重大跃迁实现市场格局重塑;产品渐进性创新旨在通过产品改进与升级进行市场结构优化;产品破坏性创新旨在通过破坏现有价值链来打破市场结构(Schweitzer et al., 2020)。具体对比如表2-2所示。

表2-2　　　　　　　　不同类型产品创新的对比

创新形式	产品突破性创新	产品渐进性创新	产品破坏性创新
创新特性	跃迁型、非线性、不连续创新	维持型、线性、连续创新	颠覆型、非线性、不连续创新
知识基础	前沿知识	既有知识	既有知识
技术轨迹	技术轨道前端	原有技术扩展	原有技术扩展
市场效应	颠覆市场格局	优化市场结构	破坏市场结构

资料来源:笔者根据文献整理。

现有研究对产品突破性创新的测量呈现出多元化发展趋势,表2-3列举了产品突破性创新的代表性测量方式。可见,当前研究主要从技术、客户、产品销售三个方面测量产品突破性创新,且在技术和客户方面运用Liket量表来予以测量,而在产品销售方面运用实际销售额予以测量。技术是推动产品实现突破性创新的重要方式,当技术发展水平达到一定程度，则新产品的创新程度则会大大提升，通过对技术发展的评定能够进一步识别企业总体的突破性创新水平。Joshi（2016）在测量条目中将产品所用技术与价值主张相结合，如"新产品采用了我们行业的尖端技术，以提供转型的价值主张""新产品采用了新技术，为我们提供了竞争对手产品无法提供的新优势"等。Cuevas-Rodríguez et al.（2014）在技术维度上更直接强调了产品突破性创新的技术优势，如"产生了革命性变革""制造了使用旧技术很难生产的产品"等。虽然技术成为测量产品突破性创新的重要指标，但并非唯一指标，它往往与其他指标相辅相成。如与客户价值相结合，强调"新产品采用了新技术，与竞争对手的产品相比，提供了更大的客户价值"（Joshi，2016），或"为客户提供了独一无二的产品"（Cuevas-Rodríguez et al.，2014）。此外，产品销售也是产品突破性创新测量的重要指标，如 Maes & Sels（2014）以销售额百分比均值为测量基础，通过产品质量与产品新颖性测算来评价产品突破性创新；Salavou & Lioukas（2003）根据实际销售额进行主观评价，如以新产品线或新上市产品获得销售额增长则被认为是产品突破性创新。

表2-3　　　　　　　　产品突破性创新的代表性测量方式

代表性文献	测量方式	测量内涵
Joshi（2016）	7个题项量表	技术和客户价值
Cuevas-Rodríguez et al.（2014）	11个题项量表	技术和客户
Maes & Sels（2014）	销售额百分比均值	产品质量与产品新颖性
Salavou & Lioukas（2003）	根据销售额进行0—1判断	新产品线、新上市的产品

资料来源：笔者根据文献整理。

二　产品突破性创新研究的理论进展

虽然当前产品突破性创新研究取得了一些成果，但仍局限于其触发要素与边界条件。

1. 产品突破性创新的触发要素

产品突破性创新活动中往往表现出明显的路径模糊、情境动荡、技能专用、时限紧迫等特征，该特征决定其需要将更多组织创新资源应用于突破性创新活动（李树文等，2020）。为此，探索什么样的因素更容易激发产品突破性创新，以及这些因素如何发挥作用是当前创新研究的焦点问题（Slater et al.，2014）。个体、部门、组织等不同层次上的突破性创新影响因素被研究和挖掘出来，包括经济性因素和非经济性因素。从个体层次上看，经济性因素如张勇等（2014）发现，在高度组织变革情境下，绩效薪酬更可能通过内在动机正向影响突破性创新；而在低度组织变革情境下，绩效薪酬可能通过内在动机负向影响突破性创新；非经济因素同样可以促进突破性创新，如信任（Brattstrom et al.，2015）、领导行为（Li et al.，2020）等。部门层次研究则强调跨部门整合（跨部门合作与互动）程度和研发部门的研发强度对突破性创新的影响，如 Carnabuci & Operti（2013）指出，跨部门整合作用能够共享来自各部门及其团队成员的信息与知识，通过有效配置资源实现知识互补，并促使产品技术突破与产品开发。从组织层次上看，Bicen & Johnson（2015）发现，受到知识等非经济性资源约束的企业更能以新方式重新配置既有知识或发现新知识来实现技术突破；受到财务等经济性资源约束的企业更可能承担风险，通过开放式创新、风险投资和社交策略获取外部资源，进而促使突破性技术创新的发展。此外，与理论基础相呼应，Slater et al.（2014）认为在众多前置要素中，领导行为、组织文化、产品战略是触发产品突破性创新的最重要且最直接的因素。

第一，领导行为。领导者的首要任务是为创新定下适当的基调，并在创新活动中表现出特定特质，如向技术人员传递客户导向的价值、明确战略意图、提供心理支持等（Strese et al.，2018）。与渐进性创新的战略目标不同，产品突破性创新的战略意图始于一个似乎超出组织掌握的目标，进而为员工创造一种紧迫感。Andriopoulos &

Lewis（2009）发现领导者的战略意图为产品突破性创新的方向提供了参考框架，如更加注重产品发展的远期目标、淡化即时利润。授权型领导行为研究显示，授权型领导对于提升企业突破性创新至关重要。产品突破性创新往往包含众多不确定性，需要激励驱动来应对（Alexander & van Knippenberg，2014），授权型领导可以激励企业或个人通过分享权力或促进自我管理。突破性创新需要独立、自主、有上进心的员工，有助于他们在不受过多约束的情况下自由地进行试验和发现突破（Domínguez-Escrig et al.，2019）。而双元领导研究认为授权型领导对产品突破性创新的影响受限于领导者对授权"度"的把握，而过度授权则可能因资源不受约束而延缓创新进度（王宏蕾和孙健敏，2019），这不利于产品突破性创新。为此，葛元骎等（2022）提出了共时性双元领导与序时性双元领导的概念，认为共时性双元领导更益于企业产生突破性创新成果，尤其在高容错型组织中，组织成员的外部互动能够直接为突破性创新带来外部知识源。

第二，组织文化。以往研究认为组织文化通过构建竞争价值观框架影响产品突破性创新，如组织通过学习导向文化为产品技术攻克提供知识柔性与战略柔性。Buschgens et al.（2013）元分析发现，虽然以往研究一直在强调组织文化对产品突破性创新的重要性，但多数文献并未直接关注文化与创新的关系，而是转向文化价值观。例如与创新相关的文化价值观能够有效降低组织投资意愿（Chandy & Tellis，1998）、鼓励成员冒险（López et al.，2008）。McLaughlin et al.（2008）基于对14名工程师的访谈发现，员工自主性、从错误中学习、冒险取向等文化价值观更能帮助企业实现产品突破性创新。Tellis et al.（2009）识别了产品冠军授权、企业激励和内部竞争三种文化实践，发现前两种实践更有利于产品突破性创新。可见，组织文化价值观中的冒险、灵活性、自主性等特质对产品突破性创新具有影响。Cameron & Quinn（1999）将这些因素纳入组织文化研究中开发了竞争价值框架，并以灵活性与文化导向相结合发展了四种组织文化，即民主文化、家族文化、市场文化与层级文化。Naranjo-Valencia et al.（2017）研究发现在四种组织文化中，仅有民主文化（adhocracy culture）通过增进成员的创新行为而提升产品突破性创新，而其他文化并不能激发成员的创新行为。

第三，产品战略。当客户对新产品概念缺乏经验时，相比对产品的改进或者优化，产品战略的制定与执行更为重要。Slater et al.（2014）认为，产品突破性创新往往是产品商业化过程中最昂贵和风险最大的部分，这需要产品战略作为制度基础，为产品进入市场以及相关技术攻克提供支持。鉴于产品突破性创新具有市场优势与技术优势两个典型特征，为此产品战略也被划分为技术导向战略与市场导向战略。首先，技术导向战略强调企业注重技术驱动（Gatignon & Xuereb，1997），并在产品创新中优先考虑使用先进技术，通过技术优势推动产品实现突破性创新（Blichfeldt &Faullant，2021）。突破性技术创新研究显示，技术突破能够为企业带来超大竞争优势，而这种优势的外部表现需要借助产品突破性创新来实现（Foucart & Li，2021）。为此，Schweitzer et al.（2020）在产品突破性创新研究中着重考虑了技术一致性，认为技术优势与产品商业化一致时，才能实现产品突破性创新。其次，市场导向战略是产品在市场中获取优势的重要制度基础。Hultink et al.（1997）发现具有突破性创新特征的产品通常会集中于三个或更少竞争者的利基市场，将产品定位为满足客户需求的技术解决方案，以确保全面的客户服务。部分研究针对市场导向战略的创新性产品进行跟踪研究，发现跨职能团队是导致市场导向战略增进产品突破性的重要因素（Gomes et al.，2019），公司利用跨职能团队来制订发布策略和营销计划，并在产品发布期间生成市场情报以及之后优化产品性能，通过系列客户反馈来推动产品突破性创新（Song & Thieme，2009）。

2. 产品突破性创新的边界条件

梳理文献发现，产品突破性创新实现的边界条件主要体现为环境要素与知识要素。

第一，环境要素。当前关于外部环境对产品突破性创新的影响尚未达成共识。一方面，部分研究认为环境不确定性在产品突破性创新活动中起"鲇鱼效应"（孙锐和李树文，2018），即不确定环境意味着技术、产品、市场等领域正在发生着激进变革，这增加了市场需求动态性，表现为较低的行业准入壁垒、快速且不稳定的市场变化、难以预测的市场需求、频繁变化的行业技术标准、新产品的研发与推出速度、行业政策变化等（Sabherwal et al.，2019），迫使组织不得不加大创新投入、开展持续突破性创新活动来应对这一挑战。Hao et al.（2020）对突破性创新实现的边界条件进行了细化，发现环境技术动态性更能促使企业间通过交换运营流程等显性要素来提升突破性创新。另一方面，也有研究认为环境不确定性在创新活动中具有"分流效应"（李树文等，2021），即组织拥有的资源是固定的，而环境不确定性需要组织将部分资源用于稳定环境，这减少了组织用于创新活动的资源总量，进而不益于产品突破性创新。

第二，知识要素。除了外界环境和企业内行为干预，企业自身所具有的优势，也能够成为激发突破性创新的重要边界条件。已有研究发现，强大的吸收能力、技术多样性和知识的明晰性能够作为边界条件影响突破性创新的形成。首先，吸收能力是企业的基本学习过程之一，它反映了企业从环境中识别、吸收和利用知识的能力（周飞和孙锐，2015）。因此，强大的吸收能力通过促进现有知识和学习的交流，帮助企业更有效地跟踪其行业的变化，汲取行业前沿知识，从而促进产品突破性创新的产生（李树文等，2021）。部分研究发现，具有良好吸收能力的公司可能更善于通过探测其外部环境的趋势和内化这些知识来不断更新其知识储备（Johansson et al.，2019）。其次，突破性创新得益于对异质性和多元化知识的获取与整合，技术多元化有助于提升企业对于新知识的感知，能够清晰地判断创造市场价值实现创新产出的知识组合（于飞等，2018）。同时，较高的技术多样性有利于对于来自各方信息的加工处理，提升效率，优化资源配置，提升研发成功率（毕静煜等，2021）。最后，知识模糊性导致企业在知识获取过程中存在不确定性障碍。即使企业与其他企业具有良性的竞争与合作关系，它们之间所采用的技术许多是相互依赖的，这有益于企业降低知识模糊性、增加知识获取效率（Xie et al.，2018）。因此，知识要素能够提升产品突破性创新。

三　产品突破性创新的评价与展望

虽然产品突破性创新的前因、边界条件被广泛探讨，但仍然存在几方面问题亟待未来研究探讨：首先，在数字经济时代，产品突破所用数字技术具有自我参照、动态、可延展等自生长性特征，以及边界模糊、连接共生等收敛性特征（Ciriello et al.，2018；Nambisan et al.，2017），这为数字时代传统创新管理理论的基本假设提出了挑战。一方面，不同于从创意产生、开发与应用的传统产品创新流程，数字产品突破性创新过程更注重各参与主体间互动、跨界与连接性共生（梅亮等，2021）。另一方面，与能够清晰地将创新性质与组织间相互作用予以理论化的传统创新过程不同（陈冬梅等，2020），数字产品突破性创新是一个持续迭代的非线性过程，创新突破间不再有明确清晰的开始点与结束点（Franke & Hippel，2003），而是在开放式创新框架下组织不断进行自我参照（刘洋等，2020）。为此，在数字经济时代下，产品突破性创新如何实现以及何时能够更好实现，尚未可知。

其次，在传统企业中，产品突破性创新更多源于资源或能力驱动，但在数字化赋能企业中，由于数字资源变得易于复制和高速流动（魏江和刘洋，2020），进而促使其产品突破性创新的获得源于管理者或企业整体的认知水平。在此背景下，与数字创新情境密切相关的产品突破性创新（数字化生产力工具突破性创新）如何被认知驱动，又如何将认知作为一种竞争优势在数字化生产力工具中得以体现，尚未可知。为此，未来研究亟待从认知视角去探索数字化生产力工具的实现问题。

第三节　数字化生产力工具研究综述

一　数字化生产力工具的概念内涵

随着数字创新的深入发展，众多数字化研究开始关注数字技术与物理部件相结合的纯数字产品创新（Bresciani et al.，2021；Nylén & Holmströ，2015），并将纯数字产品创新作为一种新型生产力工具正式被提出，认为它是一种能够打通赋能企业与使能企业间的创新链条，实现数字生态的共生系统打造的数字工具（陈春花，2021）。事实上，历史时代变迁均伴随着生产力工具更迭，如从狩猎时代的打猎技术走向农业时代的耕种技术，工业化革命的蒸汽机向电气化革命的电力转变，而在数字经济时代，信息技术革命也将伴随着时代变迁产生一种新型的智能化生产力工具（Colbert et al.，2016）。但当前对数字化生产力工具的探讨尚处于起步阶段，鲜有对其概念内涵、形成机制等做出深入讨论。

从理论研究来看，2016 年 *Academy of Manaement Journal* 主编 George 在其"主编寄语"中前瞻性地提出了数字化生产力（digital workforce）概念，并认为这能为管理学开辟新领域。但 George 将数字化生产力作为网民试错性学习或使用数字工具的能力，更关注微观个体在数字经济时代下的工具使用、影响及对工具的认同，并未将其提升至组织等中观或宏观层面。Eden et al.（2019）在组织层面探讨了数字化生产力的作用，指出数字化生产力转型是数字化转型的重要基础，它决定了数字化转型能在多大程度上提升组织效率。Burnett & Lisk（2019）则直接将其称为"数字化生产力工具"，认为领先的数字化企业已经开始将数字化生产力工具创新作为一项重要的创新任务。至此，纯数字产品创新开始正式作为一种新型生产力工具创新被提出（Schneider & Kokshagina，2021）。值得注意的是，"digital workforce"在国内被译为"数字化劳动力"或"数字化生产力"。在管理实践中，数字化企业更趋于采用"数字化生产力工具"这一说法，意在与人类生产力相对应，强调数字化转型的本质是生产力重构。为此，在本书中，数字化生产力工具是指数字化使能企业用来生产或提升流程效率的数字化工具，如机器流程自动化（Robotic Process Automation，RPA）、流程挖掘等。

二 数字化生产力工具突破性创新

由于数字化生产力工具的突破性创新是数字产品创新与产品突破性创新的结合体，为此，借鉴产品突破性创新的界定，将其定义为"数字化赋能企业采用与现有数字产品不同的数字技术、比现有数字产品更好满足和挖掘客户需求的纯数字产品创新"。魏江和刘洋（2020）认为数字化所带来的创新主体虚拟化、创新要素数字化、创新过程智能化、创新组织平台化，既可以为经济和社会产生增量创新，也可以为传统产业的数字化发展创造价值增量。与增量创新、赋能创新的内涵相同，陈剑等（2020）提出了不同的表达方式，他们认为数字化赋能企业与数字化使能企业承担着不同的数字化职能，前者注重通过生产力工具的改进与突破提升效率，后者注重通过将数字化生产力工具应用于企业流程来创造价值。为此，基于职能差异，也有学者提出了赋能创新与使能创新的区别（陈国青等，2020），认为使能创新是传统企业运用数字技术进行数字化转型的创新方式，而赋能创新则是数字化赋能企业对数字化生产力工具的创新（陈春花，2021）。结合研究主题与创新管理实践，本书主要将研究对象聚焦于数字化赋能企业的数字化生产力工具，并着重探讨数字化生产力工具如何实现突破性创新的问题。

三 数字化生产力工具突破性创新的评价与展望

虽然现有研究对数字创新与产品突破性创新进行了广泛探讨，但当前研究对数字化生产力工具突破性创新的探讨尚处于起步阶段，其形成机制等问题亟待深入解析。首先，数字化生产力工具突破性创新作为一种数字经济时代下新型产品的突破性创新，其是如何形成的，又是如何完成不同阶段间转换的？尚待未来研究深入探讨。其次，数字化生产力工具的突破性创新作为一种特定时代与特定情境的产品突破性创新，与一般产品突破性创新相比，其在形成过程中有何特殊之处？尚未可知。为此，未来研究将在剖析数字化生产力工具的突破性创新形成机制中寻求其与一般产品突破性创新的异同。

第四节 组织意义建构研究综述

一 组织意义建构的概念内涵

意义建构是指个体或组织认识内外部情境，并对情境进行深入理解和解释的过程（Weick，2005）。意义建构可以体现为个体与组织两个层面，前者强调个体在自身价值观框架中有效整合具有挑战性和矛盾性事件的程度（Park，2010），反映着个体是否在工作中维持着目的意识；后者反映了组织在不确定环境中对情境认识的统一程度（Weick，2005）。Weick（1995）明确提出"意义建构是一种重要的组织活动"。与个体意义建构不同，组织意义建构更注重组织对个体工作意义的感知、理解、监测、调整和利用，及在不同组织情境中引导、体现事件意义的一种行为。既有研究指出，组织意义建构是由难以调和的事件、问题、行为触发形成的，其基本思想是不同个体根据情境信号和线索对组织事件表现出理解、认知和反馈的集体行为（Maitlis，2010；Weick，1995）。但现有研究针对组织意义建构的概念框架呈现出多元化发展趋势，本书将其归纳为两种研究视角，分别为社会过程视角与情境学习视角。

1. 社会过程视角

社会过程视角下组织意义建构的本质特征是社会化行为，即组织成员通过与他人互动来认清和解释所处环境，并构建能够辅助自身理解的集体行为（Maitlis，2005）。Weick（1995）最先对组织意义建构的社会属性进行鉴定，将其概括为七个方面，分别是识别组织的基础、具有回溯性、表现为可感知的环境、持续发生、具有社会性、强调提取线索、由直觉理性驱动。其中，回溯性、动态性和社会性是组织意义建构最重要的属性，它更强调组织的变化与发展。在 Weick（1995）的七属性研究基础上，Lockett（2014）进一步将组织意义建构归纳为三个要素：一是意义建构根植于身份建构（identity constructing），组织成员通常会建构他们认为正确的工作意义；二是意义建构是相互性的，组织成员会基于他们的生活体验（meaningful lived experience）来理解组织事件；三是意义建构是一种社会过程，它是组织成员间信息共享、自我反思的优化产物（evolving product）。

  既有研究已经呈现出三种不同的研究思路：一种是以 Gioia（1991）为代表的"由上至下"的意义建构流派，他们认为意义建构是将所理解的意义传递给他人，施以影响，使他人所产生的再释意与影响者的期望保持一致。高层管理者意义建构是一种典型的领导行为和给赋行为，旨在以高层管理者的变革意义理解影响其他利益相关者的意义建构行为，并促使组织成员间意义一致。另一种是以 Dutton（1993）为代表的"由下至上"的意义建构流派，他们认为意义建构是中层管理者对高层管理者的意义给赋进行理解与认知，并通过一系列的社会互动活动进行意义强化。部分研究者指出，中层意义建构不仅可以通过与高层管理者的战略对话、决策参与进行事件问题强调（Seidl & Werle，2018），而且可以通过向高层进行问题推销（issue selling）而影响意义建构进程（Dutton，1993）。Balogun（2005）等学者基于中高层管理者的社会互动过程研究发现，中层管理者接受的社会互动程度可以显著驱动组织意义建构进程，并能对非常规事件进程重新阐释，深化与丰富关键事件的意义启示。第三种是 Cova et al.（2018）基于不道德消费行为最新提出的"由外至内"的意义建构流派，他们认为组织意义建构是员工与外部消费环境间的互动过程，并将其分为三个阶段，分别是员工与外部客户间的共有意义阶段、员工原始意义认知的保护阶段、新型消费者的员工意义的重构阶段。但该流派更强调在特定文化背景下组织意义建构对不道德消费行为的解释，尚未形成一般性的意义解释。David & Felix（2018）指出组织意义建构过程与主体均呈现动态变化，其如何建构、谁来建构取决于元问题（meta-prblem）需求。由此可见，社会过程视角更强调组织意义建构的动态性与交互性。

2. 情境学习视角

情境学习视角下组织意义建构研究将情境作为意义建构的重要载体，意义建构主体在情境变化中持续学习，以学习目标引导行为建构，情境差异性致使意义建构的过程与结果不同（Maitlis, 2005）。心理上的"意义"概念衍生于学习理论中的部分解释，如"有意义接受学习"理论较早强调了意义就是新知识与原有知识结构间的联系，这种联系主要体现于联系建立（横向意义建构）与联系抽象（纵向意义建构）两种结构（孙向东，2015）。Louis（1980）最先提出组织意义建构模型，该模型将组织意义建构过程分为两个部分，分别为情境感知及判断与适应性调整，而情境感知及判断是触发组织成员主动建构意义的关键要素。同时，他人解释、过去经验等知识要素也是输入组织意义建构的重要部分。之后，Weick（1995）、Gioia（1991）、Maitlis（2005）分别从危机情境、变革情境、一般情境三个方面定义组织意义建构的形成过程，该过程中意义建构发生了两方面变化：一是意义建构主体在情境互动过程中，对情境认知发生了变化；二是认知结构变化致使集体行为调整。因此，情境学习视角下的组织意义建构更注重建构主体的认知与反思。

相比社会过程视角，情境学习视角下的组织意义建构研究尚处于起步阶段。目前在中国情境下的检验多采用社会过程视角，如张璐等（2020）探讨了意义建构在能力突破过程中的作用。实际上，Weick（2005）曾将意义建构描述为持续更新（ongoing updating）、线索回溯（retrospect extracted cues）、身份识别（identity plausibility）

的过程，组织成员以此作为应对情境模糊性与情境解释的途径。但这里强调的"持续更新"与"线索回溯"是指对新知识（情境）的认知及对旧经验的提取。Moss（2010）较早将组织学习知识理论与意义建构相结合开展案例研究，指出组织是一个复杂的适应系统，在组织系统中，组织成员间的知识信息流促进了组织意义建构，即组织学习知识是组织意义建构的重要前置要素。Calvard（2016）在此基础上，辨析了组织学习与组织意义建构间的双向影响关系，即二者间可以通过数据认知、事件解释、技术打包等途径实现彼此强化。基于以上所述，情境学习视角更强调组织成员整体在情境中的持续学习，以目标引导建构行为。

基于以上社会过程与情境学习视角下组织意义建构阐述，本书比较了两种视角下组织意义建构的概念差异。如表2-4所示。

表2-4　　　　　　　　组织意义建构的概念内涵

视角	特点	概念	代表性文献
社会过程	动态性、交互性	组织意义建构的本质特征是社会化行为，即组织成员通过与他人互动来认清和解释所处环境，并构建能够辅助自身理解的集体行为	Maitlis（2005）；Weick（1993）
情境学习	主体性、目标性	情境是意义建构的载体，组织成员在情境变化中持续学习，以学习目标引导建构行为	Moss（2010）；Calvard（2016）

资料来源：笔者根据文献整理。

二　组织意义建构的测量

目前，国内外学者对组织意义建构的研究仍集中于概念框架完善阶段，多聚焦于案例研究，鲜有关注组织意义建构的实证测量，这严重制约了将其作为一种实体进行实证化研究。纵观现有研究，有关组织意义建构测量的研究主要源于生活意义测量（2004）的研究。

1. 基于生活意义的测量

由于意义建构的概念源于生活意义，进而早期的组织意义建构测量工具主要借鉴生活意义的测量标准。20世纪60—80年代意义建构测量采用四种测量标准，如Crumbaugh & Maholick（1964）提出的生活目标测试（purpose in life test，PIL），它旨在以20个条目（7点量表）测试个体处理生活事件的能力及生活满意度，而并未控制社会期望或限定生活情境；之后，Battista & Almond（1973）基于Crumbaugh & Maholick（1964）的测量开发了生活关怀指标（life regard index，LRI），它旨在以28个条目（5点量表）测试个体在特定生活情境中处理生活事件的能力，及在特定生活情境中的生活满意度或生活目标，示例条目有"我逐渐明白生活中什么是最重要的"；Antonovsky & Sagy（1986）基于以上测试框架，在测量情境中加入了生活压力测量，开发了一致性感知量表（sense of coherence scale）；Reker & Peacock（1981）将意义建构测量维度中增加了生活态度指标。

但以上测量更倾向于从情绪方面测量意义，部分实证研究也证实了以上意义测量与消极、积极情绪具有高度相关性（Debats et al.，1993；Zika & Crumbaugh，1992）。因此，从20世纪90年代开始，组织意义测量在借鉴生活意义测量基础上，更注重意义体验，而不再强调这种意义建构的主动性或被动性。如May et al.（2004）将工作意义作为一种心理体验，旨在反映员工对工作的态度，示例条目有"我觉得我目前从事的工作非常有价值"。但这种工作意义测量仍然局限于个体层面，从跨层含义上讲，并未严格上升至组织层面。

2. 基于Johnson（2004）及其合作者的研究

Weick（1995）在其《Sensemaking in Organizations》中将组织意义建构抽象为七个方面，但这仅仅是组织意义建构框架。Johnson et al.（2004）在其基础上，从供应商关系视角提取出5个测量条目，主要强调理解错误、解释成功活动或项目、理解行为结果并加以改正、优化等，示例条目有"如果在供应商关系中出现问题，我们会努力找出原因""我们会很快找出供应商关系中的错误原因，以避免重蹈覆辙"。Sheng（2017）运用 Johnson et al.（2004）发展的量表检验组织意义建构对组织整合能力的影响，发现其具有较高的组合信度、因子载荷和平均提取方差。

3. 基于 van den Heuvel（2009）的研究

与 Johnson et al.（2004）测量不同的是，van den Heuvel et al.（2009）对组织意义建构的测量工具是基于生活意义测量而发展的。他参考健康心理意义建构的测量条目，通过逆境中工作主体建构意义的工作类型识别，进而发展出组织意义建构的七条目量表。该测量工具更强调意义建构的心理过程。示例条目有"我们愿意花时间思考工作中发生的一些事件，以及关注一些有意义的结果""我们会关注我认为有价值的活动和事件"。与基于生活意义的测量局限相似，该测量更倾向于注重个体层次的意义建构，而忽略了组织整体。

纵观已有的组织意义建构结构测量文献发现，在不多的几项组织意义建构测量研究中，更多将个体层意义建构测量条目调整为组织层意义建构，进而忽略了组织整体概念。同时，虽然 Johnson et al.（2004）测量研究源于 Weick（1995）的组织意义建构框架，但其测量条目的提取并未经过严格的量表开发程序，且其条目测量嵌于供应商关系情境中。

三 组织意义建构的情境

在 Weick（1995）描述的意义建构七个属性中，其中三个关键属性（回溯性、动态性和社会性）均强调组织成员的意义建构情境。但早期的意义建构情境主要聚焦于组织成员在组织危机事件中的直接释意与即时反应，而后续研究也逐渐将建构情境延伸至发生频率较高的组织情境中，即变革情境与一般情境。为此，本部分着重梳理组织意义建构在危机情境、变革情境与一般情境下的研究逻辑。

1. 危机情境

危机情境是组织意义建构提出的原始情境，主要聚焦于社会学范畴的公共危机事件，如曼恩峡谷火灾、特尼里弗空难、珠穆朗玛峰登山遇险、韦思特雷矿难等。危机情境下的组织意义建构包含两方面内容（Maitlis，2010）：一是突如其来的危机，强调组织成员对即时性危机的直接反应；二是危机后的认识，强调危机后政府及组织成员对危机事件的原因、过程、后果等进行解释，并提出有效的补救措施。Weick（1985）将危机情境下组织意义建构的基础概括为三方面，分别是公共承诺（统一共识）、能力（能够处理危机事件）及期望（高层管理者对危机事件的假设）。

　　危机情境下组织意义建构具有典型的发生即时性、反应直接性、层级模糊性等特征，该特征决定了组织意义建构不能进行层层传递和反馈，而是在不同行为群体间形成不同的意义建构行为。高层管理者在组织危机中具有良好的期望表现，很可能会致使组织成员低估危机事件风险和产生积极情境评价，但这些公共承诺均可能造成意义建构盲点（Maitlis，2010）。心理学研究显示，环境控制的积极错觉（positive illusions）在确定情境中能够为组织成员带来致命影响（Taylor，1988）。高信度组织研究指出，当组织成员被灌输"专注失败"（preoccupation with failure）的想法及被鼓舞保持警惕性（vigilant wariness）心理时（Weick，2005），组织更能为成员带来心理安全感。相较而言，在危机后的积极意义建构更能有效促进组织及其成员实施良性行为。一项危机情境下管理者承诺研究发现，当在危机发生后管理者承诺（如提供岗位、薪酬）利于将危机事件转化为组织更新（organizational renewal）机会（Dutton & Ashford，1993）。因此，危机情境下组织意义建构具有双刃剑效应，在危机中不利于组织即时反应，而在危机后益于组织重建。

　　危机情境下另一种集体意义建构的行为群体就是普通员工。普通员工群体通过意义建构形成一致性的集体行为，以应对危机事件带来的情境动态性。但诸多研究者指出，在危机情境下构建普通员工的工作意义具有两方面难点：一是"多元无知"现象（Weick，1995），即在危机情境中个体的意义建构更可能参照他人的态度或行为，并相信其他人已经对该情境做出了合理解释，这也是 Maitlis

(2010)提及的危机事件中公共承诺易于形成意义建构盲点。二是信息共享机制闭塞（Maitlis，2010），不同个体、团队间未能共同参与信息扫描（scanning）、共享与解释，以协调集体对待特定问题的关注，进而致使不同个体间的信息差异，促使危机事件的多元化理解，这不利于形成集体行为。

虽然组织意义建构产生于危机情境，但危机情境中的组织意义建构具有明显的局限性，一是情境典型性，火灾、矿难等危机事件仅是组织发展过程中鲜有的关键事件，其不具情境代表性；二是层级模糊性，虽然部分研究在危机情境中区分了不同行为群体的意义建构差异，但其并未体现出明显的层级互动特征。为此，Gioia（1991）等学者提出了变革情境下的组织意义建构。

2. 变革情境

组织变革情境是指组织计划性开展战略调整、业务重组等重大组织活动的情境。Maitlis（2010）认为，危机情境与变革情境具有诸多相似点，如均具有模糊性等特征；学者们原来在两种情境中都强调技术因素对组织结果的影响，如危机情境下的技术失败，变革情境下的技术执行困难，从而忽视了技术使用者的角色；危机和变革均具有较强的时间弹性。但危机情境下的组织意义建构模型较为简化，未能考虑到复杂环境下的众多干预要素，如中高层管理者间的互动机制，而在组织管理实践中，变革事件比危机事件在组织中更加普遍。部分研究提出，组织成员在变革情境下的意义建构取决于他们特殊的社会背景，如组织位置、组织历史、组织文化等（Dutton & Ashford，1993；Lockett，2014）。

组织变革情境在危机情境中加入中高层管理者的意义互动机制，构建了组织高层与中层的意义给赋与意义建构范式。既有研究主要聚焦于组织战略变革情境中意义建构行为，如Gioia（1991）针对某大学进行调研发现，校长就职后的战略变革意图需要借助与院长交流、部门走访、学校历史文化资料阅读等形式进行构建，并将自身的战略释意赋予高层管理团队及其他组织成员，而且他着重强调这些意义感知过程始终在以一种连续和互动的方式（sequential and reciprocal fashion）发生。Lockett（2014）进一步对 Gioia（1991）研究中的意义建构进行深入探讨，发现意义建构是从机会刺激、机会构建、机会问题解决到愿景强化的过程，而经济资本、文化资本、社会资本构成的社会位置是组织变革情境下意义建构的原动力，且职业中心化（profession-centrism）在文化资本与机会构建间具有重要的链接作用，分配中心化（allocentrism）在社会资本、文化资本维度与机会问题解决间具有重要的链接作用。Luscher & Lewis（2008）从工作悖论视角出发探讨组织意义建构的发生机制，将组织变革作为一种组织内部工作要素的悖论情境，构建了组织悖论（组织变革）、归属悖论（关系变革）与绩效悖论（角色变革）间的交互关系，发现三种悖论内的交流模式与应对策略差异及其各悖论间的交互关系致使组织意义得以建构。此外，部分研究从角色想象（Gioia，2010）、共享共识（Weick，2005）等视角探讨组织变革情境下个体与集体意义建构行为间的互动机制。但从上述研究中可见，组织变革情境下的意义建构更强调不同行为群体间的交互性、循环性与持续性。

虽然相较危机情境，变革情境下的组织意义建构更加普遍，层级间的互动机制也更加清晰，但其仍然具有两方面的局限性：一是业务重组、战略调整等组织变革频率仍然较低，该情境下的意义建构行为不具普适性；二是虽然变革情境强调意义建构循环交互，但其并未强调循环过程中层级交互的动态变化。为此，Maitlis（2005）提出了一般情境下的组织意义建构。

3. 一般情境

危机情境与变革情境是组织意义建构的特殊情境，其在组织管理实践中发生的频率较低，且这两种情境均易于导致组织成员集体恐惧（Weick，1995），尤其在危机情境发生时，组织成员间更易于形成公共承诺，而拒绝意义建构。但既有研究均指出，组织意义建构具有社会性特征，它普遍存在于组织社会化活动中（Maitlis，

2010)。因此，组织意义建构需要从危机、变革等特殊情境拓展至一般情境。

Maitlis（2005）基于探索性案例研究的 27 个问题，提取出两个组织意义建构维度，分别是领导者意义给赋（leader sensegiving）与利益相关者意义给赋（shareholder sensegiving）。其中，领导者意义给赋体现了意义建构的控制性，其原因在于领导者更倾向于借助正式权力进行沟通与互动，具有明显的统一性特征；其他利益相关者意义给赋体现了意义建构的活跃性，其原因在于组织成员更倾向于在正式渠道下对意义给赋做出回应，具有明显的信息密集流动性与持续调整性特征。根据两个维度的高低水平差异，衍生出四种不同程度的控制与活跃匹配的组织意义建构范式。具体如图 2-1 所示。不同程度的组织意义建构范式反映了不同的建构过程与结果。

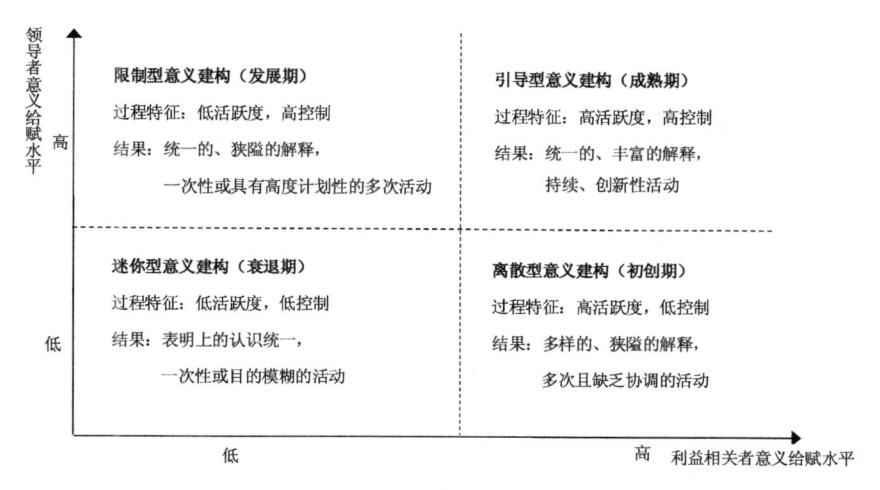

图 2-1 不同意义给赋水平下意义建构类型

资料来源：Maitlis（2005）。

第一，高控制与高活跃情境能够产生引导型的组织意义建构过程（guided organizational sensemaking）。该意义建构过程强调领导者与利益相关者在关键事件解释与释意过程中均是积极的意义赋予者，且领导者在该过程中具有强烈的指导作用,并通过与其他利益相关者间系统化与私密化的互动,进而集成、协调和塑造利益相关者的组织贡献,而这种强烈的信息互动与调整致使双方达成统一的、丰富的事件解释,更加凸显过程持续性与创新性。如通过正式或非正式的讨论形成行动决议。第二,高控制与低活跃情境能够产生限制型的组织意义建构过程(restricted organizational sensemaking)。该意义建构过程强调领导者向利益相关者解释了关键事件理解,但利益相关者仅仅接受该解释,却并未反映替代性理解。该情境下,由于层级间意义建构表现出明显的单向性,进而导致意义建构不具持续性,更趋向领导者向利益相关者赋予意义的一次性活动。如通过召开精神传达会议说明某项决策的意义。第三,低控制与高活跃情境能够产生离散型意义建构(fragmented organizational sensemaking)。该意义建构过程强调利益相关者通过提出问题与塑造情境理解,进而生成潜在的解释方案。虽然领导者经常会寻求利益相关者的意见,但其并未试图控制讨论流程、场景等,同时也没有将利益相关者纳入连续的集体解释框架中。该情境下,由于领导者没有对利益相关者的多元解释进行控制和再理解,进而致使意义建构具有明显的分散性、多向性,更趋向实施多次且缺乏协调的活动。如面对市场变化,领导者任由下级部门自行解释,各行其是。第四,低控制与低活跃情境能够产生迷你型意义建构(minimal organizational sensemaking)。该意义建构过程强调领导者与利益相关者均没有对事件意义进行解释和理解,领导者放任不管,而利益相关者也没有意义建构动机。该情境下,由于层级间既无法产生统一的事件理解,也难以产生多元理解,进而不具意义建构属性。如面对市场变化,领导者和下级部门视而不见。

  基于以上危机、变革及一般情境下组织意义建构阐述,本书从情境特点、行动主体、研究内容、构建时点、研究价值等方面比较了三种情境下组织意义建构差异。如表2-5所示。

表 2-5　　　　　　　　　不同情境下组织意义建构对比

情境类型	情境特点	行动主体	研究内容	建构时点	研究价值	研究局限	代表性文献
危机情境	层级模糊即时性鲜有发生	管理者与普通员工	危机事件前后的意义建构差异，与普通员工意义建构难度	危机后	提出意义建构情境，并分析成败根源	忽略了多方参与者的互动机制	Weick (1995)
变革情境	层级划分持续性偶尔发生	中高层管理者及其他利益相关者	高层意义建构给赋与中层意义建构	变革中	提出不同层级意义建构循环互动模式	忽略了循环互动中的意义建构动态变化	Gioia (1991)
一般情境	层级匹配具体性时常发生	领导者与利益相关者	应对不同组织问题的意义建构类型及过程与结果	因企业而异	提出意义建构普适性，作用过程及结果	未揭示四种类型的演化路径与情境适用性	Maitlis (2005); Maitlis (2010)

资料来源：笔者根据文献整理。

四　组织意义建构的两种典型模式

组织意义建构情境有危机、变革与一般三种情境，但由于危机情境组织意义建构具有典型性与特殊性，在 Weick 及后续研究中并未形成普遍的作用模式。因此，本书着重在变革情境下整合 Gioia (1991) 与 Lockett (2014) 的研究构建组织意义建构交互循环模式，在一般情境下整合 Maitlis (2005)、陈文波等 (2011) 与刘凌冰等 (2015) 的研究构建组织意义建构演进模式。这两种作用模式也是当前组织意义建构的典型模式。

1. 基于 Gioia (1991) 的变革情境下组织意义建构交互循环模式

Gioia (1991) 将变革情境下组织意义建构交互循环模式（the sequential and reciprocal cycle of sensemaking）划分为四个阶段，分别是设定愿景（envisioning）、释放信号（signaling）、强化愿景（re-visioning）与给赋能力（energizing）。如图 2-2 所示，图中"散线"

代表意义赋予过程,"汇聚线"代表意义建构过程。其中,第一阶段的设定愿景体现为高层管理者努力通过创造一些指导性愿景来理解和认知新情境;第二阶段的释放信号体现为高层管理者将他的理解传递给其他利益相关者;第三阶段的强化愿景体现为利益相关者感悟高层赋予的意义,并修订和深化事件意义;第四阶段的给赋能力体现为利益相关者在强化事件意义理解后,对高层赋予的意义进行回应,试图影响愿景实现形式。同时,第四阶段也标志着组织成员开始采取行动去传播和实现愿景,并进入强化愿景与给赋能力的持续循环活动中。Gioia（1991）强调以上四个阶段可以归结为理解（认知）和影响（行为）两个过程,意义建构是建构主体自身理解过程,意义赋予是一方建构主体影响另一方建构主体的过程。Lockett（2014）基于扎根研究进一步指出,意义建构中愿景的实现得益于机会刺激、机会构建与问题解决。其中,机会刺激是变革伊始,变革事件致使组织开始创新服务模式、整合旧有知识,以构建组织机会、适应变革动态,进而解决组织变革问题、实现组织愿景。但同时,组织在变革问题应对过程中构建新的发展机会,这形成了机会构建与问题解决的交互进程。

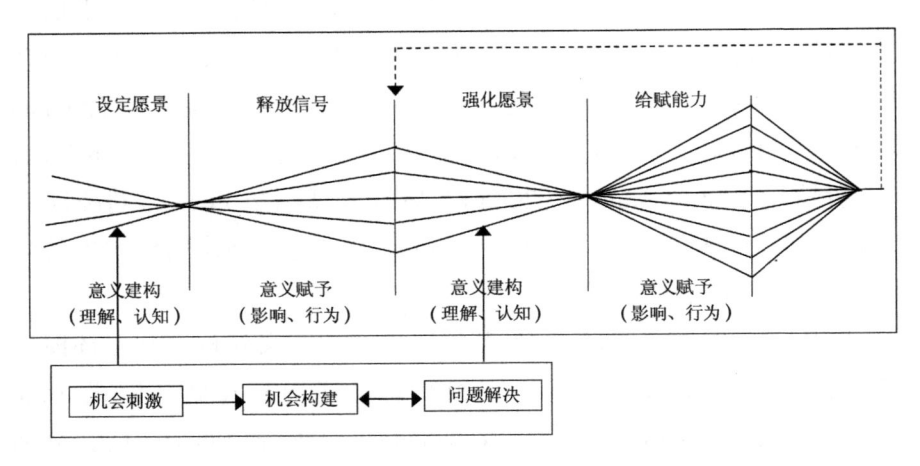

图2-2 变革情境下组织意义建构交互循环模式

资料来源:Gioia（1991）& Lockett（2014）。

2. 基于 Maitlis（2005）的一般情境下组织意义建构演进模式

Maitlis（2005）将组织意义建构的危机与变革情境拓展至一般情境，并从领导者控制与利益相关者活跃两个维度构建了四种组织意义建构类型，分别为迷你型意义建构、限制型意义建构、离散型意义建构与引导型意义建构。但其并未阐释四种意义建构的演化路径与情境适用性。为此，本书结合陈文波等（2011）与刘凌冰等（2015）的研究构建了组织意义建构的四阶段演进模型，对其演化路径做出初步探讨。如图 2-3 所示。

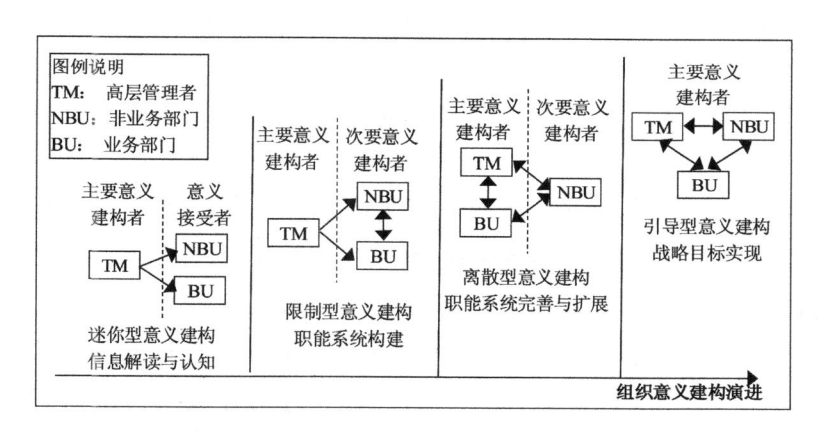

图 2-3 一般情境下组织意义建构演进模式

资料来源：陈文波等（2011）与刘凌冰等（2015）。

首先，第一阶段意义建构表现为最小程度的控制与活跃，组织管理者、业务部门及非业务部门均具有强烈的知识约束性。高层管理者是最先对外部制度、市场等环境进行解读的意义建构主体，也是主要的意义给赋者。但由于该阶段表现出明显的资源约束、情境模糊、时限紧迫等特征，迫使高层管理者将大部分资源用于理解和认知组织环境，而将更少资源用于对部门的意义赋予。同时，组织部门由于缺乏相关知识与正式权力渠道，进而难以直接对组织环境进行全面认知与解读，因此组织部门在该阶段扮演意义接受者的角色。该阶段意义建构模式更强调管理者对环境信息的解释与认知。

其次，第二阶段意义建构表现为高受控特征，高层管理者完成了组织环境信息解读，开始增加向部门意义赋予程度，例如管理者开始过问部门预算工作、提出预算要求等。一方面，由于组织部门在第一阶段接受了部分意义建构信息，进而在该阶段具备初步自我建构的基本知识，并在此过程中强化管理者赋予的意义程度，如财务部门开始自我约束，有意识地控制业务成本等。因此，组织部门是次要意义建构者。另一方面，非业务部门由于资源有限，开始粗略地向业务部门赋予意义，而业务部门也开始捕捉市场信息，并反馈至非业务部门，如财务部门的预算标准粗略地分配至生产业务，但并未具体到每一项业务，而业务部门也开始反馈预算执行情况。因此，非业务部门与业务部门是双向意义赋予。该阶段意义建构模式更强调职能系统构建。

再次，第三阶段意义建构表现为高活跃特征，非业务部门完成了职能信息解读，开始增加向业务部门的意义赋予程度，同时也开始向高层管理者反馈详细的职能信息。该阶段管理者开始授权非业务部门，由其自觉强化内部竞争优势。因此，非业务部门是主要意义建构者。但由于时间限制，短时间内无法对业务与非业务部门进行统一要求，只能由非业务部门辅助业务部门建构意义。该阶段意义建构模式更强调职能系统的升级与扩展。

最后，第四阶段意义建构表现为协同特征，在前三阶段中管理者、业务部门与非业务部门均具备了成熟的知识体系，三者开始将战略目标输入意义建构情境中，积极主动地参与意义建构进程，各方双向交流通畅。该阶段的意义建构模式更强调战略在意义建构中的实现。

五 组织意义建构研究的评价与展望

纵观现有文献，虽然在20世纪80年代组织意义建构作为一种组织微观行为被提出，但在30年研究中，仍然局限于内在结构研究。因此，未来研究可以着重从以下几方面做进一步探讨：第一，虽然 Maitlis（2005）基于一般情境下控制性与活跃性的匹配提出了四类组织意义建构，但仍局限于传统管理情境。在数字经济时代，远程办公成为新型工作方式，领导者与员工间的边界更加模糊，网络工具成为他们之间工作沟通的重要工具，这为意义建构方式提出了挑战。为此，最新意义建构研究将其嵌入数字创新情境中，提出了数字意义建构的概念（Nambisan et al.，2017），认为数字经济时代下组织如何实现意义建构以及怎样契合不同数字场景成为未来研究的重要议题。

第二，当前研究基于社会过程视角强调领导者与员工间互动构成了组织意义建构的两种方式，即意义建构（sense making）与意义给赋（sense giving）（Gioia，1991），前者是指员工通过情境信息解读并由下向上传递至领导者，后者是领导者通过信息沟通由下向上传递至员工，而领导者的意义线索如何上传至组织，却尚未可知。为此，本书呼吁未来能够剖析领导者如何将意义建构至组织层面。

第五节　本章小结

本章首先介绍了数字创新的内涵与特征、类型、理论进展，发现当前研究主要聚焦于数字化使能企业的数字创新问题，而针对数字化赋能企业的研究相对较少，这在一定程度上限制了我们对数字创新问题的深入理解。其次，鉴于数字化生产力工具突破性创新是数字创新与产品突破性创新的结合体，为此本书对产品突破性创新的内涵与测量、理论基础与研究进展进行了系统性回顾，发现产品突破性创新的形成不再依赖于资源或能力的单一线性关系，而在数字经济时代，创新管理实践从线性管理转变为复杂生态管理，它的实现需要资源、能力、认知等多视角、多层面要素的共同作用。最后，本书对组织意义建构的内涵、测量、情境及典型模式进行了综述，发现当前组织意义建构研究更多建构在传统情境的领导—员工互动，而忽略了数字情境下管理者与组织间意义建构关系。本章节通过文献回顾与归纳、理论推导与整合，初步探索了数字企业数字化生产力工具突破性创新的条件与过程，为后续研究的进一步深入开展奠定了理论基础。

第三章

数字化生产力工具突破性创新条件与迭代过程的探索性案例研究

数字化赋能企业是数字化发展的力量源泉,它为传统企业数字化转型赋予了重要"能量"。为此,数字化赋能企业具备什么样的生产力工具直接决定着整个数字生态的发展质量。那么,作为数字化进程的重要推动力,数字化赋能企业的生产力工具如何实现突破性创新,哪些条件能够助推生产力工具实现突破性创新,尚待进一步探讨。基于此,本章以一家典型的数字化赋能企业——容智信息科技作为研究对象,通过探索性案例分析,试图剖析数字化生产力工具的突破性创新条件以及实现过程。

第一节 研究目的

本书研究的目的在于探索数字化赋能企业如何打破数字化生产力工具的资源约束与优势选择实现突破性创新与持续迭代。在数字经济时代,传统创新管理理论受到严峻挑战,数字技术改变了原有依靠产品取得长期竞争优势的组织逻辑,而转向依靠企业与客户间的价值共创来获得竞争优势的服务逻辑(陈春花,2021)。基于此,如何实现数字创新成为学界共同关注的研究问题。在数字创新研究中，管理实践将数字创新的产生归结为不同生产关系下生产力工具的重构，换言之，数字化生产力工具成为数字化进程中主体虚拟化、要素数字化、过程动态化以及组织平台化等数字创新本质的症结所在。为此，探讨数字化生产力工具的创新管理问题更为迫切。

基于上述研究目的，本书着重探讨以下问题：在复杂多变的外部情境下，数字化赋能企业如何突破资源约束与优势选择实现数字化生产力工具突破性创新？在生产力工具突破性创新的动态进程中，组织如何配置资源与塑造能力以及二者间关系是怎样的？管理者认知作为资源与能力间关系的重要前置因素，如何实现从管理者到组织的跨层建构？数字化赋能企业的生产力工具突破性创新是如何迭代的？为此，本书以在数字创新领域取得领先优势的容智信息科技为研究对象，以案例企业三种数字化生产力工具突破性创新的时间线与典型事件为线索，探讨了数字化生产力工具突破性创新的实现条件与迭代过程，进而为企业获取可持续竞争优势提供参考借鉴。

第二节 相关理论与研究框架

一 动态能力与资源配置间关系

资源基础观认为异质性资源是决定企业能否实现产品突破性创新的关键要素，他们认为企业本质是系列独特资源聚合体，不同资源间的相互组合、集成与发生作用构成了产品突破性创新的底层逻辑（Barney，1991），并从资源选择等视角解析了资源的基础作用（Oliver，1997）。在此理论框架下，部分学者主张组织规模决定论，认为组织规模越大，其能够配置于产品突破性创新的组织资源越多（Cohen，1995）。但随着研究的深入发展，部分学者开始质疑从资源基础视角解释突破性创新的研究，他们认为，当前环境复杂多变，诸多企业即使拥有许多有价值的资源后，仍然不能实现突破性创新、获得竞争优势（Teece et al.，1997）。甚至资源丰富的企业更易于沿着既定路线进行渐进式创新，而非高成本、高风险的搜寻外部机会（Troilo et al.，2014）。反之，资源约束增加了企业探索未知领域的机会，并以此获得资源补给（Ciambotti & Pedrini，2019）。

为了回应资源基础观的疑问，战略管理研究将组织动态能力作为企业实现产品突破性创新的来源。相较资源基础观，动态能力观更强调组织能力塑造（Teece et al.，1997），认为在资源约束与既得优势情境下，突破性创新的关键是如何将内生性与外生性资源相结合，并有序、动态的构建能力资源聚合体（王琳和陈志军，2020）。也有部分学者强调，动态能力并不能成为组织保持竞争优势的充分条件，而是必要条件，即组织竞争优势的获得并非依赖于动态能力，而是依赖于由动态能力创建的资源基础（Eisenhardt & Martin，2000）。为此，众多以资源能力为理论基础的研究得到了广泛发展，如张璐等（2020）探讨了资源整合能力、资源延伸能力与资源重构能力的生成机理。

在资源与能力相结合研究的基础上，一些学者开始意识到在管理实践中，虽然部分企业有异质性资源与动态能力，但仍然无法在激烈竞争的行业中取得显著优势，如诺基亚在手机行业的失利。为此，学界开始从管理者层面来探讨企业应当如何获得竞争优势，并提出管理者认知凝滞是企业刚性束缚与路径依赖的症结所在（Heffernan，2003；张璐等，2020），若管理者未对外部情境变化做出认知转变，即使企业具备资源与能力，也不足以实现可持续竞争优势（Bhandari et al.，2020），这为资源基础观和动态能力观提出了挑战。但尚未有研究对这一挑战做出有效探讨，关于产品突破性创新形成条件的研究仍处于"混沌"状态。

二 管理者认知

设定与外部情境相匹配的管理者认知是推动企业持续发展的关键所在（尚航标等，2014）。管理者认知是指有限理性管理者基于对情境变化的理解，在战略选择和决策制定中将其具备的知识结构转化为行为的信息筛选过程（Nadkarni & Barr，2008），也称为管理者主观表述（Subjective Representation）或管理者思维模式（Mental Model）。管理者认知研究将管理者视为收集、分析与处理复杂和模糊情境信息的重要执行者，外部情境是管理者认知的信息来源，它能够刺激管理者对情境变化进行感知、注意、判断与选择，并改变注意力配置与调整固有认知，进而实施与情境相适应的行为（罗瑾琏等，2018）。

当前研究主要从组织行为理论与意义建构理论解释管理者认知。其中，组织行为理论将管理者认知视为企业内部不同政治群体间相互平衡的结果，认知转变源于不断打破平衡与形成新平衡的动态过程（Augier & Teect，2009）。意义建构理论将管理者认知作为外部情境刺激后管理者基于先有经验对现有情境进行解读，并指导组织行动的结果，认知转变源于不断外部情境变化（Weick，2005）。Kaplan（2011）认为基于组织行为理论的管理者认知研究潜在认为管理者具有转变认知的主观意愿，但在管理实践中，管理者的认知转变往往都是被动性的，是受到外部情境变化刺激后被迫产生的结果。为此，最新研究也呼吁以意义建构理论解释管理者认知指导组织行动的必要性（张璐等，2020）。

意义建构能够帮助管理者通过社会化行为（如与他人互动）来解释所处情境，并构建能够辅助自身理解的集体行为（Maitlis，2005；Weick，1995）。意义建构是指个体在自身价值观框架中通过有效整合具有挑战性和矛盾性事件来认识内外部情境（Park，2010；van den Heuvel et al.，2009），进而驱动集体对情境进行统一理解和深入解释的过程（Weick，2005）。Gioia（1991）基于社会化过程视角将意义建构划分为意义建构（Sense Making）与意义给赋（Sense Giving），前者是指管理者通过情境信息解读并由下向上传递至组织，而后者是组织通过信息沟通由上向下传递至管理者。基于意义建构的方向性划分，Gioia（1991）在战略变革情境下将意义建构的发生过程划分为目标设定、释放信号、意义赋予，并认为该过程是从认知到行为的转换过程。为此，本书拟采用"目标设定—释放信号—意义赋予"的意义建构框架来由下而上解析管理者认知到组织行为的意义建构过程。

三　分析框架

不同于从创意产生、开发与应用的传统产品创新过程，数字化生产力工具突破性创新过程更注重各参与主体间互动、跨界与连接性共生（梅亮等，2021）。同时，与能够清晰地将创新性质与组织间相互作用予以理论化的传统创新过程不同（陈冬梅等，2020），数字化生产力工具突破性创新间不再有明确清晰的开始点与结束点（Franke & Hippel，2003）。要探索数字化赋能企业如何实现数字化生产力工具突破性创新，需要着重解析两个问题，即企业如何突破资源约束与优势选择实现阶段性生产力工具突破性创新，以及如何实现多阶段的生产力工具迭代。为了深度剖析数字化生产力工具突破性创新为何发生以及如何发生的问题，结合数字化生产力工具创新过程特征，借鉴 Kohli & Melville（2019）提出、刘洋等（2020）改进的"外部环境刺激—数字创新启动—数字创新开发—数字创新应用"的数字创新理论框架，以及 Nambisan et al.（2017）提出的"数字创新的社会认知意义建构"的数字创新逻辑，本书构建数字化赋能企业生产力工具突破性创新的"外部情境刺激—数字创新启动—数字创新开发—数字创新应用"研究框架，具体如图 3-1 所示。其中，外部情境刺激是企业根据外部情境变化寻求数字创新机会的过程；数字创新启动是指企业参考外部情境中寻找的创新机会，进而为数字创新做准备的过程；数字创新开发是指企业将启动过程中的创新想法付诸实践的过程；数字创新应用是指最终实现数字创新的过程。

外部情境刺激 → 数字创新启动 → 数字创新开发 → 数字创新应用
外部情境结构 | 启动方法与过程 | 开发要素与联动 | 数字化生产力工具突破性创新

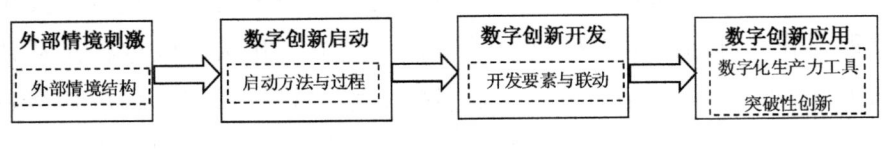

图 3-1　研究框架

第三节　研究设计

一　研究方法

本书探讨数字化生产力工具突破性创新的实现条件与迭代过程，Bamberger（2008）呼吁采用质性研究的方法，对情境问题进行关注，并且提出"从情境变化、时间演进以及社会单元变化的角度探讨组织现象的变化"。本书选用单案例探索性研究的模式，采用内容分析法进行研究，对质性数据进行编码。主要是基于以下原因：（1）数字化生产力工具的突破性创新是一个复杂、多元、动态的过程，采用单案例纵向研究可以更生动、细致的展示研究问题，并从根本上把握数字化生产力工具迭代的动态规律。通过对极端案例的剖析，本书能够详尽探讨数字化赋能企业实现数字化生产力工具突破性创新的动态与跨层过程，挖掘复杂现象背后的理论规律，通过讲述"好故事"为构建"好理论"带来不同寻常的新见解和新启发（单宇等，2021）。（2）本书旨在回答"数字化生产力工具的实现条件是什么、为什么是这些条件、如何实现以及不同情境下怎样变化"等问题，这些问题的解答适合采用案例研究方法。（3）数字化生产力工具是一个新兴研究主题，现有理论无法充分解释它的实现条件与迭代过程，且这一问题涉及时间过程。而案例研究方法适用于揭示这样的动态过程。

二 案例企业选择

本书选取容智技术有限公司（简称"容智信息科技"）作为案例分析对象，其原因在于：一方面，遵循单案例极端性原则。容智信息科技是一家 AI 人工智能技术企业，专注于数字化生产力工具研发，在 8 年内实现了从团队组建到数字化生产力工具业界领先的全过程，并成功完成了两次数字化生产力工具研发路径的完美迭代，为极端情况下探究数字化赋能企业的数字化生产力工具突破性创新的实现过程提供良好契机。组建于 2013 年的容智信息科技，旨在通过人工智能为传统企业赋能，帮助传统企业数字化转型，实现降本增效的目的。容智信息科技作为国内领先的数字化生产力厂商，通过自主开发人工智能算法及流程引擎，以其独特的"0"代码产品设计理念，以简单的录制、拖拽等无代码方式实现机器人的流程设计，极大地简化了 RPA 的流程设计难度和维护难度，目前其产品广泛应用于银行、保险、证券、医疗、公共部门等行业，是 AI 智能助手领域的典型代表。

自成立以来，企业已取得 30 个软件著作权，在多次科创大赛中获得一等奖和卓越贡献荣誉，并与多家 500 强企业达成深度合作。同时，它是国内第九家进入腾讯千帆计划的软件公司，也是业界唯一同时获得腾讯甄选、华为严选双重加持的企业。在发展过程中，企业成功完成两次数字化生产力工具的完美迭代。其中，2013—2015 年完成计算机视觉-OCR 文字识别的研发与生产，实现财务领域文字、图像与技术的相互识别与转化；2015—2019 年完成 iBot 的研发、升级与产品化，助推各个领域的数字变革，"让人干人该干的事"，实现从计算机视觉（识别）到智能机器人（执行）的成功迭代；2019—2021 年从事 iDiscover 的研发与生产，通过极致与极简的数据呈现为数据决策提供依据，实现从智能机器人（执行）到流程挖掘（数据可视化）的成功迭代。

另一方面，遵循单案例启发性原则。容智信息科技在数字化生产力工具完美迭代的背后，具有极强的启发性：第一，容智信息科技并非沿着既得优势的数字化生产力工具形成路径依赖，而是通过突破优势选择、持续迭代来构建数字化生态，为传统企业的数字化转型赋能。这有助于启发不同类型企业解决数字化转型问题。第二，作为一家组建多年的数字化赋能企业，容智信息科技于 2020 年 10 月才完成 A 轮融资，并此后由原来的 16 人扩展到 70 多人。但 2020 年前，在财力、人力等资源约束情况下，它仍然能够成功完成连续两次数字化生产力工具的迭代，并在业界领先。这有助于为数字化赋能企业在资源约束情境下实现生产力工具的突破性创新提供理论洞见。

三 案例描述

容智信息科技是一家专注于 AI 人工智能的技术驱动型数字化赋能企业，旨在通过人工智能技术和创新高效的服务解决方案为传统企业赋能，帮助企业提升运营效率和降低成本，共创人工智能经济新生态，专注面向世界 500 强企业、央企及政府、金融等大型企事业集团提供具有国际标准的企业级数字化生产力解决方案。现在上海、无锡设有大型研发中心及 AI 重点实验室，在华南、华北、西北、华中设有 4 个区域总部、30 个分子公司。容智信息科技的使命是数字化驱动，通过 AI 打造企业数字化生产力。它的愿景是 AI 企业数字化变革，致力于通过数字生产力，重构商业价值。目前容智信息科技已在 AI 智能助手市场遥遥领先，并预计在 2023 年完成销售额 10 亿元的市场目标，在科创板上市。

容智信息科技作为国内 RPA 厂商的佼佼者，产品研发和技术实力一直处在领跑地位。其自主研发的 iBot 系列智能软件产品，从产品功能到所涵盖的广泛业务领域，已被众多世界 500 强企业和头部客户采用，其中包括宜家、宝洁、太古可乐、欧姆龙、飞利浦、麦德龙、柯尼卡美能达、富士施乐、华为、电信、联通等众多国际知名企业。庞大的头部商家和优质客户赋予容智更加广泛的市场洞察力，能够提前预判行业发展趋势并展开战略布局，保持先发优势，产品功能和数字化生产力解决方案均具备无可复制的创新优势。近年来连续斩获多项业内大奖，如第四届 BOT 数据智能创新应用国际大赛一等奖、2019 TECH BUSINESS 商业智能奖年度最佳 RPA 科技创新企业、锡山国土局"智慧守土"全国工程"银奖"、2020 中国无锡科技创新创业大赛初创企业组一等奖、2020 数字中国创新大赛鲲鹏赛道企业赛大奖等。

第四节　数据收集

一　案例企业数字化生产力工具突破性创新的迭代阶段划分

容智信息科技的数字化生产力工具突破性创新是一个多元化的动态过程。为了厘清突破性创新过程的动态性，我们有必要对迭代阶段进行清晰划分。本书根据所收集的一手与二手资料，将其迭代过程划分为三个阶段（如图 3-2 所示）。事实上，容智信息科技在数字化生产力工具突破性创新过程中，经历了两次迭代：第一次是从计算机视觉到 AI 软件机器人的迭代，在 2015 年之前注意集中于财务领域的计算机视觉-OCR 文字识别的研发与生产，而后在 OCR 基础上，扩展了 AI 功能与应用领域，增加了图像识别、自然语言解析（NLP）及深度学习等功能，并将 AI 与机器人相结合，开发出了"0"代码、支持所有操作系统的数字化生产力工具 iBot；第二次是从 AI 软件机器人到流程挖掘的迭代，从 2019 年开始，容智信息科技正式进入数据可视化领域，从 iBot 执行跨越到流程挖掘，并成功研发出数字化生产力工具 iDiscover，即将与腾讯达成系列流程挖掘相关合作。

第一阶段，场景式数字化阶段（2013—2015 年）。在这一阶段，企业专注于 OCR 研发，仅仅将其应用于财务等特定场景的票据管理，并根据财务场景需求及痛点进行生产力工具创新。第二阶段，泛用式数字化阶段（2015—2019 年）。从 2015 年开始，企业开始涉及软件机器人，不同于一般的工业机器人，他们主要将目标定位在替代白领重复性工作的 AI 智能软件机器人（iBot），并将其应用于财务、保险、医疗、公共部门、金融等多个行业。第三阶段，交互式数字化阶段（2019—2021 年）。从 2019 年开始，企业开始开发流程挖掘相关的数字化生产力工具，实现人与机器在数据决策方面的交互。

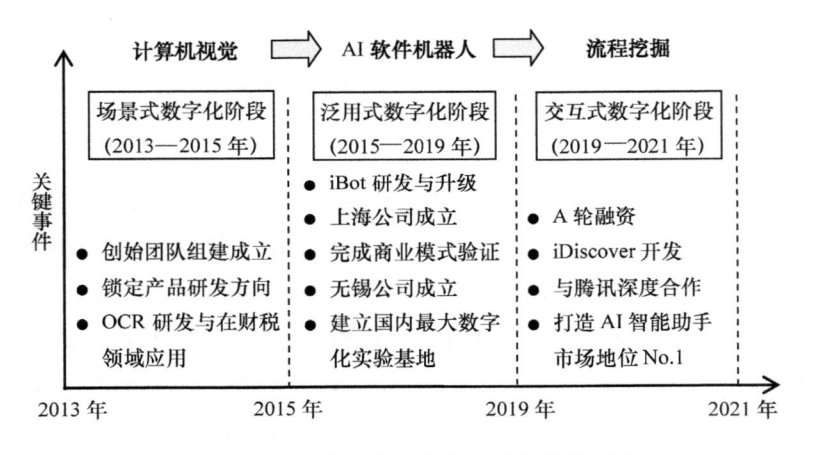

图 3-2 容智信息科技发展历程的关键事件

二 案例数据来源

本书数据来源严格遵循三角验证策略，包含开放式与半结构化的深度访谈、二手资料以及访谈者的实际工作记录，多渠道的资料来源能够确保研究数据的科学性与完整性，提高研究的信度水平，具体数据收集情况如表 3-1 所示。在研究过程中，研究者按照以下步骤进行一手资料收集。首先，研究者对企业 CEO 及研发项目负责人进行开放式访谈，主要涉及企业成立背景、发展历程、研发创新情况、研发过程中的关键事件、研发困境及应对策略等。其次，研究者根据访谈提纲向研发总监、产品部负责人、架构师及研发人员提出启发式问题，如"产品更新换代的动力是什么""达到什么条件能称得上是具有突破性创新的产品""突破性创新在产品迭代过程中的含义有何不同"等。再次，研究者根据整理后的资料结果，就产品应用及客户发展等内容对销售人员提出开放式问题，一是为了印证之前的访谈结果，二是为了补充部分访谈信息。最后，考虑到录音质量及现场调研印象，研究者将每位访谈者的访谈时间控制在150分钟以内，在访谈结束后立即就访谈内容开展复盘讨论，在访谈结束12小时内，由1位博士后与5位博士研究生将访谈录音转化为文字材料。为保证对访谈材料的准确理解以及材料完整，研究者针对模糊点，实时通过微信及电子邮件方式向被访谈对象进行信息确认。

表 3-1　　　　　　　　　　　案例数据来源

数据类型		数据来源	数据获得方式	访谈时间	数据获取目的
一手资料	访谈	企业 CEO	开放式访谈	约 140 分	公司成立背景、发展历程等内容
		研发总监	半结构化访谈	约 70 分	研发历程、研发中的资源配置等
		研发项目负责人	开放式访谈	约 90 分	研发中的关键事件及应对策略等
		产品部负责人	半结构化访谈	约 105 分	数字化产品迭代等内容
		架构师	半结构化访谈	约 55 分	研发难点、未来发展方向等内容
		产品销售人员（×1）	开放式访谈	约 50 分	产品应用、客户发展等内容及材料补充
		研发人员（×2）	半结构化访谈	约 110 分	企业创新文化、研发氛围等内容

续表

数据类型		数据来源	数据获得方式	访谈时间	数据获取目的
二手资料	内部资料	研发人员职责梳理、职责分解及各部门岗位说明、工作总结等	内部员工提供	—	了解企业发展历程、市场地位、行业发展现状、企业结构、具体项目中的组织行为，及与一手资料相互佐证
	外部资料	RPA 中国、RPA Plus 等媒体对容智信息 CEO 的专访；容智信息参与会议及科技获奖报道	新闻报道	—	
		容智信息官方公众号推送	公众号	—	
		《一叶知秋：中国 RPA 行业研究报告》《运营的未来——超越流程自动化》（白皮书）等	行业报告	—	
	参与式观察	研发人员演示数字化生产力工具使用等	观察	—	

三 信度与效度检验

根据 Yin（2009）的观点，案例研究信度是指研究过程可靠性。为了确保研究信度，首先，本书准备了详细的案例研究计划书与资料库，这能够让后来的研究者重复这项研究。其次，本书的数据整理由多位研究人员共同完成，这确保数据一致性与可靠性。为了确保研究效度，本书采用"三角验证"策略，通过多来源数据的交叉验证来确保研究结论稳健。同时，本书在数据撰写过程中多次咨询案例企业员工以确保案例分析与企业实际相符。具体如表 3-2 所示。

表 3-2　　　　　　　　　　信度与效度检验

指标		案例研究策略	发生阶段
信度	信度	详细的案例研究计划书	研究设计
		建立案例研究资料库	数据收集
		检验归类一致性指数和分析者信度	数据分析

续表

指标		案例研究策略	发生阶段
效度	构念效度	采用一手和二手数据相结合验证方法	数据收集
		构建证据链	数据收集
	内在效度	将研究结果交由企业相关人员核实确认	数据撰写
	外在效度	确保概念模型与研究结论相契合	数据分析
		选取管理理论指导案例研究工作开展	研究设计

第五节 案例分析与发现

研究团队的两位研究人员首先对数据资料进行独立编码，初次编码一致性达到85%。在数据编码过程中，针对存在分歧之处，由两位研究人员及一位教授商讨确定结果，以保证编码准确性。其次，本书依据 Strauss & Corbin（1998）为代表的"开放式编码—主轴编码—选择性编码"程序化扎根理论的数据处理程序进行数据分析。编码过程严格遵循扎根理论范畴归纳与模型构建步骤，对访谈资料进行概念化与范畴化。对存在争议的概念和范畴，由组织行为与人力资源领域的专家提出修改或删减意见，以增加编码客观性。

首先，开放式编码。开放式编码小组由两位研究员组成。为了降低编码人员的主观偏差，由参与本研究的两位成员独立编码，并尽量使用访谈对象的原始语句作为标签，从中挖掘初始概念，实现概念化（编码前缀为A）。针对三位成员编码不一致之处，所在团队共同商讨决定。经过整理与归纳，将编码后的概念实现范畴化（编码前缀为B），最终得到34个副范畴。如表3-3所示。其次，主轴编码。以相关概念为基础，建立各范畴间关系。将开放式编码中得到的副范畴进行组合，以发展主范畴。根据编码结果，共得到15个主范畴。研究结合典型例证来探究不同主范畴间的相互关系，将主范畴适配于科创企业创新发展阶段。最后，选择性编码。从主范畴

表 3-3　开放式编码分析

原始资料摘录	初始编码	
	初步概念	副范畴
响应国家财税无纸化和低碳排放的国家政策开始做 OCR……客户希望将票据的结果录入到 ERP 中,但客户是欧洲公司,本地的 IT 没有办法提供 API 接口,国外有一种叫 RPA 的产品可以做这样的业务……2016 年开始将 RPA 作为战略方向,研究行业后发现,国内的情况将发票录入到 ERP 中,供接口的情况还是欧洲公司,本地的 IT 没有办法提供 API 接口……记得当时带着商业计划书跟很多投资机构沟通,大家都不理解 RPA 概念,很多企业里面大量人干机器人干的事情,比如说财务、人事很多都是重复的,人力浪费严重……一个咨询公司对我们这个行业的调研,未来 10 年有 1000 亿美元的市场,但中国市场现在程度比较低,日本能达到 42%,那么中国 1% 不到……我们这个行业的增长程度比其他软件增长幅度要大……答智 iBot 自研智能组件,完全自主可控,其他厂商全部需要依赖第三方……我们为腾讯 iDiscover 直接为中国联通财务部门筛选到 800 人的原因,这个流程就很清晰了……提升了 38.8 倍的工作效率,为中国铁塔市场部门提升 10 倍工作效率,为某经济发展局、国土局、公安厅分别提升 20 倍工作效率,可口可乐提升 25 倍包装效率,保洁提升 13 倍物流效率,为唯迪对账提升 54 倍工作效率……我觉得创新很多时候来自用户没有被满足的地方,还有一些行业的痛点……我认为未来企业的战略转型将会从金字塔结构转为钻石结构……现在可能我更要建立公司品牌,建立公司在市场里的地位,以及公司的持续沉淀的影响力……	A1 低碳政策号召 A2 无法满足客户需求,发现 RPA 业务 A3 从 OCR 转为 RPA A4 中国数字化市场空白 A5 行业增长潜力大 A6 赋能范围广 A7 赋能效果显著,客户效率明显提升 A8 组织结构的战略转型方向预判 A9 树立品牌,建立市场地位 A10 巩固市场持续满足的影响力	B1 低碳政策号召 B2 客户痛点发掘 B3 研发方向转变 B4 数字市场空白 B5 行业趋势判断 B6 数字业务引进 B7 客户效率跃升 B8 数字赋能明显 B9 结构转型预判 B10 树立公司品牌 B11 巩固市场地位

第三章 数字化生产力工具突破性创新条件与迭代过程的探索性案例研究　　77

续表

原始资料摘录	初始编码	
	初步概念	副范畴
我认为未来现代化企业的生产力完全实现了完美的国产替代……基本上我们在这些500强企业里面已经完全实现了完美的国产替代……对于软件公司来说，其实整个行业其实都会去参考外资企业，最初我们找到这个方向也参考了老外，当时把YouTube上关于这个行业的几个视频全下载光了，全部看了一遍，但是后面在做产品的时候，我们非常有特色，没有照抄，独辟蹊径……原来行业内提供的RPA产品是需要客户写代码的，比微软早了整整4年，我们是业界第一个开发出"0"代码RPA产品的企业，基本上和我们差不多……我们在行业应用趋势方面的创新会参考国外企业，但真正落地的创新，除了物质奖励，我们会让员工主动提想法，去做一些大胆的创新……如果研发人员说做不了，接下来在这么短时间做一个能用的东西，抄他们的要求，弄完之后知道了吧，接下来在这么短时间做一个能用的东西，让他们用去迭代30次……我们之前不融资，后来居上，早期市场不成熟，那些融资做市场教育，我们闪亮登场，我让子弹先飞一会儿，等完全知道这个技术了，数字产品知道亮相也越来越大……	A11 生产力构成的发展方向预判	B12 生产力发展预判
	A12 技术自主化	B13 核心技术自主
	A13 引进—消化—吸收—较高的研发路径	B14 技术动力不足
	A14 行业技术动力不足	B15 关键技术领先
	A15 技术明显优于国外企业	B16 国外技术参考
	A16 结合本土市场需求大胆创新	B17 引进技术升级
	A17 通过帮员工实现想法鼓舞创新	B18 重构技术体系
	A18 容忍短期内产品功能不健全	B19 鼓舞创新尝试
	A19 技术适度容忍不足	B20 本土市场创新
	A20 数字产品市场越来越大	B21 适度容忍不足
	A21 国家推行数字政策	B22 拓展策略明确
		B23 市场需求扩大
		B24 数字政策推行

续表

原始资料摘录	初始编码	
	初步概念	副范畴
iBot 的产品不但具有行业内传统 RPA 产品具备的标准模块，例如 Robot, Studio 和服务器后台管理模块之外，还有另外一些智能化新的功能模块，如 Mobile, Live, Helper 和 Insight……我们早期也没融资，完全靠自有资金做项目，所以说我们能够保持初心，坚持工匠精神去打造产品……流程挖掘是我们这个行业目前从产品的各方面说，我们在行业里面绝对是 number one……但是这个产品非常难，没有做出来的，我们是第一家做出来的……很多同行都在干，但是这个产品非常难，没有做出来的，我们是第一家做出来的……我们公司开发产品，一般情况首先翻墙去 Youtube、谷歌上搜很多新东西……我们建立了国内最大数字化实验基地，共建设完成了 2 个中心、4 个区域总部和 30 个分子公司，从 2019 年到 2021 年，共建设完成了 A 轮基金的 2020 年获得亿联凯基基金的 A 轮融资，期望 2023 年完成销售额 10 亿元以上的市场目标，并在科创板上市……iBot 只能执行任务，但不能为企业提供简易低成本的决策依据，而 iDiscover 能做这个事……客户并不清楚他们在干什么，环节需要 RPA 服务，而 iDiscover 解决了 RPA 的售前问题……企业的发展目标是共创人工智能经济新生态……	A22 本土客户需求，功能自主创新	B25 注重技术研发
	A23 不忘初心，工匠精神	B26 坚持研发初心
	A24 把握行业趋势，占据行业高点	B27 行业趋势使然
	A25 财力资源自给	B28 内部财力集结
	A26 技术优势明显，紧紧把握行业趋势	B29 国外信息搜索
	A27 建立实验基地，扩大业务覆盖范围	B30 布局运营平台
	A28 获得融资，树立更高市场目标	B31 外部财力获得
	A29 依托技术优势，推动产业延伸	B32 更高市场目标
	A30 共创人工智能新生态	B33 产业横向延伸
		B34 打造智能生态

中提炼核心范畴，形成 5 个核心范畴，并梳理核心范畴间的逻辑关系，进而形成完整"故事线"，构建理论模型，如表 3-4 所示。

表 3-4　　　　　　　　　　主轴编码分析

数字化阶段	主范畴	副范畴
场景式数字化阶段	C1 政策目标取向+市场结构更替	B1 低碳政策号召；B4 数字市场空白
	C2 "技术判断"型管理者认知	B2 客户痛点发掘；B3 研发方向转变；B5 行业趋势判断
	C3 资源整合内化	B16 国外技术参考；B28 内部财力集结；B29 国外信息搜索
	C4 战略判断能力	B9 结构转型预判；B12 生产力发展预判
	C5 数字化领域开拓	B6 数字业务引进；B20 本土市场创新
泛用式数字化阶段	C6 政策目标取向+行业技术变革	B14 技术动力不足；B24 数字政策推行
	C7 "技术创造"型管理者认知	B25 注重技术研发；B26 坚持研发初心
	C8 资源重构升级	B17 引进技术升级；B18 重构技术体系
	C9 技术容错能力	B19 鼓舞创新尝试；B21 适度容忍不足
	C10 数字化技术独占	B13 核心技术自主；B15 关键技术领先
交互式数字化阶段	C11 行业技术变革+市场结构更替	B23 市场需求扩大；B27 行业趋势使然
	C12 "技术拓展"型管理者认知	B22 拓展策略明确；B32 更高市场目标
	C13 资源转移延伸	B31 外部财力获得；B33 产业横向延伸；B10 树立公司品牌
	C14 市场衍射能力	B11 巩固市场地位；B30 布局运营平台；B34 打造智能生态
	C15 数字化赋能提质	B7 客户效率跃升；B8 数字赋能明显

本书结合数字化生产力工具的发展历程，通过案例数据分析，揭示数字化赋能企业生产力工具突破性创新的实现条件与迭代过程。研究发现数字化赋能企业数字化生产力工具的突破性创新是管理者在行业技术变革、市场结构更替、政策目标取向等外部情境刺激下形成的现阶段认知，并借助战略性意义建构启动组织开发动态能力与资源配置间关系的过程。具体分析如表 3-5 所示。

表 3-5　　　　　　　　　　　　　　选择式编码

核心范畴	主范畴
外部情境	C1 政策目标取向+市场结构更替
	C6 政策目标取向+行业技术变革
	C11 行业技术变革+市场结构更替
管理者认知	C2 "技术判断"型管理者认知
	C7 "技术创造"型管理者认知
	C12 "技术拓展"型管理者认知
资源配置	C3 资源整合内化
	C8 资源重构升级
	C13 资源转移延伸
组织动态能力	C4 战略判断能力
	C9 技术容错能力
	C14 市场衍射能力
数字化生产力工具突破性创新	C5 数字化领域开拓
	C10 数字化技术独占
	C15 数字化赋能提质

一　基于数字化领域开拓的生产力工具突破性创新的形成条件

在场景式数字化阶段，为应对气候变化、降低碳排放，国家推出了财务电子化等系列绿色发展政策，国内财税领域市场结构开始由传统纸质化向电子化、自动化交替。在此情境下，响应国家政策号召与顺应市场发展趋势，案例企业创始人柴亚团组建团队，开始从事计算机视觉（OCR）研发。然而，在快速交替的市场结构与技术发展推动下，柴亚团等管理者感知到现阶段OCR存在重大技术缺陷。一方面，OCR仅能提供境内企业API接口，但境外企业在国内的财务票据无法导入ERP系统，正如受访对象所言"欧洲客户希望将票据结果录入ERP，但本地IT无法提供API接口，OCR不能满足这样的客户需求"；另一方面，OCR的准确识别率仅为80%，这远远达不到未来电子化发展要求。为解决这一问题，管理者注意到RPA技术可以在不提供接口情况下将发票导入ERP系统，同时，它还可以嵌入其他软件上（如 BPM）运行，这更加贴合客户需求。此外，基于 RPA 技术的功能灵活性，管理者对其技术现状与应用空间进行综合判断发现，一方面，RPA 市场尚处于发展早期，技术渗透率不高，这为 OCR 向 RPA 的技术转变提供了重要市场条件。正如受访对象所言"当时中国很多企业还没有 RPA 概念，记得带着商业计划书跟很多投资机构沟通，大家都不理解"。另一方面，RPA 具有巨大的市场发展潜力，未来 10 年有 1000 亿美元的 RPA 市场，日本能达到 42%，但中国市场不到 1%。基于上述判断，管理者选择开拓 RPA 产品领域、转变技术研发方向，进而形成"技术判断"型管理者认知。

"技术判断"型管理者认知是指有限理性管理者基于对外部情境变化的判断，在技术决策制定中将其判断后的技术知识转化为技术相关行为的信息筛选过程（Nadkarni & Barr, 2008）。在场景式数字化阶段，管理者基于政策、市场等外部情境判断，将 RPA 作为研发的战略方向，将内部资源（如财力、研发人员）向 RPA 产品倾斜，甚至将 OCR 产品的名称由"增票通"修改为"智票通"，以凸显进军数字化领域的决心。为此，管理者提出"把挑战留给自己，把简单留给客户"的愿景，这为 RPA 产品研发赋予了强烈的外部意义。这种意义赋予为组织层面的资源配置模式与能力塑造奠定了价值观基础。为了将"简单客户"的意义付诸实践，首先，企业采取了资源整合内化的配置模式。资源整合内化是指企业对不同来源、不同结构、不同层次的资源进行识别、选择、融合与重新配置，使其更能服务于企业当下发展的动态过程。一方面，企业将外部资源内化，即先搜索国外技术信息，然后通过对国外前沿技术知识进行分析、编码、拔高，制造出能够应用于财税领域的 RPA 产品，这为 RPA 研发提供了前沿知识支撑。另一方面，企业将内部资源予以整合，例如，将企业内部的所有资金全部集结到 RPA 研发项目上，并将 OCR 中的部分文字识别技术迁移到 RPA 产品，这为 RPA 研发提供了技术基础。

其次，企业在动态能力层面从组织结构与生产力发展两个方向来塑造战略判断能力。战略判断能力是指组织具备判断和解释技术环境变化及识别未来技术发展方向的能力（Chau & Tam, 1997）。一方面，在数字经济时代，企业的生产力就是人类生产力加数字化生产力，而前者着重处理重复性工作，后者着重处理创造性工作。正如受访对象所言，"企业生产力的最优比应该是人类加数字化，有一些事适合机器人干，有些需要思考的、需要战略决策的事，适合有经验的人去干，对于一些机械性的、重复的事情可以让机器人干，再通俗地讲，我们要让这种本身属于机器人干的事情让机器人干，让人去干人干的事情，而不是让人去干机器人干的事"。另一方面，基于数字情境的多主体创新特性，企业主张未来企业的组织架构要从金字塔式向钻石形转变，因为企业中的基础员工全部被成本很低的数字化员工替代后，组织价值将由从事创造性工作的员工创造，这能够有效达到降本增效的目的。为此，在采取资源整合内化的配置模式以及综合判断未来组织的战略发展能力后，企业结合国内市场的本土需求对 RPA 技术进行了功能性改进，如在原有标准模块基础上增加了 Mobile、Helper 和 Insight 这些功能性模块，并将这一技术应用至国内市场，这彻底打开了中国 RPA 市场，获得了数字化领域开拓的创新突破。同时，案例企业数据表明，在场景式数字化阶段，以战略判断能力为核心的动态能力与以资源整合内化为核心的资源配置模式相互分离，各自负责战略与技术层面，即各自代表着"理想的目标"与"现实的生存"，二者间形成了相互分离的"独奏"关系。

综上所述，在场景式数字化阶段，受到政策目标取向与市场结构更替的外部情境刺激，管理者通过"感知—注意—判断—选择"的创造性搜寻过程，形成了"技术判断"型管理者认知。该认知通过"设定目标—释放信号—意义赋予"客户导向的战略性意义建构过程，将管理者认知提升至组织层面，进而启动组织采取整合内化与战略判断能力间"独奏"关系的数字创新开发程序，并实现数字化领域开拓的创新突破。具体过程如图3-3所示。

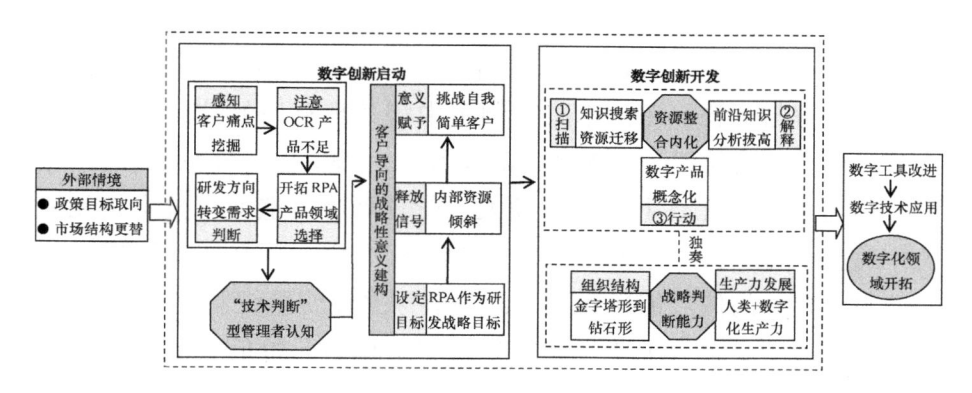

图3-3 数字化领域开拓的形成条件

二 基于数字化技术独占的生产力工具创新突破的形成条件

在泛用式数字化阶段，为推进数字化建设，建设"数字中国"，中国出台了系列数字化相关政策，如 2015 年第十二届全国人大四次会议通过的《中华人民共和国国民经济和社会发展第十三个五年规划纲要》中指出，中国要大力实施国家大数据战略、推进数据资源开放共享。同时，2016 年中国数字经济市场规模占 GDP 比重首次突破 30%，这预示着数字化将成为电子化发展的下一个机会窗口。伴随着国家的数字化政策推进，行业技术却显得尤为滞后。RPA 技术仍然停留在传统技术性软件层面，未能为数字化发展提供充足技术动力。一方面，RPA 产品需要客户写代码使用，这对客户的专业知识提出了极高要求；另一方面，RPA 受标准化特定场景、部署流程比较短、决策链单一的掣肘，在大范围企业业务的快速落地上仍旧困难。鉴于行业技术动力不能满足国家政策需求，管理者意识到企业只有提升技术水平，才能弥补技术鸿沟。然而，当时美国经过数十年的技术积累，掌握着自动化级 RPA 产品的核心技术以及背后的底层逻辑。这意味着中国难以在技术逻辑上有所突破，唯有在需求与解决方案端发力，才可能实现技术自主。为此，管理者选择以工匠精神专注于自主研发 RPA 技术，正如当时管理者提出"纵然征途是星辰大海，我们也将为了人工智能终将带来的一切美好不断砥砺前行"的口号一样，遂形成"技术创造"型管理者认知。

"技术创造"型管理者认知是指有限理性管理者基于对外部情境变化的理解与解释，在技术决策制定中将其理解后的技术知识转化为技术创造行为的过程（Nadkarni & Barr，2008）。在泛用式数字化阶段，为了实现 RPA 技术自主研发，管理者将打造业界技术领先地位作为技术目标，通过明确规章制度、标准化运营来实现管理者认知向组织层面的信号传递。同时，该信号也促使组织制定了"AI 企业数字化变革，致力于通过数字生产力重构商业价值"的愿景，并认为"技术不断创新才会有强大生命力，人工智能技术是一项可以改变人类社会和工业的伟大创举，它终将也会像其他技术革命一样，颠覆你我的生活"，这为 RPA 技术研发赋予了强烈的社会意义。为了将意义付诸实践，企业在动态能力层面建构了技术容错能力，它指企业具备塑造技术实验与冒险环境以激发成员创新的能力。一方面，企业鼓舞员工敢于创新尝试，帮助员工实现创新想法以及结合本土技术需求去大胆创新，进而提升研发人员的创新积极性。另一方面，企业适度允许员工创新失败，如在短期内容忍产品缺陷，并经过多次迭代来弥补这一缺陷，进而有效降低研发人员的创新风险感知，推动组织内部实现资源重构升级。资源重构升级是指企业对现有技术进行优化，并结合需求开发新技术、构建新体系的过程（Teece et al.，1997）。在技术容错能力驱动下，企业通过五极产品理念（极限、极易、极致、极智、极简）对现有产品进行技术审视，并将 AI 与 OCR、RPA 技术相结合，以此达到既有技术升级的目的。同时，技术容错为自主技术研发提供了强烈的心理支撑，促使研发人员敢于大胆创新，如推翻与重写 RPA 技术的所有底层代码，打造了 0 代码、跨操作系统、端到端的 iBot 系列产品，实现了 AI 为 RPA 技术的赋能，重构了 RPA 技术体系。可见，在泛用式数字化阶段，以技术容错能力为核心的组织动态能力促进以资源重构升级为核心的资源配置模式，进而形成单向影响的"协奏"关系。组织通过技术容错能力与资源重构升级的"协奏"关系自主开发了 0 代码、各系统兼容、全领域通用的 RPA 技术,进而以关键技术领先实现数字技术自主的创新突破。

综上所述,在泛用式数字化阶段,受到数字中国等政策目标取向与行业技术变革的外部情境刺激,管理者通过"感知—注意—判断—选择"的关键技术突破导向的认知过程,形成了"技术创造"型管理者认知。该认知通过技术导向的战略性意义建构过程,将管理者认知提升至组织层面,进而启动组织采取重构升级与技术容错间"协奏"关系的数字创新开发程序,并实现数字化技术独占的创新突破。具体过程如图 3-4 所示。

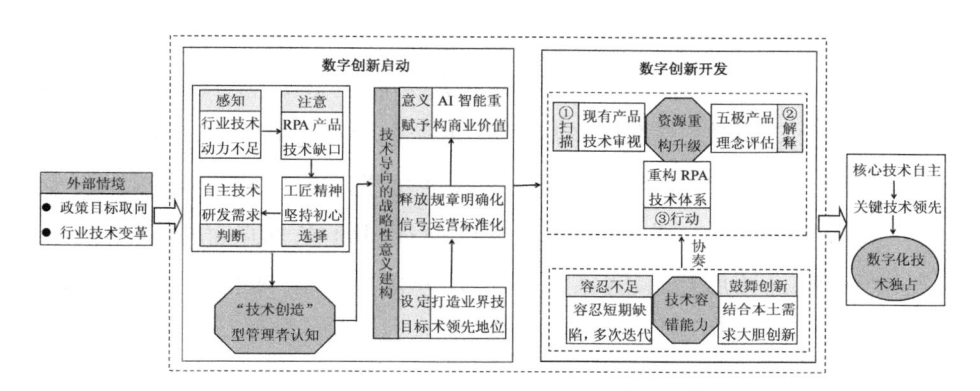

图 3-4 数字化技术独占的形成条件

三 基于数字化赋能提质的生产力工具创新突破的形成条件

在交互式数字化阶段,随着产业数字化转型的深入,企业软件的应用也从原来的单点应用向连续协同演进,底层数据和信息的打通成为企业新的诉求,RPA 作为数据之间连接的接口,能够帮助数字化企业打造智能生态体系。此阶段,案例企业虽然已在业界获得技术领先,但 RPA 产品市场并未成熟。一方面,市场服务能力弱化,当前仍然以产品主导逻辑为主,忽视了数字经济时代服务主导逻辑的塑造,尚未从产品的单点销售向服务的全套解决方案转变。

正如访谈对象所言,"产品和服务是未来 RPA 厂商拓展应用场景的两个抓手,但服务能力才是未来 RPA 市场发展薄弱的地方"。另一方面,RPA 的潜在市场空间巨大,2019 年 RPA 市场规模为 10.2 亿元,增长 96.6%,但服务市场处于蓝海阶段,预计未来三年,增速约在 70%,这预示着市场结构将会从产品主导转向服务主导。然而,伴随着市场结构更替,行业技术却亟待进阶。行业技术供给端,RPA 产品仅仅能够满足客户现有需求,却难以帮助客户确定他们何时需要 RPA 产品服务。为解决这一问题,管理者意识到需要从技术深度与服务广度两方面着手。在技术深度方面,RPA 存在"两难"问题,即维护难与咨询难,正如访谈对象所言,"RPA 项目会经过频繁的流程修改和维护,工程师代码开发后难于进行维护""寻找 RPA 的机会是非常耗时耗力的工作,70% 以上 RPA 项目的失败是因为场景不合适导致"。在服务广度方面,企业需要在跨操作系统基础上实现跨平台,打造全产业链企业数字化生产力解决方案,开发全生命周期系列产品。为此,管理者选择在 iBot 系列产品基础上向上延伸产业链,拓展技术链条,扩大服务范围,挖掘客户潜在需求,进而形成"技术拓展"型管理者认知。

"技术拓展"型管理者认知是指有限理性管理者基于对外部情境变化的理解与解释,在技术决策制定中将其具备的技术知识转化为技术拓展行为的过程(Nadkarni & Barr,2008)。与"技术判断"型管理者认知强调的创造性搜寻方案不同,"技术拓展"型管理者认知更强调主动寻求市场前瞻性解决方案,为客户识别与创造需求。在交互式数字化阶段,为了扩大市场影响力,树立企业品牌,实现技术拓展与价值共创,管理者设定了销售额 10 亿元以上的销售目标,并通过融资与股改来推动企业外部资源投入,最终以科创板上市、打造 AI 智能助手 No.1 对技术拓展赋予了强烈的战略性意义。为了实现这一战略性意义,首先,企业在动态能力层面构建了市场衍射能力,它指企业在市场空间内从原有技术向上延伸及向周围衍生的能力，通常表现为市场网络构建、技术链条延伸等。一方面，企业在全国范围内布局运营平台，通过建设2个中心、4个区域总部及30个分子公司来布局辐射全国的市场销售网络，扩大业务覆盖范围；同时，通过iDiscover研发从机器人执行层面延伸至流程挖掘的决策层面，从原来满足客户现有需求延伸至挖掘客户潜在需求。另一方面，企业全力打造生态系统，联合众多500强客户共创智能生态，建立生态伙伴关系，如企业与腾讯围绕中国本土客户需求在流程挖掘领域联合开发和探索，共同推动AI在各个场景的落地。

其次，与市场衍射能力相呼应，企业在资源配置方面采用了资源转移延伸模式，即向内打造平台，向外延伸产业链条，具体表现为三方面：第一，基于iBot系列产品向上延伸生产力工具，企业通过对生态体系构建进程的全面扫描，深度剖析了当前RPA发展的症结及单一服务模式对技术扩展的限制，并通过与客户价值共创，共同开发生产力工具实现技术向上延伸，扩大市场影响力。第二，企业在公司内部倡导"渡人"文化，建立融智学院，打造员工成长平台，以此为员工赋能。第三，企业建立国内最大的现代化数字员工实验基地，通过数字化生产力方案展示、培训、交付及解决方案三个中心来实现从线性产品交付向全套服务解决方案提供的转变。可见，在交互式数字化阶段，市场衍射能力与资源转移延伸均聚焦于产业衍生与生态体系构建，二者实现了高度协同共生的"合奏"关系。组织通过市场衍射能力与资源转移延伸的"合奏"关系扩展赋能范围、提升客户效率，实现全流程、全周期赋能，进而推动数字化赋能提质的创新突破。

综上所述，在交互式数字化阶段，受到市场结构更替与行业技术变革的外部情境刺激，管理者通过"感知—注意—判断—选择"的前瞻性拓展过程，形成了"技术拓展"型管理者认知。该认知通过市场导向的战略性意义建构过程，将管理者认知提升至组织层面，进而启动组织采取转移延伸与市场衍射间"合奏"关系的数字创新开发程序，并实现数字化赋能提质的创新突破。具体过程如图 3-5 所示。

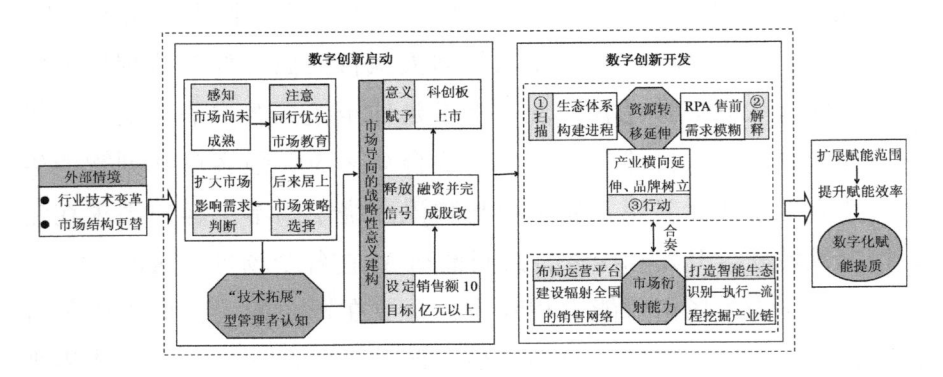

图 3-5 数字化赋能提质的形成条件

四 数字化生产力工具创新突破的迭代过程

由数字化生产力工具形成条件的分析可知，数字化生产力工具的创新突破的实现条件是行业技术变革、市场结构更替、政策目标取向等外部情境刺激管理者认知，并借助战略性意义建构启动组织开发动态能力与资源配置间关系的过程。首先，外部情境信息刺激管理者结合相应情境进行"感知—注意—选择—判断"，并最终根据情境判断形成特定认知方式。其次，管理者以特定认知方式为启动"阀门"，通过"设定目标—释放信号—意义赋予"战略性意义建构方式指导企业采用与之匹配的开发程序，即协调资源配置与动态能力间关系。最后，资源配置与动态能力间的不同联合关系催生企业实现不同形式的生产力工具创新突破。但与此同时，企业并非沿着某个阶段进行持续路径强化，而是始终处于打破阶段逻辑与重塑阶段新逻辑的更迭过程。如在场景式数字化阶段实现数字化领域开拓后，企业开始对行业内技术发展进行深度认知，并通过技术容错及资源重构实现泛用式数字阶段的数字化技术独占。这种在认知、资源配置及动态能力方面的不断迭代为企业获得持续竞争优势与实现数字化生产力工具突破性创新迭代奠定了坚实基础。

　　数字化企业是数字创新的典型组织，其在创新过程中面临着资源约束、时限紧迫、情境动荡、技能专用等多元化特征，该特征决定着数字化企业需要在创新中不断突破路径依赖、资源约束与优势选择，继而获得企业的突破性发展。其中，资源配置层面，在场景式数字化阶段，受资源约束限制，组织仅能通过整合国外 RPA 产品技术信息及内部研发资源（如财力、研发人员）进行本土市场创新，并将其应用于自身熟悉的财务领域。但限于产品应用领域与研发资源更新，数字化领域开拓并不足以支撑企业进行长期市场扩张与取得核心竞争优势。为此，打破技术资源约束，助推企业实现可持续发展，成为场景式数字化阶段向泛用式数字化阶段过渡的重要资源配置迭代任务。在泛用式数字化阶段，案例企业在 RPA 产品技术方面获得巨大成功，尤其在 AI + 智能机器人方面取得核心技术优势。但市场地位并未与关键技术领先相匹配，这导致企业急需打破当前技术优势，延伸产业链条，拓展技术应用范围，寻求市场新增长点。为此，突破技术优势选择成为泛用式数字化阶段向交互式数字化阶段过渡的资源配置迭代任务。与资源配置相呼应，在动态能力层面，案例企业从场景式数字化阶段向泛用式数字化阶段实现技术能力进阶，而从泛用式数字化阶段向交互式数字化阶段实现市场能力进阶。

　　综上所述，受企业拥有的资源与能力塑造的影响，场景式数字化阶段通过"连接"撬动外部技术资源，突破自身资源与能力的极限，实现向泛用式数字化阶段的迭代。而泛用式数字化阶段通过"赋新"跳出既定行业翘楚的"舒适圈"，突破技术优势选择，实现向交互式数字化阶段的迭代。企业生产力工具创新突破的实现条件经历了由创造性搜寻转变为关键性突破的管理者认知驱动，再转变为前瞻性拓展的管理者认知驱动。动态能力与资源配置的关系也由独奏关系转变为协奏关系，再转变为合奏关系。具体如图 3 - 6 所示。

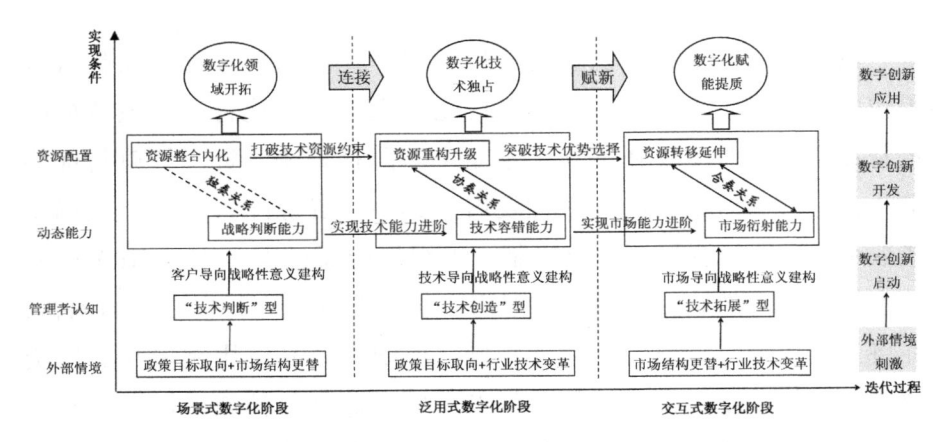

图 3-6　数字化生产力工具的突破性创新条件与迭代过程的整合模型

第六节　本章小结

本章的主要目的在于以典型的数字化赋能企业——容智信息科技为调研对象，针对"数字化生产力工具创新突破的条件是什么以及如何迭代"这一问题开展探索性单案例研究，并最终构建理论框架。通过对容智信息科技的生产力工具的发展脉络梳理，根据不同生产力工具的研发目的与应用场景的判断，将其分为场景式数字化、泛用式数字化、交互式数字化三个阶段。随着不同数字化阶段的外部情境变化，管理者认知由技术判断型转变为技术创造型，再转变为技术拓展型，呈现出创造性搜寻—关键性突破—前瞻性拓展的认知演变规律。同时，随着管理者认知在不同数字化阶段的演变，资源配置与动态能力间关系表现出一种从分离到共生的迭代逻辑，即从相互分离的"独奏"关系转变为单向影响的"协奏"关系，再转变为协同共生的"合奏"关系，而且，资源配置与动态能力间关系的阶段性变化导致生产力工具创新突破呈现出"连接"到"赋新"的迭代规律。

第 四 章

基于价值转型的数字化生产力工具突破性创新迭代过程研究

基于第三章阐述的研究结论，数字化生产力工具的迭代分为连接迭代与赋新迭代两个过程，且表现出一种从竞争到共生的转变规律。在数字化生产力工具形成过程中，企业从基于产品竞争的价值交易模式转变为基于数字共生的价值共创模式，并成功实现由一家普通软件企业转型成为数字化赋能企业。然而，在价值转型中企业如何实现连接迭代与赋新迭代，不得而知。为此，本章将基于价值转型过程，着重从连接与赋新两个迭代节点探讨数字化生产力工具迭代过程。

第一节 研究目的

本书研究的目的在于揭示企业如何从基于产品竞争的价值交易转变为基于数字共生的价值共创。根据第三章阐述的研究结论，企业在数字化生产力工具突破性创新过程中需经历连接与赋新两个迭代节点，其中，在连接迭代中完成了资源积累，在赋新迭代中突破了路径依赖。但关于如何实现连接迭代与赋新迭代尚未可知。基于此，本章将着重探讨在数字化生产力工具突破性创新形成过程中，容智信息科技如何从一家普通软件企业转变为数字化赋能企业。

进一步，既有研究显示，数字化转型的本质是组织价值转型。在工业经济时代，企业主张以产品性价比为典型的产品主导逻辑，通过产品优化与升级来满足客户现有需求（Sheth，2020），销售结算意味着价值传递结束，进而形成以产品销售为主的价值交易模式。而在数字经济时代，企业主张以提供全套服务解决方案为典型的服务主导逻辑（Xie et al.，2016；Vargo & Lusch，2004），通过打造智能生态来挖掘客户潜在需求，进而形成以生态伙伴关系为主的价值共创模式。为此，在数字化转型背景下，本章将在价值转型中探讨连接迭代与赋新迭代的迭代过程，以更深入地解释第三章研究中的迭代节点。

第二节 相关理论与研究框架

一 从价值交易到价值共创的价值转型

价值交易是指企业将自身创造的价值单向提供给客户的行动（吴瑶等，2017）。在工业经济时代，企业主张以产品性价比为典型的产品主导逻辑，通过产品优化与升级来满足客户现有需求（Sheth，2020），销售结算意味着价值传递结束，进而形成以产品销售为主的价值交易模式。在数字经济时代，企业主张以提供全套服务解决方案为典型的服务主导逻辑（Xie et al.，2016；Vargo & Lusch，2004），通过打造智能生态来挖掘客户潜在需求，进而形成以生态伙伴关系为主的价值共创模式。价值共创是指企业与客户在价值创造活动中的联合行动（Grnrooss，2012）。与价值交易模式不同，价值共创模式认为企业的最终目的是为客户解决问题（Bettencourt et al.，2014），产品仅是一种价值分配形式，企业可以通过产品之外的方式为客户传递价值。在价值创造模式下，客户不只是价值需求者或价值接受者，更是价值创造的参与者（Dinner et al.，2014）。

针对从价值交易到价值共创的价值转型，现有研究已经从交互视角与演化视角探讨了价值转型过程。其中，交互视角将企业与客户视为一个整体（Grönroos & Voima，2013），认为企业与客户间形成的交互关系构成了推动面向价值共创的能力基础，且在从初始合作到持续合作进程中涌现出特殊客户与一般客户的差异化价值转型路径（吴瑶等，2017）。虽然交互视角考虑到了在服务主导逻辑形成过程中以客户为中心以及与客户的价值协同问题，却并未兼顾到企业本身内部特质在价值转型中的作用。而演化视角则强调企业与客户间二元交互视角可能仅存在于特定情境，客户之外的潜在利益相关者同样也可能参与价值共创（Payne & Frow，2014），进而形成多主体价值共创机制，并在此机制中着重关注企业本身价值主张的作用。他们认为价值转型实质是企业价值主张的识别、差异化到组合共鸣的过程（陈春花，2021）。

虽然现有研究针对价值转型过程提出了部分观点，但总体而言，现有文献仍然还是基于服务主导逻辑的内涵寻求企业与多方主体间关系，并未从企业本身认知视角出发剖析价值转型的内部动机。在管理实践中，除客户等参与者因素外，企业实施价值转型的主要原因在于企业自身对数字化情境的认知，认知的高度决定了数字化思维的高度。为此，本书将从企业认知视角探讨价值转型问题。

二　数字战略认知

设定与外部情境相匹配的战略认知是推动企业持续发展的关键所在（尚航标等，2014；陈冬梅等，2020）。作为组织中能够激发成员参与变革意愿及为成员提供清晰信号的动力要素，战略认知是指企业基于对情境信息的理解与解读，在战略规划与决策中将其知识转化为组织行动的信息筛选过程（Nadkarni & Barr，2008）。在工业经济时代，战略认知着重强调行业和资源边界相对清晰的竞争逻辑，即企业通过战略与外部环境间的协调与匹配在条块分明的空间寻求立足点，并以打破资源依赖来获得比较优势（Pfeffer & Salancik，1978），满足客户需求。但在数字经济时代，组织形态逐渐趋于基础模块微粒化、组织关系网络化、组织架构平台化、组织情境生态化（魏江和刘洋，2020）。在此新形态下，战略认知与数字情境相结合，将着重强调人、产品、行业间连通的共生逻辑，即企业、客户以及其他行业伙伴均是同一生态系统的参与者，通过彼此滋养来获得成长空间（陈春花，2021）。同时，数字资源的产业边界约束发生了根本性变化，不再像传统异质性资源具备难以流动和不可复制特征，而是始终处于高速流动与可复制、可编辑状态（刘洋等，2020）。为此，相比工业经济时代的战略认知，数字经济时代的数字战略认知转变更能为价值转型提供基础保障。

近年来，将价值转型与数字战略认知相结合的研究可以被分为两个方面：一是将价值转型作为数字战略认知的底层逻辑。从竞争逻辑到共生逻辑，陈春花等（2019）提出了数字情境下战略认知框架，认为企业在数字战略认知过程中需要解决资源能力（能做）与路径依赖（想做）的问题，即"突破资源受限"与"打破路径依赖"。在突破资源受限方面，企业通过数字化连接撬动生态中不同参与者的资源，并突破自身资源和能力极限（梅亮等，2021）；而在打破路径依赖方面，企业通过数字化赋新寻找未来商业价值取向，并获得新型生长空间（Bohnsack et al.，2019）。二是将数字战略认知作为价值转型的形成条件。张璐等（2021）从战略认知视角出发，剖析了从市场利益驱动、技术创新驱动到价值共享网络的组织逻辑转变过程，认为主导逻辑更新是企业对外部情境信息的解读与筛选，并通过意义建构上升为动态能力的结果，这能够突破不同阶段主导逻辑的路径依赖，进而实现价值共享。

尽管现有研究强调数字战略认知在价值转型中的重要作用，但对企业如何通过数字战略认知转变实现价值交易到价值共创的探讨不足。尤其在数字战略认知框架内,企业如何及何时突破资源受限与打破路径依赖助推企业实现价值转型,尚未可知。为此,有必要在现有研究基础上,通过对数字战略认知转变的过程挖掘,进一步厘清企业价值转型机制。

三 研究框架

基于上述文献梳理发现,本书遵循"转型前—转型过程—转型后"的企业价值转型逻辑,提出图4-1所示案例分析框架。首先,本书对价值转型前后特征进行对比分析;其次,从数字战略认知视角出发,借鉴陈春花和廖建文(2018)提出的数字情境下战略认知框架,本书构建了"连接—赋新"的数字战略认知过程,并在此过程中着重解决了"资源受限"与"路径依赖"两个管理问题。

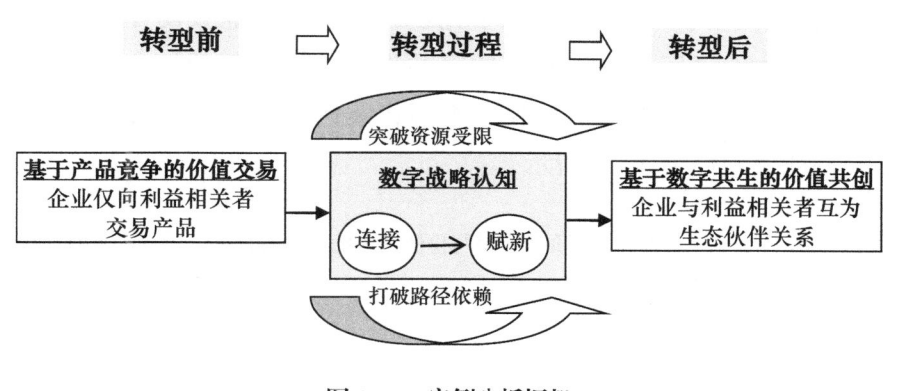

图4-1 案例分析框架

第三节 研究设计

一 案例企业选择

1. 案例企业选择的原则

本书选取容智信息技术有限公司(简称"容智信息科技")作

为案例分析对象，其原因在于：一方面，遵循单案例极端性原则。由于数字化赋能企业在技术及设备研发方面的相对优势，致使其在数字化转型中更易于成功。而容智信息科技在 8 年内从一家普通的软件产品提供商转变为一家 AI 智能助手领域领先的数字化赋能企业，并在转变过程中完成了两次数字化路径的完美迭代，为探究数字化企业价值转型问题提供良好契机。第一次迭代发生于 2015 年，从财务领域增值税发票 OCR 文字识别软件研发转变为基于 AI 人工智能的 iBot 研发与产品化，助推各个领域的数字变革，实现从计算机视觉（识别）到智能机器人（执行）的成功迭代。第二次迭代发生于 2019 年，从满足客户需求的 iBot 系列工具转变为识别客户潜在需求的 iDiscover 的研发与生产，通过极致与极简的数据呈现为数据决策提供依据，实现从智能机器人（执行）到流程挖掘（数据挖掘）的成功迭代。通过两次数字化创新迭代，企业成功完成了从基于产品竞争的价值交易到基于数字共生的价值共创的转型。为了更清晰地展现价值转型前后对比，本书将案例企业的价值转型前后的典型特征整理如表 4－1 所示。

表 4－1 案例企业价值交易与价值共创的典型特征

基于产品竞争的价值交易	基于数字共生的价值共创
在行业中追求市场份额领先（比较优势）	与腾讯等共生伙伴打造智能生态（协同优势）
Business to Business（仅企业创新）	Actor to Actor（企业与客户协同创新）
提供"增票通"（OCR）等软件产品（产品主导）	提供 AI 智能整套服务解决方案（服务主导）
在 API 接口等方面满足客户现有需求	通过 iDiscover 帮助客户发现潜在需求

另一方面，遵循单案例启发性原则。容智信息科技在数字化迭代的背后，具有极强的启发性：第一，容智信息科技的第一次数字化迭代是在数字资源极度稀缺情况下完成的，并最终做到业界领先，如数字化人才、大数据等数字资源不足。这有助于为资源约束情境

第四章 基于价值转型的数字化生产力工具突破性创新迭代过程研究 97

下企业实现价值转型提供理论洞见。第二，容智信息科技的第二次数字化迭代是在企业已获得领先优势后完成的，它需要突破优势选择与创新路径依赖来构建数字化生态。这有助于启发数字化赋能企业解决数字化转型问题。

2. 案例企业数字化转型历程

容智信息科技在数字化赋能领域的成就离不开数字化转型这一决策。尽管本书在数字化转型背景下探讨从普通软件企业向数字化赋能企业的价值转型问题，但为了更清楚地探讨价值转型的阶段性问题，先对容智信息科技的数字化转型历程进行了梳理，并将这一历程划分为三个阶段、两个迭代节点，具体如图 4-2 所示。

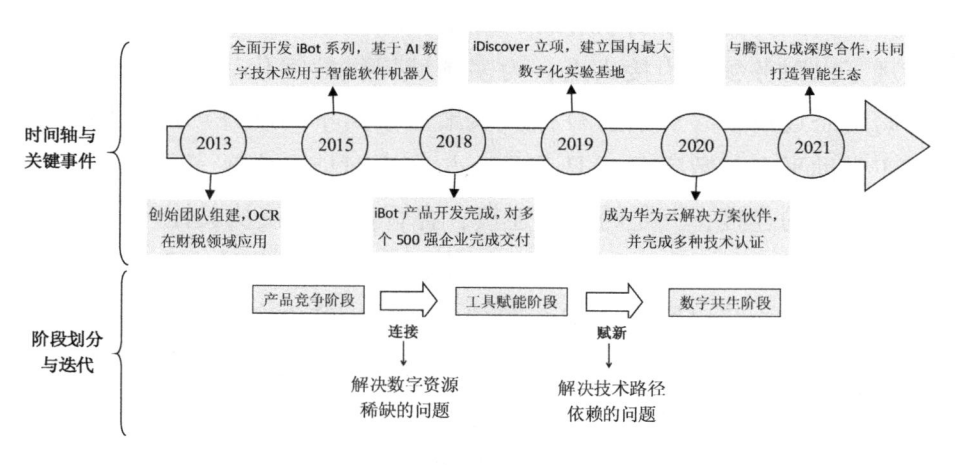

图 4-2 容智信息科技数字化转型历程

第一阶段，产品竞争阶段（2013—2015 年）。该阶段内，容智信息科技仅仅聚焦于开发财务票据识别（OCR）的普通软件产品，以占据市场份额为第一要务。但当时 OCR 的准确率仅为 80%，这远远不能满足境外企业不依靠 API 接口将票据录入 ERP 系统的需求，也一度未能使企业获得市场领先优势。第二阶段，工具赋能阶段（2015—2019 年）。从 2015 年开始，为了提升 OCR 的准确率，容智信息科技开始试水数字化，将 AI 数字技术与智能软件机器人相结合，基于 RPA 研发出 iBot 系列数字化生产力工具。这一工具不仅促使 OCR 准确率由原来的 80% 上升至 99%，而且推动工具应用范围由财务领域扩展至保险、医疗、公共部门、金融等多个行业。第三阶段，数字共生阶段（2019—2021 年）。从 2019 年开始，为解决 RPA 的售前问题，容智信息科技开始从满足客户需求转向发现和挖掘客户需求，建立国内最大数字化实验基地，并与华为、腾讯等企业达成深度合作，走向协同共生。

案例实践显示，在三个阶段的更迭过程中表现出了两个迭代节点。容智信息科技从产品竞争阶段到工具赋能阶段完成了"连接"迭代，主要体现在三方面：一是跨领域连接，容智信息科技突破自身资源局限，将财务领域的数字工具拓展至金融、医疗等众多领域，实现了以财务领域为接入点，为多领域提供数字化工具的局面；二是跨形态连接，容智信息科技从仅聚焦于简单的软件产品提供到聚焦于借助平台与数字化工具为员工与客户赋能，实现了使能形态与赋能形态的连接；三是跨理念连接，容智信息科技从关注产品本身、以产品找客户的理念到关注客户需求、以客户痛点铸产品，实现了以产品为中心与以客户为中心的理念连接。这为企业迈入数字化阶段奠定了重要数字资源基础，解决了数字化转型的资源受限问题。容智信息科技从工具赋能阶段到数字共生阶段完成了"赋新"迭代，主要体现在两方面：一是优势来源赋新，虽然容智信息科技在 RPA 行业已经遥遥领先，但为了打破技术依赖与突破优势选择，毅然决然地跳出 RPA 行业翘楚的"舒适圈"，沿着 RPA 产业链条向上延伸，不再单一依赖客户提出的需求满足，而是转向挖掘客户潜在需求；二是主导逻辑赋新，为数字化工具的价值转移逻辑赋予了"提供全套服务方案"的新意义，实现了从产品销售到服务提供的转变。虽然容智信息科技成功从一家普通软件产品提供商转型为数字化赋能企业，但其如何在"连接"迭代与"赋新"迭代进程中实现价值转型，尚未可知。

二 数据收集与编码

本书的数据收集与子研究一相同,并采用结构化的数据分析方法对访谈资料进行分析,遵循相应数据分析程序能确保结论的可靠性,使得每个重要发现均扎根于数据,包括一阶构念到二阶主题和聚合构念,利于后续证据呈现充分且坚实(Gioia et al., 2013;毛基业,2020)。其中,一阶构念是基于原始数据进行归纳、贴标签形成的结果,二阶主题是对一阶构念合并的结果,聚合构念是对二阶主题进行提炼总结的结果。在编码前,研究团队的两位研究人员共同确定一个初步编码方案,并采用背靠背的方式对数据资料进行独立编码,初次编码一致性达到85%。在数据编码过程中,针对存在分歧之处,由两位研究人员及一位教授商讨确定结果,以保证编码准确性,对存在争议的概念和范畴,由组织行为与人力资源领域的专家提出修改或删减意见,以增加编码客观性。具体编码方案见表4-2。依据上述步骤编码分析,本书共获得31个一阶构念,14个二阶主题,6个聚合构念。具体数据结构如图4-3所示。

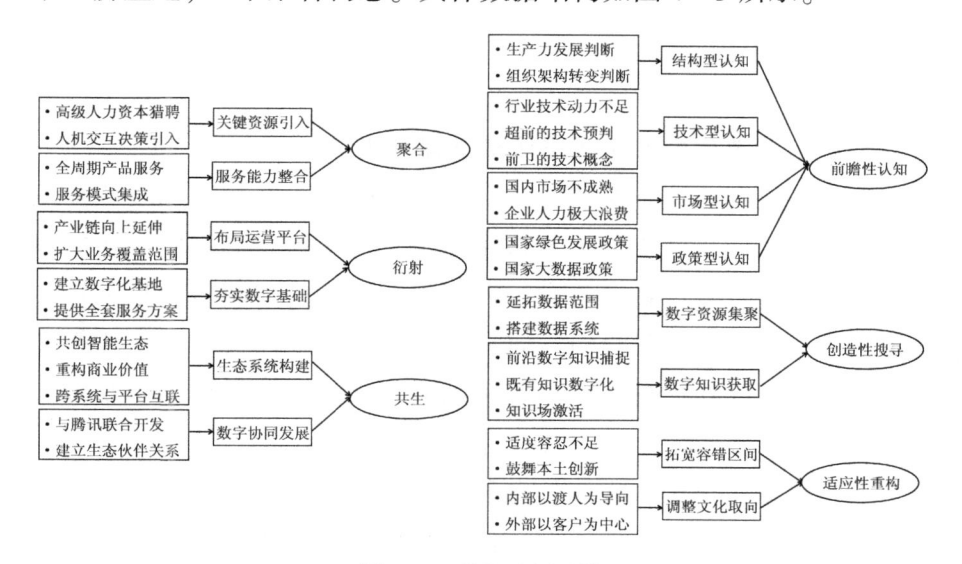

图4-3 数据分析结构

表 4-2　　　　　　　　　　　编码方案

数据来源	编码	数据来源	编码
企业 CEO	A	架构师	E
研发总监	B	产品销售人员（×1）	F
研发项目负责人	C	开发工程师（×2）	G1、G2
产品部负责人	D	CEO 与 COO 的公开讲话等	H

第四节　案例分析与发现

基于文献比较、子研究一研究结论及案例企业管理实践，本书将从"连接"迭代与"赋新"迭代两个迭代节点着手，对案例企业从基于产品竞争的价值交易到基于数字共生的价值共创的数字战略认知过程进行解析。在案例分析过程中，为了使主题更加聚焦，更具针对性地剖析"如何从价值交易走向价值共创"这一问题，本书将着重分析不同迭代节点中企业如何通过数字战略认知进行价值转型，而价值交易与价值共创的表现可见表 4-1。

一　连接迭代中数字战略认知过程分析

基于案例企业管理实践，在连接迭代中企业的数字战略认知主要聚焦于对传统价值交易进行数字化解释，从以产品为中心转向以客户为中心，以数字技术打破资源边界，但这仍限制于满足客户的现有需求。容智信息科技由一家普通的软件企业向数字化赋能企业转变过程中，其在连接迭代中所采用的数字战略认知措施紧紧围绕"通过数字技术引入来突破资源受限"这一困境展开。为了解决这一难题，在连接迭代中，容智信息科技经历了三个价值转化节点，分别是前瞻性认知、适应性重构、创造性搜寻，具体如表 4-3 所示。其中，前瞻性认知能够结合市场现状、技术发展情况、国家政策等外部情境判断价值趋向,改变当前价值关系;在此基础上,适应性重构能够在组织行动层面践行认知,并通过创造性搜寻突破资源约束。

表4–3　　　　　"连接"迭代中数字战略认知的典型证据

聚合构念	二阶主题	一阶构念	典型证据援引
前瞻性认知	结构型认知	生产力发展判断	·未来现代化企业的生产力就是人类生产力加数字化生产力(H)
		组织架构转变判断	·未来组织架构就是要从金字塔式向钻石形转变(A)
	技术型认知	行业技术动力不足	·原来行业内 RPA 产品都是需要客户写代码的,用起来非常不方便,极大阻碍了技术推广(B)
		超前的技术预判	·我们是业界第一个提出"0"代码 RPA 产品的企业,比微软早了4年(A)
		前卫的技术概念	·2016年很多企业还没有 RPA 概念,当时带着计划书找了很多投资机构,大家都不理解(H)
	市场型认知	国内市场不成熟	·未来10年有1000亿美元的市场,日本能达到42%,但中国市场不到1%(B)
		企业人力极大浪费	·现在很多企业里大量员工在做重复性工作,人力极大浪费,应该让人干人该干的事(A)
	政策型认知	国家绿色发展政策	·响应国家财税无纸化、应对气候变化、降低碳排放的政策(C)
		国家大数据政策	·2015年中国提出要大力实施国家大数据战略、推进数据资源开放共享(H)
技术型认知	数字资源集聚	延拓数据范围	·从财务领域拓展至保险、金融、医疗等众多行业(H)
		搭建数字系统	·搭建了自己的数字系统,研发人员都能在上边清楚地看到研发项目进度以及客户画像(B)
	数字知识获取	前沿数字知识捕捉	·在做 iBot 前,我们研究了500多家国外企业的软件,下载了无数国外最新的论文做参考(A)
		既有知识数字化	·我们将机器学习、人工智能与 OCR 结合,大大提升了 OCR 的识别准确率(B)

续表

聚合构念	二阶主题	一阶构念	典型证据援引
适应性重构	拓宽容错区间	适度容忍不足	·短期内做一个东西，哪怕功能不健全，我可以容忍，然后在同样的时间里去迭代30次（D）
		鼓舞本土创新	·在参考国外企业基础上，公司更鼓励去结合本土客户的实际情况，去做一些大胆的创新（G1）
	调整文化取向	内部以渡人为导向	·我们公司倡导"渡人"文化，打造一个员工成长的平台，彼此相互成就，相互补短板（A）
		外部以客户为中心	·创新文化就是一切以满足客户需求为中心，关注行业痛点，简单客户、挑战自我（B）

1. 数字转化的需求洞察：前瞻性认知

前瞻性认知是指根据市场现状、技术发展情况、国家政策等外部情境综合判断价值趋向，以改变当前稳定的价值关系、形成能够适应数字情境的价值方式（杨林和俞安平，2016；张璐等，2021）。对外部情境的前瞻性认知能够保障价值关系的准确转化，数字情境下软件销售的商业模式、客户关系、资源结构、组织形态等均发生着显著变化，如果管理者仍然沿用传统企业的认知经验，那将无法真正理解数字化带来的改变和可能性（陈春花，2021）。在产品竞争阶段，容智信息科技与客户间的价值关系非常清晰，就是通过销售OCR等软件产品与客户建立价值交易关系，交易结束意味着价值关系终结。但在数字技术的赋能下，这种以产品为中心的价值交易关系已经完全不适配于数字情境的服务主导逻辑（陈春花，2021；Vargo & Lusch，2011）。一方面，价值交易是以销售产品为目的，仅能线性满足客户需求，而客户在软件使用中遇到异常状况，只能通过人为经验去判断处理，这并未满足客户的实时服务需求；另一方面，OCR的准确率大约维持在80%，且只能处理特定场景的部分非结构化数据，也未能为境外企业将票据结果录入ERP系统提供API接口，这急需一项技术来"扭转局势"。为此，容智信息科技对未来的价值转型需求进行了综合认知与系统洞察。

结构型认知。在意识到 OCR 等软件产品的不足后，容智信息科技 CEO 与 CTO 对 OCR 与 NLP 等软件的未来应用场景进行了系统性分析，并从生产力发展与组织架构转变两个方面做出预判。首先，他们强调在数字经济时代，企业的生产力就是人类生产力加数字化生产力，而前者着重处理重复性工作，后者着重处理创造性工作。正如受访对象所言，"企业生产力的最优比应该是人类加数字化，有一些事适合机器人干，有些需要思考的、需要战略决策的事，适合有经验的人去干，对于一些机械性的、重复的事情可以让机器人干，再通俗地讲，我们要让这种本身属于机器人干的事情让机器人干，让人去干人干的事情，而不是让人去干机器人干的事"。其次，基于数字情境的多主体创新特性，容智信息科技 CEO 认为未来企业的组织架构要从金字塔式向钻石形转变，因为企业中的基础员工全部被成本很低的数字化员工替代后，组织价值将由从事创造性工作的员工创造，这能够有效达到降本增效的目的。为此，容智信息科技深度洞察了数字情境下的生产力与组织架构转变需求，将 RPA + AI 技术引入 OCR 与 NLP 软件中，开发出 iBot 等系列人工智能软件机器人。

技术型认知。在结构型认知基础上，容智信息科技将 RPA 引入中国，但在 RPA 技术推广中遇到了诸多困难。一方面，正如容智信息科技 CEO 访谈所言，"早期技术和市场都不成熟，很多客户不清楚这个技术是用来干什么的，能给他们创造什么价值"。前卫的技术概念使得 RPA 技术推广屡屡受挫。另一方面，行业内 RPA 技术的使用需要客户自己写代码，这对客户的技术能力提出了很高要求，行业内技术动力不足极大阻碍了容智在中国市场推广 RPA 技术。为此，容智信息科技凭借其超前的技术型认知与技术预判，在 iBot 产品中对 RPA 技术做了三方面改进：一是 0 代码流程设计，通过录制和简单拖拽便可完成流程设计工作，极大降低了 RPA 的使用门槛，真正实现了"人人可用、人人易用"；二是跨操作系统，全面支持安卓和苹果 iOS 系统，能够让企业实现在不同操作系统、不同网络间的流程自动化；三是 PC + 移动业务联动，全面实现移动端和 PC 端业务的联动自动化。正如访谈者所言，"这三方面的RPA技术改进为其后续4年的强势发展奠定了关键基础"。

市场型认知。除结构型与技术型认知外，容智信息科技对价值转型的需求洞察同样源于市场型认知。一方面，容智信息科技注意到美国知名咨询公司预测，未来10年国际RPA市场预估达到1000亿美元，复合增长率高达12.3%，而日本的RPA市场发展已达到42%，但中国不到1%。正如访谈对象所言"创立容智信息之前，国内RPA市场几乎空白，一直都在用国外的软件产品来做企业交付，随着业务的深入开展，遭遇两大瓶颈：一是国外软件难以满足国内市场的普适性需求；二是国内市场有着不同于国外的准则和规范性要求"。这意味着中国RPA市场尚未成熟、具有巨大的发展潜力，为容智信息科技通过RPA技术引入走出OCR等软件产品困境带来了希望。另一方面，白领人员的重复性劳动使得企业人力极大浪费，大幅增加企业运营成本，与国家提倡的降本增效背道而驰。正如访谈对象所言"现在很多办公白领并没有从重复性比较高的工作中解放出来，他们会花很多时间去做枯燥的重复性工作，而RPA能够帮助白领解决这些问题，更多地去用机械的方式走完流程"。为此，容智信息科技的管理者一致认为RPA与AI的结合将会是中国市场从普通软件转向数字化、智能化产品的必经之路。

政策型认知。除市场、技术发展等认知因素外，容智信息科技的数字化转型同样源于对政策的响应。一方面，为了应对全球气候变化、降低碳排放，2015年国家税务总局决定推行增值税电子发票，会计凭证电子化进程进入快车道；2016年将推行电子发票正式写入国家"十三五"规划纲要。这一国家绿色发展政策促使容智信息科技意识到电子化已经成为当前财务领域发展的主流，但也不会仅限于财务领域，将来可能会在各领域实行电子化。为此，容智信息科技开启了从财务领域向保险、金融、医疗等多行业发展的战略方向。正如访谈对象所言"随着金税改革的推进和信息安全要求的提升，国产化替代成为大势所趋，加之'营改增'带来的财务自动化需求，我们认为人工智能在企业级应用场景当中将迎来爆发式增长，于是把握契机、顺势而为，以财务自动化为切入口着手打造拥有自主知识产权且完全为中国市场服务的企业级产品"。另一方面，2015年中国提出要大力实施国家大数据战略、推进数据资源开放共享；2015年发布的《中国制造2025》明确将智能化作为国家制造业高质量发展的重要途径，且2016年中国数字经济市场规模占GDP比重首次突破30%。容智信息科技从政策中敏锐地洞察到数字化与智能化将会是电子化发展的下一个机会窗口。为此，数字技术引入成为容智信息科技进行价值转型的必要手段。

2. 价值转化的规则响应：适应性重构

适应性重构是指组织根据前瞻性认知情况适度更新制度惯例与营造宽松氛围，进而为成员更好践行前瞻性认知提供良好环境（单宇等，2021）。组织基于前瞻性认知对内部规则进行适度调整，能够推动组织快速践行认知、灵活采取行动，为组织价值转化创建一个安全和保护性的工作环境，为组织成员开放探索奠定基础条件（李树文等，2021）。容智信息科技在适应性重构方面着重采取了两项措施，分别是拓宽容错区间、调整文化取向。其中，拓宽容错区间旨在释放成员心理资本，降低成员在数字化转型进程中的心理风险，激发成员的工作积极性；而调整文化取向旨在推动组织层面从以产品为中心向以客户为中心转变，从关注员工工作效率与任务完成度向关注员工成长转变。

拓宽容错区间。容智信息科技将组织战略方向锁定于 RPA + AI 的数字化领域后，面临的首要问题是如何将自身不熟悉的数字技术更好地运用于 OCR 产品中，甚至与软件机器人完美结合。在价值转化前，研发团队主要从事普通软件产品开发，从未涉及智能化、数字化相关产品，这对他们而言具有很大挑战。为了解决这一问题，容智信息科技 CEO 确立了"短期原则"，即以短期目标为基准不断试错，即使失败也不会受到惩罚，通过不断迭代直至形成自身的核心产品优势为止。正如访谈对象所言，"碰到问题，一定要大胆尝试，不要怕犯错，如果短期内做不出来，一定要讲，你讲出来的问题，我作为管理者搞不定是我的问题，如果你不讲就是你的问题"。

调整文化取向。一方面，在引入数字技术前，容智信息科技在组织层面秉持着以产品为中心的创新文化，软件产品的研发、销售环节均以软件价值能否转移至客户为中心。但在数字情境下，iBot致力于通过 AI 为传统企业赋能，这需要容智企业通过全程参与客户的流程设计满足客户个性化需求，帮助客户实现业务流程自动化，提供流程梳理、操作培训、方案交付等全套服务解决方案。这种转变源于容智信息科技的创新文化转变，正如访谈对象所言，"创新文化就是客户需要的我们都能实现出来，我们的好多产品都是从客户要求中打磨出来的，客户碰到问题就有需求，我们帮客户定制""我们的创新来自哪里？很多时候来自用户没有被满足的地方"。另一方面，在员工层面，数字技术引入前容智信息科技更加注重员工的工作任务完成度，工作效率是评价员工工作结果的关键指标。而进入以 iBot 为典型生产力工具的工具赋能阶段后，容智信息科技更加注重员工与企业的共同成长，他们将企业价值观概括为"渡人"，强调企业能够赋予员工成长力量，帮助员工更好成长。正如访谈对象所言，"企业希望它成功的同时也把我们培养成自己想要做的人""我希望打造一个平台，让这些员工过来能够有所成长，价值有所提升"。

3. 价值转化的资源管理：创造性搜寻

创造性搜寻是指组织通过采取系列创造行动来搜索数字相关资源以践行前瞻性认知，并突破资源受限，实现传统软件产品供应商向数字化赋能企业的转变。在数字情境下，数字产品具有自生长性与收敛性特征（Nambisan et al., 2017；Ciriello et al., 2018），该特征决定着不同于强调稳定性、稀缺性等特征的传统资源基础观，数字资源是高速流动的，且以 0—1 组成的数字资源是易于被复制和编辑的（刘洋等，2020），这为传统资源基础假设提出了挑战。在产品竞争阶段，容智信息科技的资源布局紧紧围绕 OCR 等软件产品展开，数字化转型开启后，组织原来所依赖的软件产品相关资源将无法发挥作用，甚至可能成为组织进行数字化转型的沉没成本。为此，从产品竞争阶段到工具赋能阶段的连接迭代，组织需要从传统产品相关的异质性资源基础转变为数字资源基础，这一转变需要组织搜寻数字相关资源以突破资源约束。为突破资源受限，容智信息科技着重从数字资源集聚与数字知识获取两方面采取措施。其中，数字资源集聚是组织通过拓展数据范围以及搭建数字系统来获得更多数字资源；数字知识获取是组织通过搜寻国际前沿知识、转化既有成熟知识以及激活不同知识流，进而获取数字相关知识。

数字资源集聚。在产品竞争阶段，容智信息科技鲜有数字资源，在开启数字化转型后，为了获得数字资源，解决资源受限问题，组织从外部与内部分别采取了相应措施。从组织外部看，容智信息科技采取了"场景式"策略，从财务领域拓展至保险、金融、医疗等众多行业，针对不同行业场景提供定制化 AI 智能解决方案，拓展数据范围。从组织内部看，容智信息科技搭建自己的数字系统，从业务数据化转向数据业务化，实现了基于数据的业务活动管理。正如访谈对象所言，"我们的看板工具可以直接计算出项目的研发难度，帮助我们去动态管理这些研发项目"。

数字知识获取。在开启数字化转型前，容智信息科技从未接触过数字技术，其经营主要依赖于 OCR 等软件产品相关知识，而在数字情境下数字知识成为企业发展的知识基础。为获取数字知识，容智信息科技从三方面着手：一是捕捉前沿数字知识，研发人员通过对国外数字软件进行解析编码，结合最新研究论文获取前沿知识。但不同于实体产品，研发人员无法获取软件的底层代码，只能在模仿现有数字软件基础上融入客户现有需求开发新型生产力工具，如基于 RPA + AI 开发的 iBot 系列产品。正如访谈对象所言，"如果研发人员说做不了，我给你一个参考，你做不了去给我模仿，把它模仿实现了，接下来在模仿的基础上继续拔高，模仿的东西不能满足我的要求"。二是既有知识数字化，容智信息科技将原来 OCR 等软件产品进行数字化，将机器学习、深度算法等数字技术引入 OCR 和

NLP等软件产品中,进而开发出"智票通"等数字化产品。正如CTO所言,"我们将机器学习与OCR相结合,这使OCR的识别率从80%提升至99%"。三是激活知识场,容智信息科技在线上建立融智学院,意在融合全体成员智慧,为成员分享数字知识提供平台,激发场内参与者建立有效沟通与信任关系。

总之,容智信息科技通过对市场、政策、技术、发展结构等方面的前瞻性认知,洞察价值转化的数字需求。然后,通过拓宽容错区间与调整文化取向的适应性重构,促使组织内部规则适应于价值转化的前瞻性认知。最后,通过内外部数字资源集聚与数字知识获取的创造性搜寻,推动组织进行有效资源管理,进而突破数字资源约束,践行前瞻性认知。

二 赋新迭代中数字战略认知过程分析

根据企业管理实践,基于连接迭代中积累的数字资源优势,在赋新迭代中,组织行动焦点聚焦于打破技术路径依赖,从满足客户现有需求转向挖掘客户潜在需求,以构建数字生态、延伸数字产业链来突破优势选择,实现价值共创。在赋新迭代中,容智信息科技的数字战略认知过程紧紧围绕"如何突破工具赋能阶段的技术优势实现数字共生"这一问题展开。为了解决这一难题,容智信息科技从积累的数字资源出发,通过数字资源能力的聚合、数字产业链的衍射、数字生态的共生三个价值转化节点完成价值共创,具体如表4-4所示。

表4-4 "赋新"迭代中数字战略认知的典型证据

聚合构念	二阶主题	一阶构念	典型证据援引
聚合	关键资源引入	高级人力资本猎聘	·在近9个月内我们从16人扩展到70多人,招聘了架构师、开发工程师等很多数字化人才(A)
		人机交互决策引入	·iBot只能执行任务,不能人机交互决策,而iDiscover的引入可以解决这一困境难题(C)

续表

聚合构念	二阶主题	一阶概念	典型证据援引
聚合	服务能力整合	全周期产品服务	·OCR + iBot + iDiscover 的数字化工具结合可以实现财务端与业务端的全生命周期产品服务（H）
		服务模块集成	·将自主创新的 Mobile、Insight 等机器人模块与 Capture、Cognitive 等 AI 模块相融合（G2）
衍射	布局运营平台	产业链向上延伸	·客户并不清楚他们在什么环节需要 RPA 服务，而 iDiscover 解决了 RPA 的售前问题（B）
		扩大业务覆盖范围	·2019—2021 年在全国各地建设完成了 2 个中心，4 个区域总部和 30 个分子公司（A）
	夯实数字基础	建立数字化基地	·建立了国内最大的现代化数字员工实验基地（H）
		提供全套服务方案	·通过数字化生产力方案展示、培训、交付及解决方案三个中心来提供全套服务解决方案（F）
共生	生态系统构建	共创智能生态	·企业的发展目标是共创人工智能经济新生态（H）
		重构商业价值	·通过 AI 打造数字化生产力，重构商业价值，为传统企业数字化变革赋能（A）
		跨系统与平台互联	·目前 iBot 已经实现跨操作系统，不久会实现跨平台，在数字员工方面真正实现万物互联（E）
	数字协同发展	与腾讯联合开发	·我们与腾讯围绕中国本土客户需求在流程挖掘领域联合开发和探索（A）
		建立生态伙伴关系	·与很多 500 强企业不仅是客户关系，更是生态合作伙伴，共同推动 AI 在各个场景的落地（D）

1. 重构资源能力：聚合

聚合是指数字情境下企业对资源、能力、数据等进行内容挑选、分析、归类，最终形成服务于企业数字化发展的资源能力。由于数字资源具有自生性和可供性特征，使得数字资源的配置过程异常复杂，这就要求企业具备聚合数字资源的能力（Adner et al., 2019）。在连接迭代中，企业最终以创造性搜寻突破资源受限，这为赋新迭代的聚合奠定了资源基础。在工具赋能阶段，以客户为中心的价值导向促使容智信息科技积累了丰富的数字资源，以及与客户间建立了更密切关系。但随着 iBot 系列工具在 AI 人工智能助手领域的强势发展，2019 年容智信息科技在技术优势与市场份额方面已经遥遥领先。在 iBot 系列的技术优势背后，企业面临着两个问题：一是 iBot 系列只能执行流程任务，不能人机交互决策，这意味着企业与客户间关系仍然停留在满足客户现有需求层面，事实上，客户也并不清楚何时以及在哪个流程环节应当引入 iBot 等工具。正如访谈对象所言"这时我们发现 RPA 只能帮助企业实现业务流程中一个个节点的效率提升，而客户想要的是端到端的全业务流程的优化再造和整体的自动化"。二是企业沉浸于 iBot 系列在 AI 智能助手领域取得的技术优势，近 5 年一直对 iBot 等工具进行不断优化和升级，进而形成技术路径依赖，陷入"需求提出—工具升级—需求满足"的无限循环。为解决以上问题，容智信息科技通过引入关键资源与整合服务能力来不断提升数字资源能力。

关键资源引入。虽然容智信息科技在工具赋能阶段引入了数字技术、积累了丰富的数字资源，但要跳出现有技术优势的"舒适圈"、从满足客户现有需求转向挖掘客户潜在需求，这需要猎聘数字化人才来寻找当前数字生产力工具的潜在劣势以及搭建面向未来的数字生态。从 2019 年开始，在近 9 个月时间内，容智信息科技招聘了架构师、开发工程师等创造性数字化人才 60 余人，研发人员数量增加近 4 倍，试图以此能够推动企业尽快进入数字共生阶段。正如架构师所言"企业招我进来就是为了能够解决当前生产力工具存在的跨平台问题，发展场景自动化，实现工业 4.0 物联网"。同时，除人才引进外，企业在流程任务执行基础上开发了更先进的生产力工具 iDiscover，引入更先进的数字技术，以此来解决人机交互决策问题，帮助客户挖掘潜在需求。

服务能力整合。在工具赋能阶段，容智信息科技仍然将焦点置于满足客户现有需求，而要实现数字共生，帮助客户挖掘潜在需求，就需要从产品主导逻辑转向服务主导逻辑，在服务功能上做出全新改变。为此，容智信息科技针对服务逻辑做了两方面调整：一是在 OCR + iBot 基础上增加 iDiscover，实现了从流程设计到流程自动化、从需求识别到需求满足、从财务端到业务端的全周期产品服务；二是在工具赋能阶段的 iBot 系列生产力工具中将自主创新的 Mobile、Insight 等机器人模块与 Capture、Cognitive 等 AI 模块相融合，实现了流程可视化、联动化，为实现数字共生提供了更强大的服务功能。正如访谈者所言"iDiscover 与 iBot 的一体化服务集成，能够为企业工作流程提供'全方位体验'，通过智能的系统诊断帮助企业发现工作流程中的瓶颈和问题，从而实现更高效的流程自动化"。

2. 突破优势选择：衍射

衍射是指企业为突破优势选择而在原有数字产业基础上进行纵向和横向延伸的数字策略。在赋新迭代的聚合节点，容智信息科技构建了面向服务数字生态的资源能力，而要从满足客户现有需求转向识别客户潜在需求、从产品主导逻辑转向服务主导逻辑，则需要进一步运用资源能力在横向与纵向上延伸产业链，巩固数字资源，构建更坚实的数字基础设施。为此，容智信息科技着重采取两方面衍射策略，分别是布局运营平台、夯实数字基础。其中，布局运营平台是通过产业链延伸和扩展数字化运营范围来推动组织向识别客户潜在需求转变，夯实数字基础是通过巩固数字基础设施和提供全套服务解决方案来推动组织向服务主导逻辑转变。

布局运营平台。在工具赋能阶段，容智信息科技主要以 iBot 等系列数字化工具满足客户需求，但客户并不清楚他们在什么环节需要 RPA 服务。为此，从工具赋能阶段到数字共生阶段，容智信息科技在纵向上延伸产业链，在 iBot 等系列数字化工具的任务执行基础上向上延伸，开发了 iDiscover 等数字化工具，旨在为客户重新设计流程，为组织决策提供数据依据。正如访谈者所言"iDiscover 的开发解决了 RPA 的售前问题，为我们公司的数字赋能提供了更充足动力"。在横向上扩大业务覆盖范围，近两年在全国各地建设完成了 2 个中心（上海研发中心、无锡营销中心）、4 个区域总部（华北、华南、西北、华中区域总部）和 30 个分子公司，为企业在全国数字化布局、寻求数字合作提供便利性条件。

夯实数字基础。为更好地推动组织数字化发展，尽快实现从产品主导逻辑转向服务主导逻辑，从 2019 年起，容智信息科技建立了国内最大的现代化数字员工实验基地，囊括了数字化生产力方案展示中心、全国培训中心、全国交付及解决方案中心，实现了从售前咨询、流程设计、流程自动化等全套服务。这为企业实现数字共生提供了坚实的数字基础。

3. 构建数字生态：共生

根据案例企业实践，在赋新迭代中，聚合节点构建了数字共生需要的资源能力，衍射节点搭建了数字共生需要的基础设施，而共生节点则在数字设施基础上通过构建生态系统与寻求生态伙伴进而实现企业与客户间价值共创。在采取聚合与衍射策略后，容智信息科技面临的首要问题是如何运用数字资源能力与数字基础设施构建数字生态。为了解决这一问题，从组织外部看，容智信息科技在全国范围内寻求生态伙伴，筛选与企业数字化发展相匹配的客户；从组织内部看，在数字化工具方面更加强调物联网连接，实现跨平台操作，具体表现在以下两个方面。

一是生态系统构建。从工具赋能阶段到数字共生阶段，容智信息科技凭借数据来预测客户潜在需求，构建服务主导逻辑，通过 AI 智能软件机器人将数字员工贯穿流程设计到流程执行的整个流程，打造人工智能经济新生态，为传统企业数字化变革赋能。正如访谈者所言，"我们通过生态系统为众多传统企业赋能，大幅提升了流程效率，如为中国联通财务部门提升了 38.8 倍的工作效率，为中国铁塔市场部门提升 10 倍工作效率，为可口可乐提升 25 倍物流效率，为保洁提升 13 倍包装效率，为雅迪对账提升 54 倍工作效率"。此外，容智信息科技致力于实现跨系统与跨平台操作实践，在安卓和 iOS 苹果系统基础上，再次融合鸿蒙操作系统，彻底实现数字员工的跨平台操作。

二是数字协同发展。在工具赋能阶段，容智信息科技与客户间关系更多聚焦于交易关系，而在数字共生阶段，二者间关系被界定为生态伙伴关系。一方面，容智信息科技与腾讯围绕中国本土客户需求在流程挖掘领域达成深度合作协议，标志着企业在数字协同发展进程中取得阶段性成果。正如访谈者所言，"流程挖掘技术直接为腾讯 HR 部门找到了从 34000 人筛选到 800 人的原因，这为腾讯解开了多年的招聘症结"。另一方面，容智信息科技将原来合作的众多 500 强企业转变为生态合作伙伴，推动人工智能软件机器人在财务、物流、通信等众多场景落地，实现企业与客户间的数字协同发展。

总之，容智信息科技通过对数字资源的聚合，以关键资源引入与服务能力整合来重构数字资源能力。然后，通过布局运营平台、夯实数字基础等衍射策略来突破优势选择，打破路径依赖，转变组织发展的主导逻辑。最后，通过生态系统构建、寻求生态伙伴的共生策略，推动组织构建数字生态，实现企业与客户间价值共创。

本章从数字化转型逻辑出发，聚焦于价值转型，针对容智信息科技由普通软件供应商向数字化赋能企业的转变实践，采用结构化的数据分析方法，探讨了数字化生产力工具的迭代过程，并提炼出数字化赋能企业价值转化过程的理论框架（如图 4-4 所示）。

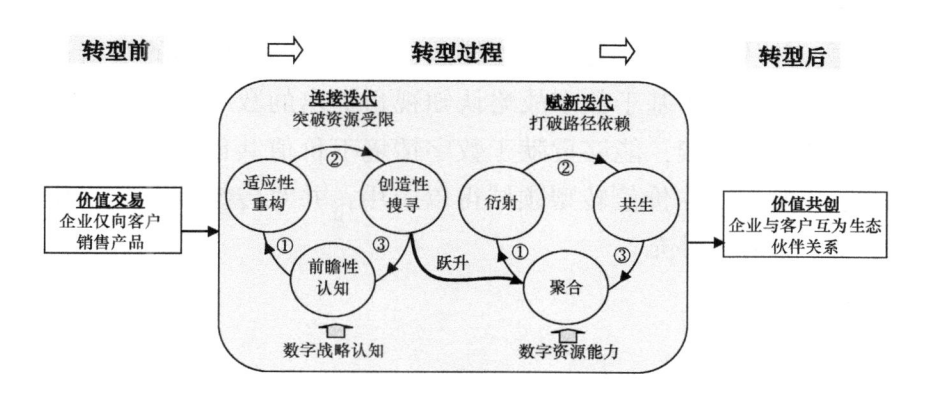

图 4-4　数字化赋能企业价值转化过程的理论框架

注：①②③表示迭代步骤，"⌂"表示启动。

第五节　本章小结

本章的主要目的在于探讨数字化生产力工具突破性创新的迭代过程。遵从数字化转型中从基于产品竞争的价值交易向基于数字共生的、价值共创的转变逻辑，根据第三章得出的连接与赋新迭代，本章着重探讨了数字化生产力工具突破性创新的迭代过程。研究发现，容智信息科技作为一家从普通软件企业向数字化赋能企业转型成功的典型企业，在其价值转型中需经历连接迭代与赋新迭代两个过程，而连接迭代过程为赋新迭代过程奠定了数字资源基础。在连接迭代中，数字化赋能企业通过前瞻性认知、适应性重构、创造性搜寻三个节点突破资源受限，形成数字资源优势，实现了从普通软件供应商到数字化赋能企业、以产品为中心到以客户为中心的转变。在赋新迭代中，数字化赋能企业通过聚合、衍射、共生三个节点打破路径依赖，发展智能生态，实现了从满足客户现有需求到挖掘客户潜在需求、从产品主导逻辑到服务主导逻辑的转变。数字化赋能企业的价值转型表现出一种在数字战略认知中的持续迭代与跃升逻辑，即在连接—赋新两个节点的循环迭代中解决资源受限与路径依赖问题，并从突破资源受限的连接迭代向打破路径依赖的赋新迭代跃升的过程。本章基于数字战略认知视角提出的数字化赋能企业价值转型的理论框架，能够贡献于数字情境下价值共创理论研究，推动数字战略认知在价值转型领域得以应用，并对传统企业数字化转型逻辑予以有效补充。

第 五 章

数字化生产力工具突破性创新过程中价值转型困境的破解策略研究

尽管基于第四章研究结论，数字化赋能企业通过前瞻性认知、适应性重构、创造性搜寻三个节点突破资源受限，通过聚合、衍射、共生三个节点打破路径依赖，发展智能生态，实现了从价值交易到价值共创的价值转型。然而，当前价值共创理论潜在地假设企业与利益相关者间存在稳定与相互平等的关系（Appiah et al.，2021）。事实上，利益相关者间权力与资源失衡是价值共创常态，这可能导致机会主义与不平等关系（Kang & Jindal，2015；Sarpong et al.，2018），进而形成一方最优与一方次优结果。尤其是数字化赋能企业在突破数字化生产力工具过程中面临着强烈的价值转型困境，一方面为了获得产品嵌入行业的合法性以及实现价值共创，需要满足当前利益相关者制定的行业标准；另一方面为了持续保持核心竞争力与创造"能"，又必须通过创新突破保持其与利益相关者间的差异化优势（Khanagha et al.，2022；Jacobides et al.，2018）。为此，数字化赋能企业在数字化生产力工具突破性创新过程中如何破解价值转型困境成为迫切难题。

第一节　研究目的

虽然在第四章厘清了从价值交易到价值共创的转型过程，但这一过程建立在企业内部的战略认知基础上，即利益相关者与企业间价值关系冲突并未被考虑在内。基于此，本书研究的目的在于解构企业如何破解价值转型困境，即在突破性创新过程中既需要不断通过创新颠覆利益相关者建立的既有标准，又需要得到利益相关者的支持，以实现价值共创。

第二节　相关理论与研究框架

一　价值转型中的价值共创

价值共创是指企业与利益相关者联合创造价值的过程（Prahalad，2004），现有研究主要基于产品主导逻辑、客户体验逻辑、服务主导逻辑与服务科学逻辑来探讨价值共创的过程机理。产品主导逻辑认为价值创造源于产品交换（Vargo & Lusch，2004）而非服务，强调企业是价值创造者，客户是价值消耗者（李树文等，2022）。随着技术迭代推动企业进入定制化时代，价值共创研究更强调客户的个性化体验（王永贵和洪傲然，2020），认为企业的任务不再局限于产品的交换价值，而要拓展至为客户提供个性化环境的体验价值，并在此环境中由客户自己创造具有独特意义的体验（FitzPatrick et al.，2015）。在体验过程中服务经济开始兴起，部分研究提出了服务主导逻辑的使用价值思想，认为服务是一切经济交换的根本基础，而操纵性资源是竞争优势的来源（Vargo & Lusch，2011）。至此价值共创研究从"营造环境—创造体验"的客户体验逻辑转向"企业—客户互动合作"的服务主导逻辑（Grönroos & Voima，2013；Sjödin et al., 2021）。在服务主导逻辑的使用价值基础上，有研究提出服务科学逻辑，认为人、技术、组织构成了价值共创系统（Zhang et al., 2020），而身份主张转变与价值行动成为推动企业构建平台的关键（杜勇等，2022）。

虽然服务科学逻辑着重强调了价值共创对生态平台的影响，但当前研究多从资源管理与认知扩展方面搭建价值共创与生态平台间关系框架。其中，资源管理视角下的价值共创研究认为资源的价值潜力来源于资源有效整合和利用（周文辉等，2018），价值共创是生态系统运行的内在逻辑，是资源互动和整合并打破资源依赖的动态过程（王琳和陈志军，2020）。在匹配性战略决策指导下，企业协同各价值主体建立有效联系，获取相似或互补资源，进行有效的资源整合以获取竞争优势（Best et al., 2022）。在资源管理基础上，部分研究认为战略决策的制定需要通过战略认知实现，而前瞻性认知是生态系统形成的起点，它促使企业创造性搜索资源并构建资源能力（吴剑峰等，2022）。为此，他们创造性地将认知引入价值共创研究中，认为技术并不会直接带来价值共创（Sjödin et al., 2021），而需要通过资源可得、认知扩展等架构选择过程来实现助推效应，初步形成"技术—架构选择/助推—价值响应"的过程框架（Mele et al., 2021）。在架构选择的影响下，部分学者开始将资源与认知间关系纳入价值共创框架中，如医疗系统中的客户能够对医疗技术知识、信息、数据等资源予以实时感知，并推动医疗机构通过提供客户为中心的创新性方案来响应系统（Leone et al., 2021），而随着价值共创程度的深化，这种感知与响应过程分别呈现出认知方式与认知主体交互进阶以及企业到生态交互升阶的双重逻辑（李树文等，2023）。

尽管这些研究试图从资源管理与认知扩展方面建立价值共创的理论框架，但也有研究显示资源管理与认知扩展的改变从根本上源于组织身份主张（identity claims）的变化（Cloutier & Ravasi, 2020）。身份主张是组织在社会空间中自我定位的身份感知（Whetten, 2006），其与价值行动联系起来的组织更易于获得外部利益相关者的认同（Gioia et al.，2010）。例如，随着价值共创的主导逻辑转变，组织身份从产品制造商与提供商转向综合服务商（杜勇等，2022；李树文等，2023），促使其价值行动从价值占有、价值分割转向与利益相关者间价值协同（李志刚等，2023），进而形成身份主张与价值行动的价值共创框架。尤其在价值转型过程中，企业面临着更为复杂的身份主张变化和联结关系（王节祥等，2021），在提出新身份后建立外部联系、价值创新等方面面临很大的关系冲突（Leone et al.，2021）。因此，要探究价值转型中企业与利益相关者间关系变化，有必要厘清以身份主张与价值行动为核心的价值共创规律。

随着价值共创研究的持续推进，部分学者意识到以往价值共创研究潜在地假设资源薄弱与低声望的企业能够从在位企业的"魔爪"中解放出来，使他们能够引领价值发展（Appiah et al.，2021），却并未评估过程对他们行为的影响。部分研究提出价值共创过程中身份特征能够导致企业与利益相关者间存在不平等关系（Cutolo & Ferriani，2024），而资源薄弱的中小企业并不总是因为参与共同创造活动而从中获利（Appiah et al.，2021）。相反，权力与资源失衡成为价值共创常态（Kang & Jindal，2015；Sarpong et al.，2018），进而使得资源薄弱者往往获得次优的结果。甚至由于议价能力不足或关键资源约束而被在位者冷落（Zhu & Liu，2018），却由于沉没成本或期望而无法与其他利益相关者建立共创关系，最终彻底失去市场力量（Appiah et al.，2021）。对此，既有研究强调资源薄弱者可以将动机性投资作为"最佳策略"，例如利用秘密机会创造性尝试（Brownlie & Hewer，2011），寻找有资质共创者来打通渠道（Appiah et al.，2021），或者通过构建声誉（Jyoti & Efpraxia，2023）以及加强外部叙事（narratives）（Cutolo & Ferriani，2024）。尽管如此，这些研究整体呈碎片化、模糊化与静态化状态，尤其关于资源薄弱者在价值转型中如何以及何时实施策略的问题，尚付阙如。

二 研究框架

基于上述文献梳理发现，本书遵循"转型困境—破解策略—转型成效"的价值转型逻辑，提出图 5-1 所示案例分析框架。

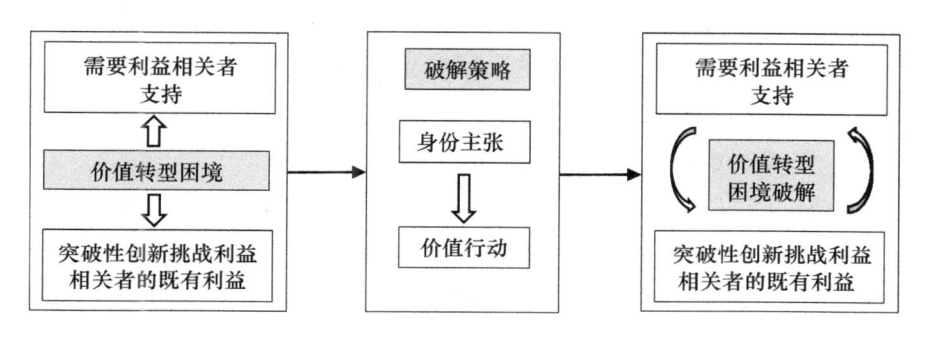

图 5-1 案例分析框架

第三节 研究方法

探究数字化赋能企业如何打破价值转型困境实现数字化生产力工具突破性创新的主要挑战在于他们在价值共创初期创新颠覆性尚未凸显，现象表征较为隐蔽（Appiah et al., 2021）。纵向探索性单案例研究分析方法则适合通过对单一主题的深入理解来揭示现象背后隐藏的过程机制以及构建新的理论关系。具体而言，首先，本书旨在揭示数字化赋能企业破解价值转型困境的过程，涉及复杂过程的"如何"与"为何"问题，具有探索性与归纳性特征，适合采用单案例研究分析方法；其次，单案例研究分析能够更生动、细致地展示案例企业关键事件的发生时序，深层次解释困境破解过程中的阶段差异，并从根本上挖掘复杂现象背后的理论规律，通过讲述"好故事"为构建"好理论"带来不同寻常的新见解和新启发。

一　案例企业选择

在 2018 年调研前，本书先筛选了江苏浩欧博生物医药股份有限公司、苏州科美信息技术有限公司、苏州峰之鼎（零赛云）信息科技有限公司（下文称"零赛云"）三家企业作为"价值转型困境破解"的调研对象。经过对上述三家企业的多轮次调研后，本书最终选取零赛云作为案例分析对象，具体原因如下。

1. 资源约束典型性

作为一家专注于汽车、电子、能源、机械装备等离散型制造业工业软件研发及工业数字化转型解决方案服务的数字化赋能企业，在 2017 年 3 月成立之初，零赛云将其定位为工业领域的大数据整体可视化解决方案服务商，主要提供商业智能（Lean-BI）产品。作为工业互联网生态的管理智能化"指挥棒"和管理看板，BI 产品在整个工业互联网生态内处于边缘地位，严重依赖于其他厂商的数据沉淀和数据平台，这决定其在原有平台上发展面临着强烈的技术掣肘。为此，零赛云具有资源约束典型性。

2. 价值共创典型性

从 2019 年起，零赛云开始自主研发工业模型驱动的低代码平台，并陆续推出覆盖数据落地、转换、分析、运营到决策的全生命周期产品矩阵，打造工业互联网平台。2022 年，零赛云入选江苏省专精特新软件企业名录，2023 年入选江苏省重点工业互联网平台专业型（技术型）名录，并秉承着以客户为中心的理念，通过开放式、模型驱动的垂直低代码开发平台服务超过 50 家工业客户。其中，三一、吉利、MF、西门子能源、通用电气、新奥动力、霍尼韦尔等超大型核心工业客户超过 15 家，在平台上与华为、阿里云、京东科技、百度云、赛迪等超过 100 个伙伴建立生态合作关系。同时，零赛云坚信技术迭代需要深度嵌于客户的业务场景，其数字化生产力工具突破性创新均借助利益相关者完成，为此具有价值共创典型性。

3. 价值转型困境破解启发性

零赛云在破解价值转型困境的背后反映了先前研究无法观察到的科学现象，对其他处于价值转型的数字化赋能企业具有较好的启发性。2017 年零赛云开始从事 Lean-BI 工业软件研发，旨在解决客户"看不见"的数据孤岛痛点，以销售商务智能 BI 看板为主。但随着与客户间互动的深入，零赛云意识到单一产品解决数据孤岛问题的效率已然愈加低下，更无法解决客户由于业务孤岛、地理孤岛以及产业孤岛所带来的"做不好""管不到"以及"协同难"的系列痛点问题。为了解决这些问题，零赛云创造性地实施产品组合决策，提出通过与客户共同解决业务系统四大孤岛难题实现透明化组织、协同化组织、在线化组织、产业协同组织的四种组织进化路径，最终打造以"生长型"思维作为产品架构设计理念、以"模型驱动"作为内核，提供具有敏捷力的端对端、一站式的生产数字化工业软件产品及解决方案。同时，这也挑战了其他提供单一技术或者技术组合的利益相关者。为此，在此价值转型困境下，零赛云实现了持续增长与数字化生产力工具突破性创新，并于 2023 年入选苏州市第六批工业互联网重点平台、江苏省"专精特新"企业名录，为其他数字化赋能企业破解转型困境提供参考借鉴。

二 案例企业的价值转型历程

作为一家专注于工业互联网软件研发及工业数字化转型解决方案服务的数字化赋能企业，零赛云破解价值转型困境、实现价值转型与数字化生产力工具突破性创新是一个复杂的动态演化过程。为了更清晰地探讨研究问题与解析演化过程，结合访谈中管理者对企业发展历程的阶段划分、企业的共创策略特征划分标准，本书将零赛云价值转型困境的破解过程划分为三个阶段。具体如图 5-2 所示。

第一阶段，裂变式共创阶段（2017—2019 年）。案例企业在该阶段镶嵌于工业互联网生态中提供 BI 产品，并主要负责数据可视

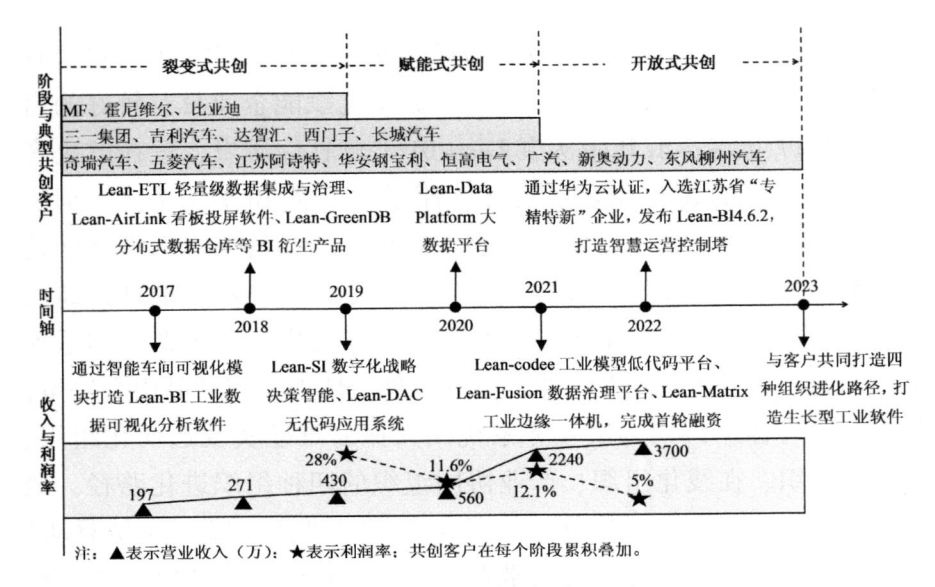

图 5-2 案例企业的价值转型历程

阶段与典型共创客户：

- 裂变式共创：MF、霍尼维尔、比亚迪；三一集团、吉利汽车、达智汇、西门子、长城汽车；奇瑞汽车、五菱汽车、江苏阿诗特、华安钢宝利、恒高电气、广汽、新奥动力、东风柳州汽车
- 赋能式共创：Lean-ETL 轻量级数据集成与治理、Lean-AirLink 看板投屏软件、Lean-GreenDB 分布式数据仓库等 BI 衍生产品；Lean-Data Platform 大数据平台
- 开放式共创：通过华为云认证，入选江苏省"专精特新"企业，发布 Lean-BI4.6.2，打造智慧运营控制塔

时间轴： 2017 — 2018 — 2019 — 2020 — 2021 — 2022 — 2023

收入与利润率：
- 通过智能车间可视化模块打造 Lean-BI 工业数据可视化分析软件
- Lean-SI 数字化战略决策智能、Lean-DAC 无代码应用系统
- Lean-codee 工业模型低代码平台、Lean-Fusion 数据治理平台、Lean-Matrix 工业边缘一体机，完成首轮融资
- 与客户共同打造四种组织进化路径，打造生长型工业软件

营业收入（万）：197、271、430、560、2240、3700
利润率：28%、11.6%、12.1%、5%

注：▲表示营业收入（万）；★表示利润率；共创客户在每个阶段累积叠加。

化。但由于 BI 产品仅作为管理智能化"指挥棒"来呈现工业指标，处于工业互联网生态的前端，在很大程度上依赖生态后端数据存储、数据开发以及数据治理的其他厂商。为降低依赖性，案例企业借助信任传动实现客户裂变，试图开发 Lean-ETL 轻量级数据集成与治理、Lean-Airlink 看板投屏软件、Lean-Greendb 分布式数据仓库等 BI 衍生产品。该阶段不同数字化生产力工具间集成度较低，其价值共创客户主要有 MF、霍尼维尔等。

第二阶段，赋能式共创阶段（2019—2021 年）。为提升集成性，在 BI 衍生产品基础上，案例企业在该阶段开始打造工具模块化平台，通过将技术与客户场景交互实现在数据融合、业务应用与云边协同方面开发 Lean-Codee 工业模型低代码平台、Lean-Fusion 数据治理平台、Lean-Matrix 工业边缘一体机，与 Lean-BI 共同形成行业指标实践—机理沉淀—敏捷开发—云边协同的工具模块化平台。该阶段不同数字化生产力工具间集成度较高，其价值共创客户主要有 MF、三一集团等。

第三阶段，开放式共创阶段（2021—2023年）。为强化主导性，依托于工具平台，案例企业在该阶段将供给侧合作伙伴纳入平台，建构工业模型驱动低代码平台与"珊瑚生态"，实现模块化平台由内部生产力工具向外部生态的转变。该阶段案例企业与供给侧合作伙伴协同与客户共创价值，其共创客户主要有奇瑞汽车、三一重工、MF等。

三　数据收集

本书数据收集横跨5年，2018年4月研究人员第一次到案例企业进行访谈调研，彼时案例企业正处于BI及其衍生产品发布期间，是工业互联网平台上的技术跟随者。2022年12月研究人员第二次到案例企业进行调研，彼时案例企业已成为工业互联网平台主导者，拥有自己的工业互联网平台与独特的数字化生产力工具，拥有过百家活跃小微技术企业或创客在平台上从事技术研发。2023年9月研究人员在中国国际工业博览会上再次对案例企业进行补充性调研以进一步验证既有信息。2018—2022年，研究人员一直与案例企业CEO保持密切联系，定期了解企业发展动态与技术信息，在此期间通过间断性联系形成案例企业产品研发进程、团队成员角色及其变动、产品架构、人员配比等文字信息10.8万字。

为提高研究的信度水平，本书严格遵循三角验证策略，采用多轮次、多部门、多渠道、多访谈形式收集数据。本书对案例企业的访谈数据收集主要分为四个阶段：首先，根据Eisenhardt（2000）和Gioia et al.（2013）的建议，在第一次访谈中不预设任何提纲或理论构念，研究者对企业CEO进行完全开放式访谈，访谈内容主要涉及企业发展历程、技术创新历程以及BI背后的生态结构等等。其次，基于第一次访谈内容的资料整理，研究者拟定访谈提纲，并在第二次访谈中向技术研发负责人、销售中心负责人、客户成功、市场营销总监、技术经理、产品经理、高级开发工程师提出启发式问题，如"为何一定要拥有独特的数字化生产力工具""从价值交易到价值共创过程中面临过哪些难点""客户在解决价值转型难点上发挥着什么作用"等。再次，基于第二次访谈内容的资料整理，研究者就价值共创以及前端人才配置、企业文化等问题对 CEO 及人力资源部门负责人进行开放式访谈，并在数据资料整理过程中针对模糊点实时通过微信等方式与访谈对象予以确认。最后，在撰写初稿后，研究人员再次对案例企业的 CEO、技术研发负责人与技术工程师进行补充性访谈以进一步验证与核实价值转型等信息的准确性。具体情况如表 5-1 所示。

表 5-1　　　　　　　　访谈数据收集情况与编码

数据类型	数据来源	编码	数据获得方式	访谈时间	数据获取目的
首次访谈	CEO	A	开放式访谈	约 120 分	企业发展历程、BI 背后的生态结构等
二次访谈（B-J）	技术研发负责人	B	半结构化访谈	约 70 分	生产力工具发展历程、价值转型过程等
	销售中心负责人	C		约 90 分	客户作用、价值共创典型案例等
	客户成功	D		约 70 分	客户关系、与客户共创过程等
	市场营销总监	E		约 90 分	客户获取、产品营销与关系维护
	技术经理	F		约 110 分	生产力工具布局、模块间关系等
	产品经理	G		约 60 分	产品与客户间关系等
	高级开发工程师	H			工具模块开发、不同工具张力协同等
	人力资源负责人	I	开放式访谈	约 30 分	品牌文化、人才配置等
	CEO	J		约 100 分	工具平台布局的底层逻辑、企业发展变化等
补充访谈	CEO、技术研发负责人、技术工程师	K	开放式访谈	约 40 分	价值转型的缘由、合作伙伴的价值等

除开放式与半结构化访谈外,为保障资料完整性与研究结论稳健性,本书采用多渠道资料进行三角验证。首先,在访谈前,研究者实地参观了企业工作环境以及观看企业 CEO 现场介绍 BI 产品。其次,研究者通过外部与内部两种渠道对访谈资料与实地观察资料予以补充,如通过官方网站、微信公众号等外部渠道了解企业与客户间项目进展,人力资源管理负责人现场拷贝组织架构、收入与利润数据、人员变动情况、内部刊物等内部资料。具体情况如表 5-2 所示。

表 5-2　　　　　　　二手资料数据收集情况与编码

数据类型	名称	获得方式	数量	编码
内部资料(N_n)	组织架构、收入与利润数据、内部刊物、CEO 撰写文章	文档	16	N_1
外部资料(W_n)	官方公众号与官网上涉及与客户共同开展项目的资料	文档	14	W_1
	企业与其客户直播讲解产品及其应用情况	视频	44	W_2
	知乎知识解答、搜狐、网易报道与客户合作情况	文档	18	W_3
	《2022 年中国大数据分析平台行业研究报告》等	行业报告	11	W_4
参与式观察(O_n)	CEO 现场讲解讲解 BI 产品、观览企业办公场景等	观察	2	O_1

四　数据分析策略

本书采用结构化的数据分析方法对访谈资料进行分析,在保证信效度的基础上由两组研究人员进行背靠背独立编码,并针对不一致之处由三位研究人员共同商讨确定,以保证编码准确性与客观性。遵循溯因逻辑,从规则(rule)和结果(result)出发,并在数据与理论间反复印证与比较,推断出案例企业从边缘互补者到模块化生态平台主导者的完整过程(case)。具体数据分析包含识别相关行动的一阶概念、陈列相关主题的二阶主题和完成纵贯分析的聚合构念三个步骤(Gioia et al.,2013)。其中,一阶概念是基于原始数据进行描述性编码的结果，二阶主题是对一阶概念合并的结果，聚合构念是对二阶主题进行提炼总结的结果。最终形成 25 个一阶概念，12 个二阶主题和 6 个聚合构念。具体数据结构如图 5-3 所示。

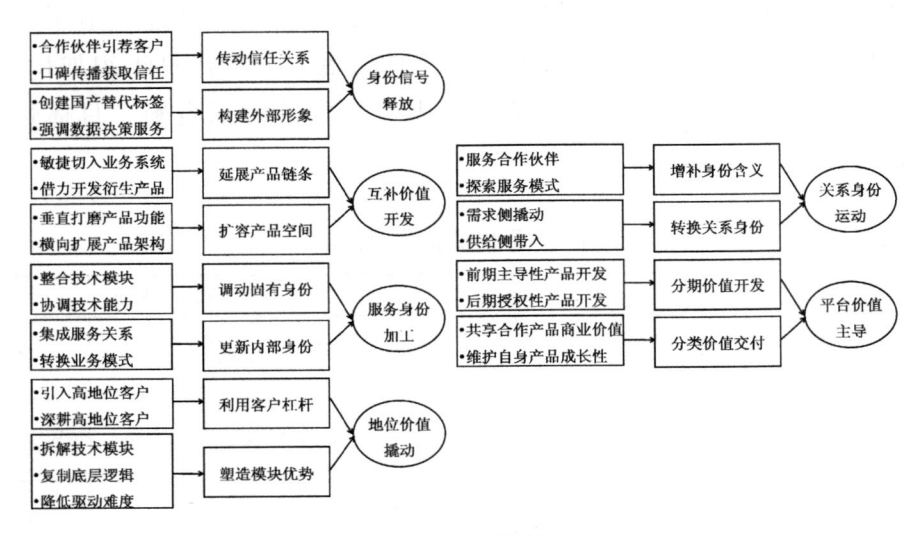

图 5-3　数据结构

第四节　案例分析与发现

一　裂变式共创阶段：应对降低依赖性与增加互补性间张力

裂变式共创是指企业通过特定利益相关者的口碑、声誉传播来自动获取更多与其他利益相关者间共同创造价值机会的过程。2017 年零赛云主要嵌于其他工业互联网平台上开展商业智能 BI 业务。但由于 BI 业务处于整个生态系统业务的末端边缘位置，过度依赖于平台上前端其他供应商的数据存储与数据清理。尤其从 2017 年中国大力推进工业互联网创新以来，出台了《国务院关于深化"互联网+先进制造业"发展工业互联网的指导意见》等系列纲领性文件，推

第五章 数字化生产力工具突破性创新过程中价值转型困境的破解策略研究

动大量企业涌入平台，进而致使平台上聚焦单一业务的初创企业的生存空间被大幅压缩。为此，该阶段案例企业在价值转型中面临着降低平台依赖性与增加互补性的张力。为应对这一张力，案例企业通过传动信任关系、构建外部形象等释放身份信号来降低依赖性，以及采取发展衍生产品来增加技术互补性以规避平台上其他供应商对 BI 业务的"卡脖子"。典型例证如表 5-3 所示。

表 5-3　　　　　　裂变式共创阶段的典型证据与编码结果

聚合构念	二阶主题	一阶概念	典型证据援引
身份信号释放	传动信任关系	合作伙伴引荐客户	• BI 第一单是通过合作伙伴切进去的，MF 才 7 万块钱，因为合作伙伴是做西门子代理商，西门子没有 BI 产品，做出来的报告特别难看，客户不买单，我们花了两周帮他去做产品，客户非常满意（A）
		口碑传播获取信任	• MF 的 CIO 来自西门子，三一重能的事业部的 CDO 首席数据官也来自西门子，然后正好 MF 分享我们的案例，三一重能看到了，就联系了我们，所以商机的来源是客户的口碑（C）
	构建外部形象	创建国产替代标签	• 他（MF）当时一共 66 条线，用美国的号比亚软件上了 6 条线数据库就崩了，响应也非常慢……他就是非常想把美国的很多东西都把它替换掉，国产化替代，所以这个就是我们的机会（C）
		强调数据决策服务	• 大量业务数据的产生，收集和存储需要投入大量的人力，超过了人工处理极限，很多有价值的信息被掩盖在这些数据中，导致管理层很难实时掌握最新运营状态，从而无法及时做出正确决策（W_3）
互补价值开发	延展产品链条	敏捷切入业务系统	• Lean-BI 能够通过报表展示数据，工业制造相关的主业务都可以呈现，这样可能直接促使我们快速配合去开发客户所需要的其他（衍生）产品，开发也是非常快的，因为底层（数据）在里面（F）
		借力开发衍生产品	• 单纯 BI 可视化很难形成自己的话语权，客户也没有能力解决数据问题，恰好借助众多客户提供的数据库接口和研发场景，我们就开发了 BI 衍生产品 Lean-ETL 和 Lean-GreenDB（A）

续表

聚合构念	二阶主题	一阶概念	典型证据援引
互补价值开发	扩容产品空间	垂直打磨产品功能	●设备自动登录或者设备 upc 这种功能，正好一个客户提到这个想法，我们去做，然后就变成了我们整个产品体系里面的一个功能，而这个功能又可以把我们现有的产品功能能力提升两倍（J）
		横向扩展产品架构	●我们开始扩展产品架构，因为在数据这个层面上很难再去垂直发展，边际成本太高，我们不是一个单纯的数据企业（B）

1. 身份信号释放

身份信号释放是指企业为降低对原有平台依赖性而通过利益相关者间的关系传动来表达身份主张，以吸引其他相关者主动与自身建立联系的过程，主要表现在传动信任关系和构建外部形象两方面。其中，传动信任关系能够通过获取客户信任实现身份信号的社会化传递，并借此嵌入客户群体内部实现从"管报表"到"管数据"的外部形象构建。

（1）传动信任关系。它指一方利益相关者按照企业的期望执行潜在交易，并主动承担行动风险来影响第三方利益相关者以帮助企业释放声誉与善意的信号（Schilke & Lumineau，2023）。随着在其他生态平台中的边缘替代风险逐渐增加，零赛云意识到仅凭借 BI 产品难以降低对生态平台的依赖性，反之，单一产品越好越需要依赖平台与其他互补者合作。企业若要降低平台依赖性且增加互补性，则必须围绕自身产品建构生态。而信任关系是不同利益相关者形成互补的先决条件（Bouncken et al.，2020），能够提升合作效率与降低合作成本（Hawlitschek et al.，2018）。为了建构信任关系，零赛云着手于通过口碑传播获取信任与合作伙伴引荐客户两项策略。其中，口碑传播获取信任是基于声誉来建构信任关系（Pera et al.，2016），并释放能够可靠、有效地履行合作义务的信任信号。由于首个订单源于某国内汽车厂商的快速移动端分析报表的紧急上线，零赛云 CEO 从中发现当前制造业的 ERP、MES、CRM、SCADA 均分散在不同系统中，缺乏多系统集成的商业智能系统，而在数字经济浪潮下商业智能转型极具时间迫切性与系统灵活性。为此，以敏捷精益作为第一原则，企业提出通过 60 分钟极速编程来为客户提供定制化解决方案的"沙漏法"，以此获取"敏捷定制"的声誉。合作伙伴引荐客户是基于善意相信合作伙伴会考虑对方利益而采取引入其他利益相关者的行动（Nooteboom，1996）。正如访谈对象 B 所言，"有很多合作伙伴引荐客户的例子，MF 就是典型，它有非常多定制化需求，但不知道怎么解决，那时候通过合作伙伴介绍，看到我们成本很低，用了可视化产品后发现能帮他去解决一些问题"。这种信任关系的传动也促使利益相关者开始考虑将自己的数据库纳入零赛云的产品线。

（2）构建外部形象。它指企业通过创建标签和重释含义的外部形象改变来适应动态环境变化或推进战略部署以释放服务功能和定位的信号（Clark et al.，2010）。随着数据作为新兴生产要素逐步嵌入战略决策，零赛云敏锐地发现利益相关者在用数据做决策时需要通过手机拍照发给相应的高层管理人员，这无疑大幅增加管理成本和难度。正如访谈对象 B 所言，"苹果那边在不断给客户施压，然后他自己本身有很多问题，这个时候寻求我们有没有更好的解决方案或者产品帮他去支撑接下来的业务增长或者解决美国号比亚软件容量小的痛点问题"。为了更好地服务客户，零赛云决定构建外部形象，从原来的前端报表可视化转向后端数据治理。但数据治理服务商的身份需要以利益相关者提供海量的非结构化数据作为基础。在缺乏海量数据情况下，零赛云只能迎合 MF 的国产替代需求，创建国产替代标签，提出"国产替代工业软件"的产品理念，定义出一套数据运营管理的方法和功能，由此也诞生了数据运营 Lean-A3 模块，使得 Lean-BI 成为第一个实现数据闭环的产品。在正式将商业智能产品接入利益相关者的数据库后，零赛云发现简单的清洗、整合、管理、标准化等数据治理功能仍难以解决"数据孤岛"问题，进而无法打造数据中台。为此,企业重新阐释了国产替代标签背后的身份含义,从数据治理服务商背后的数据清洗与规范转向大数据整体可视化解决方案背后的预测与决策。正如访谈对象所言,"商业智能的核心是数据可视化和数据仓库,这本身都是基于数据服务业务发展决策和分析预测,只是现在真正把它实现了而已"。

2. 互补价值开发

互补价值开发是指企业为提升与利益相关者间产品互补性而开发产品核心价值的过程,主要表现在延展产品链条与扩容产品空间两方面。其中,延展产品链条旨在解决互补产品"从无到有"的问题,而扩容产品空间旨在解决互补产品"从有到优"的问题。

(1) 延展产品链条。随着身份信号的释放,众多利益相关者开始主动寻求合作,例如霍尼韦尔主动成为工业软件伙伴。但在客户实际应用 Lean-BI 产品过程中,CEO 敏锐观察到在触摸屏上实现看板的快速切换、自动轮播和不同分屏模式成为工业互联网从 4G 到 5G 时代看板管理应用的症结所在。为了解决客户的灵活性痛点及提升产品互补性,零赛云着手三项策略:一是敏捷开发 Lean-AirLink 移动客户端,借鉴音乐播放器的设计理念,以前端响应式技术内置常用 30 组可视化组件,采用 node.js 及主流的 react 架构,无缝支持 PC、iPhone、iPad、Android 等主流移动端,实现可移动化办公。这促使客户能够快速灵活地开发定制化组件,在 2 分钟内完成生产线快速建模等定制需求。二是以客户端为终端杠杆,敏捷切入业务系统,正如访谈对象 B 表示:"一开始比较偏向于数据,不跟业务相关,后面因为业务扩大了,很灵活、快速地帮他做了一些业务系统,更新迭代的速度也很快,大概这么一个从数据到业务,快速深入切进去的过程"。三是保障业务数据安全,以哈希加密技术设计严谨的数据访问权限控制,保障报表发布的地址及数据表安全。

然而,当切入客户的后端数据系统后,零赛云发现客户的业务系统中普遍存在数据混乱、数据孤岛、数据规范、海量数据存储等问题,但客户并没有技术能力解决这些问题。因此,为进一步提升与 Lean-BI 产品的互补性，零赛云开发了四项衍生互补产品：一是 Lean-GreenDB 数据存储产品，基于分布式大规模并行处理数据库 Greenplum 定制与开发，采用分布式并行计算、分布式混合存储、分布式内存计算、分布式流计算等技术，支持标准 SQL 语法以及 PB 级数据存储与查询，以此为客户提供强大的计算引擎。二是 Lean-ETL 数据治理产品，支持从 Oracle、SQLServer、Mysql 等关系数据库管理系统中快速抽取数据并进行转换与导入，进而将结果纳入多种目标数据库以供非 IT 用户快速对数据进行预处理，以此为不同业务部门提供数据隔离。三是 Lean-Process 业务流程处理产品，旨在采用列存储、分布式通信等技术以快速动态配置业务流程。四是 Lean-Crawler 分布式并行网络抓取产品，旨在采用模拟点击与请求访问两种技术实现网页内容的抓取功能，以此扩充数据源接入的多样性。

（2）扩容产品空间。尽管产品链条延展解决了从"报表可视化"到"数据规范化"的问题，打造了系列互补衍生产品。然而，这些产品的功能难以覆盖所有数据类型以及功能模块，进而尚未形成整体方案以及紧密空间来解决客户的系统性痛点。为解决这一问题，零赛云着手垂直打磨产品功能与横向扩展产品架构两项措施。一是在衍生互补品基础上根据客户提出的产品需求进行功能补充，例如增加设备自动登录或者设备条形码功能，以及在 Lean-BI 上增加场景化预警组件、集成各类即时通信平台、内置工业级数字孪生编辑器等。正如访谈对象 B 所言，"我们拿到客户实实在在面临的一些痛点信息，它的需求会驱动产品的功能，增加新功能去满足一些新场景，也可以给我们一些机会，不断去打磨产品，把它做得更加完善，更加成熟"。二是鉴于零赛云不是一个单纯的数据企业，其很难在数据层面垂直发展。为此，他们开始横向扩展产品架构，例如通过数据钻取、数据切块、数据切片、数据旋转等多维技术对手机、电脑等不同终端数据进行自动适配，以及将数据集成的架构从 SQLServer、Oracle、MySQL 等数据库扩展至 HTML 页面、CSV 文件、

Excel 文件或者机器的检测数据等非结构化数据源。访谈对象 J 表示"其实中间做 BI 做数据，慢慢把它辐射，最外圈就是低代码产品，其实是衔接的过程，比如说客户上的数据，看一下问题以后还要上系统"。

二 赋能式共创阶段：应对工具复杂性与集成性间张力

赋能式价值共创是指企业通过在利益相关者提供的场景中开发特定数字化生产力工具来共创价值的过程（李树文等，2023）。尽管裂变式共创阶段零赛云凭借客户裂变有效应对降低依赖性与增加互补性间张力，却面临着"如何有效协同多项衍生产品的复杂性与集成性间张力进而实现集成度从低到高以形成系统合力"的问题，这一问题的解决将极大推动着企业为客户提供全周期服务解决方案。为此，零赛云依次在身份主张与价值行动方面采取了服务身份加工与地位价值撬动两项策略，并构建模型驱动的低代码平台。其中，服务身份加工旨在通过与利益相关者间互动来调整身份关系以提升工具集成性；而地位价值撬动旨在通过调用外部与组合内部资源来联结并协调不同主体从而释放资源价值与提升生态地位以降低工具复杂性（Sirmon et al., 2011）。典型例证如表 5-4 所示。

表 5-4 赋能式共创阶段的典型证据与编码结果

聚合构念	二阶主题	一阶概念	典型证据援引
服务身份加工	调动固有身份	整合技术模块	• Lean-ETL 和 Lean-GreenDB 被纳入 fusion，ETL 是数据抽取、转换和加载工具，DB 是数据库，我们把它的产品线整合了一下，所以 Fusion 在 2018 年就有了雏形，然后慢慢扩展（B）
		协调技术能力	• 基于云原生、大数据等技术底层分别对应用层、平台层构建了大量成熟的数字应用产品和技术产品，打造先进且开放的工业互联网技术架构，协同业务中台和数据中台能力（W_1）

第五章　数字化生产力工具突破性创新过程中价值转型困境的破解策略研究　133

续表

聚合构念	二阶主题	一阶概念	典型证据援引
服务身份加工	更新内部身份	集成服务关系	● 我们在销售软件产品的时候，是可以独立分开卖的，有的客户他可能只要 BI，只要 codee，可能有其他数据分析工具，这是一个非常松耦合的关系，但我们需要进一步集成这种服务关系，打通数据接口提升质量（H）
		转换业务模式	● 按照利润和价值将业务策略分成①增强型、②战略型、③流量型和④标准型，我们现在的转换是从①到②再转到④，未来我们这一块的比例应该是越来越大，③是用来转换的（J）
地位价值撬动	利用客户杠杆	引入高地位客户	● 因为企业服务非常看重服务能力，你有没有给其他公司服务，比如说我们给三一、吉利，会去做一些曝光，这就相当于大客户给我们做了背书（E）
		深耕高地位客户	● 三一重工这边从 2019 年开始到 2020 年，大大小小有 10 多个项目，都是比较偏数据类的，涉及北京、长沙、苏州等不同事业部，MF 是单一事业部，数量比它还多（B）
	塑造模块优势	拆解技术模块	● 把它（产品）拆成模块组是我们（技术）平台很重要的功能，然后把它固化下来，分到不同的技术内容（E）
		复制底层逻辑	● 案例复制不是 100% 复制，我们给其他事业部做，就提一个要求，要比给另一个做得好，产品难度升级了，但说复制因为用的是同一套产品，产品底层的基座是一样（C）
		降低驱动难度	● 由表单模式驱动的数据治理与存储仅适用于数据层次关系简单的轻量级业务场景，难以适应工业领域的复杂性、高度定制化场景，而低代码驱动能够利用很少或几乎不需要写代码就可以快速开发应用（W_4）

1. 服务身份加工

服务身份加工是指企业在需求侧通过与利益相关者间互动来调整身份关系的过程（Stoyanov & Stoyanova，2022），主要表现在调动固有身份和更新内部身份两方面。其中，调动固有身份能够促使企业充分利用旧的信息渠道形成或者验证符合当前情境的行为模板；

更新内部身份能够促使企业通过重构内部服务关系与业务模式而展现自身特有的能力和资源以促成与利益相关者间合作。

（1）调动固有身份。尽管企业构建了从报表到数据的多项互补衍生产品，但这些产品间集成度较低，例如 Lean-ETL、Lean-GreenDB、Lean-Process 与 Lean-Crawler 间技术分割，难以实现数据融合，严重阻碍利益相关者打造协同化组织，实现柔性制造流程自组织能力。为解决这一问题，与 Yoo（2010）提出的"分层化"思想一致，零赛云着手三项措施：一是通过协调技术架构能力来优化"网络层"，在原有产品架构基础上嵌入自主研发的轻量级组件化技术，促使利益相关者能够同时访问多元场景且易于维护，为实现多项技术柔性管理提供弹性底座支持。二是通过整合固有技术模块来优化"服务层"，打造数据融合产品 Lean-Fusion，并将原有 ETL、数据仓库、机理模型、数据治理、数采管理等模块统一纳入该产品，以此实现数据实时查询与融合应用。三是通过协调技术中台能力来优化"内容层"，对全链路数据进行打通、汇聚与共享，通过建立全域数据模型，并基于不同业务逻辑对数据模型进行关联与分析，进而转化为统一的数据服务，为前台决策赋能。

（2）更新内部身份。虽然 Lean-BI 与 Lean-Fusion 能够解决"看不见"的数据孤岛问题，并通过数据可视化、存储与治理获得"数据燃料"以及沉淀数据机理，但这并未能在业务拓展以及敏捷开发方面提升应用性，进而导致部分利益相关者面临着"做不好"的业务孤岛、"管不到"的地理孤岛以及"协同难"的产业孤岛问题。例如多个工厂分布在不同位置或者设备分散在不同区域的地理孤岛，以及供应商的供货信息等生产数据无法打通的产业孤岛。为解决这些问题，零赛云提出集成服务关系与转换业务模式的内部身份塑造策略。一是通过集成服务关系来打造高集成度的产品矩阵。在 Lean-BI 与 Lean-Fusion 基础上提出业务应用软件 Lean-Codde 与产线边缘计算一体机 Lean-Matrix。其中，Lean-Codde 能够快速生成应用模板与模型插件，将交付周期缩短至三分之一以及维护成本降至四分之一，以此保障敏捷交付；Lean-Matrix 能够使数据收集和分析工作在设备侧进行以确保数据安全，以此降低应用访问时间，实现云边协同。在此基础上，零赛云创造性提出"产品矩阵组合"的理念，通过不同技术间组合解决客户痛点问题，例如采用 Fusion 与 Codde 间组合解决业务孤岛问题、BI 与 Fusion 间组合解决地理孤岛问题以及四种产品间组合解决产业孤岛问题。正如访谈对象 B 所言，"B 端企业就特别有一些定制化痛点，但我们不可能单独去定制 1 套解决方案，成本不划算，所以一般会通过产品组合去解决"。二是通过转换业务模式来确定核心策略。基于产品利润和价值的高低，零赛云将业务模式分为增强型（高价值—高利润）、战略型（高价值—低利润）、流量型（低价值—低利润）和标准型（低价值—高利润），并根据不同业务模式采取不同的业务策略。正如访谈对象 J 表示，"标准型就把 BI 产品卖给合作伙伴，我们不需要花很多人力，他仅当成一个工具来用，即便是两折卖也是纯利润"。基于上述高集成度的产品矩阵，零赛云正式形成技术模块化平台。

2. 地位价值撬动

地位价值撬动是指企业通过调用外部与组合内部资源来联结并协调不同主体从而释放资源价值与提升生态地位的过程（Sirmon et al.，2011），主要表现在利用客户杠杆与塑造模块优势两方面，分别代表着借助客户力量和技术力量来获取和创造价值以提升生态位。

（1）利用客户杠杆。利用客户杠杆是指企业通过引入和深耕高地位客户来增进利益相关者认同以建构合法性缓冲带（Taeuscher and Rothe，2021）。随着企业的技术模块化平台日臻发展，零赛云逐渐陷入技术模块化平台的身份合法性陷阱，即从根本上颠覆了利益相关者对工业互联网服务的个性化专一定制而非标准化组合解决方案的认知。为了跨越合法性门槛，零赛云以高地位客户作为切入点，试图利用企业与高地位客户的关系来保护由于独特技术定位而导致的合法性丧失，进而创造出合法性缓冲带。一是引入高地位客户，例如承接三一重能的三维数字孪生可视化、奇瑞的智慧运营控制塔、广汽的智慧运营透明工厂、三一重工的知识图谱等 15 家超大型客户项目,这直接带动汽车与能源行业内 100 多家利益相关者(如东风柳汽、华安钢宝利)对其技术给予高度认可。正如访谈对象 E 所言,"因为企业服务是非常看重服务能力的,这个能力需要双方验证,一个是公司的实力、经营状况,另一个就是你有没有给其他公司服务过,比如给三一、吉利,可能会做一些曝光,这个层面他就默认你有能力做这个事情"。二是深耕高地位客户,例如,以三一重工的数据运营为契机,相继完成三一重机、三一石油、三一重卡、三一重能等数十个项目的数据运营服务解决方案。正如访谈对象 J 表示,"这样的超大型客户深度运营维护不仅能够带来行业利益相关者的认可,而且能够推动技术平台向外推广,实现平台转化"。

(2)塑造模块优势。借助技术模块化平台,零赛云通过拆解技术模块、复制底层逻辑与降低驱动难度三项措施来快速推广技术模块化平台。一是拆解技术模块,将原有核心业务能力解耦、模块化与微服务化,并将共性业务抽离出来固化到中台以支撑前台业务的敏捷开发和迭代。例如,将 Lean-fusion 按照数据中台与业务中台拆解成 Lean-data fusion 和 Lean-business fusion,以此赋能利益相关者在超短时间内落地数字中台,解决运维技术(OT)与信息技术(IT)融合问题。正如访谈对象 J 所言"我们的产品跟搭积木特别类似,把要素解构成模型模板、算法、连接器、蓝图指标,这些东西可以随意组合……也提供模型市场,客户可以直接下载模型,比如做一个 OMS(Order Management System,订单管理系统),直接下载做一些修改(组合)就可以使用"。二是复制底层逻辑,企业遵从案例复制与参考原则,相继围绕三一重能、MF、吉利汽车三大案例组合分形出服务上百家利益相关者的方案,例如基于 MF 数据运营案例复制出华安钢宝利、西门子、吉利领克、三一重能等数据运营案例;参考吉利汽车数据运营案例,企业成功为长城汽车、东风柳汽等提供服务解决方案。正如访谈对象 B 所言,"我们主打汽车领域,当时切入点是吉利,帮他做完整个数据体系后,很快就给复制到长城、新奥动力、西图盟等,通过我们的数据平台,数据可视化和数据指标体系结合,去给其他的汽车厂复制"。三是降低驱动难度,为拓展场景适应性与突破表单驱动限制,零赛云在技术平台各模块内引入低代码,通过"表单+BPM+模块"的模型驱动低代码,促使利益相关者使用少量编码即可基于模型实现更多复杂逻辑,以此将技术模块化平台转化为模型驱动的低代码平台。

三 开放式共创阶段:应对平台一致性与独特性间张力

开放式价值共创是指企业与利益相关者在开放式系统中的联合行动,旨在通过多价值主体嵌入平台来协作交付方案与共享数据,本质上是一种开放生态系统中企业与利益相关者间的分布式协作(李树文等,2023)。随着模型驱动的低代码平台应用以及需求侧的利益相关者越来越多,零赛云开始陷入模型组件供应不足的困境,并试图通过在供给侧引入合作伙伴应对这一困境。但在此情况下,零赛云在价值转型中面临着合作伙伴提供技术组件的一致性与独特性间张力,即为了平台规模扩张而允许不同合作伙伴提供相同组件与维护自主经营组件独特性间的张力问题(Taeuscher & Rothe, 2021)。为解决这一问题,零赛云在身份主张与价值行动方面分别采取关系身份运动与平台价值主导两项策略。其中,关系身份运动旨在通过在供给侧与需求侧间的身份转换以提升平台一致性;平台价值主导旨在通过需求侧与供给侧的价值平衡以提升平台独特性。典型例证如表5-5所示。

表5-5   开放式共创阶段的典型证据与编码结果

聚合构念	二阶主题	一阶概念	典型证据援引
关系身份运动	增补身份含义	服务合作伙伴	●我们不想要自己直接面对终端客户,只有大客户我们愿意做,因为帮我们打造场景、打磨产品,对于其他(客户)愿意让合作伙伴去做,我们不只是客户的服务商,也是合作伙伴的服务商,提供工具帮他们去降本(B)

续表

聚合构念	二阶主题	一阶概念	典型证据援引
关系身份运动	增补身份含义	探索服务模式	●生产系统的痛点就是客户需求一直变，没有好的产品去应对这个需求，这些供应商就会被限到客户那里，签的客户越多投入成本越多，每个客户都有专属团队去（服务），这种模式在中国走不通，我们探索了一种新的模式（J）
	转换关系身份	需求侧撬动	●疫情阶段，三一重机需要远程辅助国外人员修理挖掘机，这就促使我们将数字孪生和VR技术用到设备上，以前在做动能的时候，就不会有这个东西，其实他也需要，但没有这个技术，我们把它迭代到产品里面（C）
		供给侧带入	●合作伙伴会倒商机过来，比如他们有mes系统，没有数据分析，所以找到我们，买我们的产品，再叠加上部分服务，做一个整体交付，这个商机就来自他们（B）
平台价值主导	分期价值开发	前期主导性产品开发	●在业务上我们对甲方有敬畏感，他们业务场景理解一定比我们好，但我们产品理解比他们深，归根到底我们的业务经验输出还依赖于甲方输出给我们，他要告诉想要什么东西，然后我们去拆解，前期一定是我们主导的（C）
		后期授权性产品开发	●我们从三一撤了以后，他们专门成立数字化部门，有十几个人，当时我们只交付将近30张看板，把产品力复制给他们，他们靠自己做了1000多张，很多东西都想象不到，因为人家业务场景需要，很多东西值得我们去学习（C）
	分类价值交付	共享合作产品商业价值	●浦源科技是做max的，它在高代码基础上靠自己很难去做迭代，需要通过给客户做系统，在我们平台上去搭建，max的商业价值双方拥有，同时原来普通的max他自己也在卖，两者没有冲突；六华联是专门做EPS（智能排产），有核心算法，我们允许算法包迁移到平台上，但不用公开算法逻辑，我们也不能去解读算法，只能分享，我们只用它的商业价值，但凡客户要用到这个算法，我们就给平台（E）
		维护自身产品成长性	●刚才提到京东（自营），我们和合作伙伴都会去做交付，但有区别，不同的行业的需求点不同，慢慢把这些成本沉淀，有可能平台的功能会发展出来，不同的合作伙伴他们的差异就会慢慢（降低）（D）

1. 关系身份运动

关系身份运动（relational identity movement）是指企业通过在供给侧与需求侧间不断转换身份来连接与平衡双方关系的过程（Shi et al.，2023），旨在解决"鸡与蛋"的问题（Jacobides et al.，2018），表现在增补身份含义与转换关系身份两方面。

（1）增补身份含义。为了吸引更多合作伙伴到低代码平台上提供模型组件以及更好连接客户与合作伙伴，零赛云在"平台建构者""方案提供商"等原有身份基础上增补"合作伙伴服务商""新型服务模式探索者""连接者"等含义。正如访谈对象 J 表示："（合作伙伴）以前交付赚不到钱，利润很薄，通过我们产品能提高他的利润，比如传统上要三个月交付，现在能把它缩短到一个月，这两个月就是利润，所以我们希望合作伙伴去做低代码平台上的这些应用，最终变成一个真正的平台，去把这些合作伙伴连接在一起"。同时，他们试图摒弃"一对一定制化"服务模式，探索"通过跨界融合提供组件标准化"的新型工业互联网服务模式。正如访谈对象所言，"调研大概 12 家核心客户，列了 18 个应用场景，（问）他们要不要，然后反馈还是非常积极。因为在汽车行业做的控制塔，在其他行业也能用，所以跨界融合很重要"。

（2）转换关系身份。零赛云通过需求侧撬动和供给侧带入两项策略来转换身份以沉淀模型和增强产品力。例如，在需求侧，根据三一重工在新冠疫情期间提出的在线指导国外人员修理挖掘机的场景需求来为数据运营增加 VR 功能。同时，他们创造性地将直播引入低代码平台，通过邀请大型客户在线讲解项目方案进展与应用效果来撬动更多客户进入平台，例如，霍尼韦尔的《精益数据运营助力制造协同推动卓越运营》、吉利汽车的《汽车制造"智慧工厂"》、MF 的《增长式制造业数字化转型》等。正如访谈对象 C 所言，"每个月都会有直播，这会吸引各行各业的合作伙伴主动找过来，我们的市场部门拿到这些信息会做筛选，甄别过后去做交流，这样这个池子就慢慢建立起来了"。在供给侧，合作伙伴会将自己的客户带入平台，进而优化整体交付方案。正如访谈对象J所言，"如果客户要的东西跟主营业务不相关，我们可以通过合作伙伴把产品带入进去，比如可以三折、两折把BI产品卖给合作伙伴，我们什么都不做，他用我们产品就好，这样我们就可以跟客户建立关系"。基于此，零赛云提出了客户、合作伙伴与自身协同共生的"珊瑚生态"理念。

2. 平台价值主导

随着企业在平台上的关系身份运动，供给侧与需求侧的平台主导性问题日益凸显，例如，在供给侧，众多合作伙伴提供的技术组件趋于一致，甚至部分合作伙伴提供的技术组件与零赛云自主经营的技术组件重叠；在需求侧，鉴于客户比企业更了解场景需求，项目中的主导方以及主导周期难以协调。为解决这些问题，零赛云采取平台价值主导策略，即企业主动配置平台上供给侧与需求侧价值以持续推动平台成长，主要表现在分期价值开发与分类价值交付两方面。

（1）分期价值开发。为平衡需求侧客户与企业在项目开发中的主导方与主导周期，零赛云提出了前期主导性产品开发与后期授权性产品开发的策略。前期主导性产品开发旨在借助客户对场景需求的深度了解，综合判断产品属性并进行模块化拆解，进而搭配平台上现存的技术组件以及主导开发新型组件，以此解决"谁主导"的问题。正如访谈对象所言，"一些客户需要的东西比可视化要多很多，可视化占30%，另外70%之前没有做过，但这是一直想做的东西，那我们就会搭配组件和开发团队，这也正好打通低代码产品与之前第一曲线和第二曲线，形成闭环"。后期授权性产品开发旨在基于前期主导开发的产品模板，企业授权给客户以提升其产品力，促使客户自己结合业务场景来开发产品，以此解决"主导周期长"的问题。正如访谈对象所言，"赚人力不是我们的追求，我把产品给你去延伸出来所有场景，如果这个产品不支持场景，你把需求给我，我做升级迭代，然后再卖给你，你再去用，通过这种卖license给他去用"。

（2）分类价值交付。为平衡供给侧合作伙伴与企业在项目交付中的主导方，零赛云提出了共享合作产品商业价值与维护自身产品成长性两项策略。一是共享合作产品商业价值，企业根据不同技术产品属性与合作伙伴采取不同的合作模式。例如，针对需要借助平台去迭代产品或者搭建技术组件的合作伙伴，企业采取共享技术价值的模式，而针对不需要借助平台开发技术且将技术迁移到平台上的合作伙伴，企业采取分享商业价值的模式。二是维护自身产品成长性，一方面，企业会通过限制某类技术组件对平台的访问或阻止相同技术互补者进入平台来维护自主经营技术组件的独特性。正如访谈对象F所言，"（自己还是合作伙伴交付）第一个看客户的诉求，第二个就是关注交期，如果时间允许的话，更多偏向于自己的产品去进行迭代，也能够帮助我们这个产品更好地成长，核心客户都是为我们自己交付的"。另一方面，企业会基于客户需求来评估需要的交付能力，进而反向筛选交付方。正如访谈对象B所言，"我们自己也去打很多的直客，会评估好我们自己的交付能力，这边人员只有不到100人，不可能所有客户都交付，特别是像数据和业务系统，会在现场要帮客户去做顾问管理咨询、调试等，这时候会从池子里挑选合作伙伴进行交付"。

总之，零赛云通过"身份主张—价值行动"应对了价值转型中的阶段性张力，破解了价值转型困境，实现了价值转型。具体而言，基于信任嵌入策略，采用身份信号释放与互补价值开发来发展数字化生产力工具矩阵，以应对降低利益相关者依赖性与增加互补性间张力；基于工具集成策略，采用服务身份加工与地位价值撬动来建构工具平台，以对应复杂性与集成性间张力；基于规范形成策略，采用关系身份运动与平台价值主导来建构生态平台，以应对平台一致性与独特性间张力。基于此，本章最终提炼出数字化赋能企业价值转型困境破解策略的过程模型（如图5-4所示）。

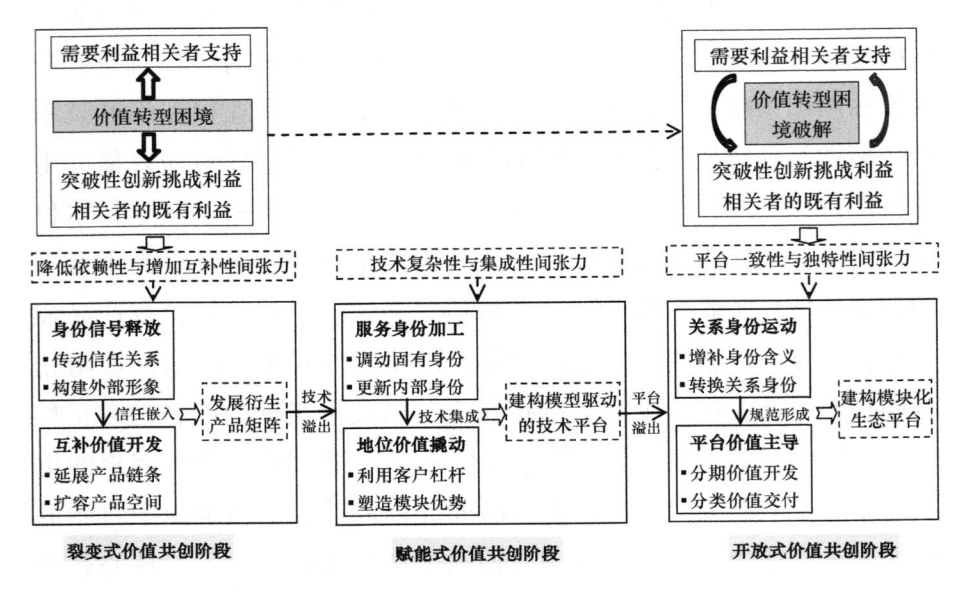

图 5-4　数字化赋能企业破解价值转型困境破解策略的过程模型

第五节　本章小结

　　本章的主要目的在于探讨数字化赋能企业在数字化生产力工具突破性创新过程中如何破解价值转型困境。遵从第四章从价值交易到价值共创的价值转型过程，本章进一步探究企业如何在价值转型中既能通过不断创新突破保持差异化优势，又能获得利益相关者的支持。研究发现，零赛云作为一家工业互联网平台企业，在其价值转型过程中通过三个阶段逐渐破解了价值转型困境。具体而言，在裂变式共创阶段，为应对降低平台依赖性与增加互补性间张力，企业通过释放身份信号来建立信任嵌入机制，实现一方利益相关者主动承担风险来影响另一方利益相关者的社会化身份传递，以降低依赖性；而信任嵌入促使企业有机会借助客户场景来开发互补价值，并实现从单一产品转向多种衍生产品，进而增加互补性。在赋能式共创阶段，为应对多项工具复杂性与集成性间张力，企业通过服务身份加工来重塑工具模块，实现衍生产品间从低集成度转向高集成度，以增加工具集成性；以高集成度的产品为基础，通过拆解和重组实现模块标准化和塑造模块优势，并以模块复制逻辑引入高地位客户来撬动地位价值，以降低技术复杂性。在开放式共创阶段，为应对平台一致性与独特性间张力，企业通过在供给侧与需求侧间不断调整关系身份来形成规范雏形，以提升平台一致性；以此为基础，企业实施了供给侧分类价值交付与需求侧分期价值开发来主导价值分配，以提升独特性。这深度解构了数字化赋能企业价值转型过程的内部关系。

第 六 章

基于技术型管理者认知的数字化生产力工具突破性创新的实现条件检验

基于第三章探索性案例研究发现，数字化生产力工具突破性创新的实现得益于在不同意义建构方式下技术型管理者认知推动组织资源配置与动态能力间匹配关系的结果。本章将着重探讨不同意义建构水平下技术型管理者认知如何通过资源配置与动态能力影响数字化生产力工具突破性创新。一直以来，遵循 Walsh（1995）的思想，理论学者认为技术型管理者认知具有自然属性，即管理者认知能够带来知识结构变化。以 Smith & Semin（2004）为代表的学者认为管理者认知也具备社会属性，即管理者认知能够推动众多主体间的社会化互动。基于这一逻辑，本书从知识与社会化互动视角选择技术型管理者认知对数字化生产力工具影响的资源配置与动态能力路径。从知识路径来看，知识场活性作为一种知识资源，能够为数字化创新提供前沿知识基础。同时，案例数据也证实，知识在数字化生产力工具突破性创新形成的资源配置层面起到了重要作用。从社会化互动路径来看，组织情绪能力作为一种根植于众多参与者间多场景、多领域互动的新型动态能力，其为数字化企业创造创新活动提供了情感基础。同时，组织情绪能力作为一种综合性动态能力，其包含了市场、战略、容错等多个层面动态能力（李树文等，2019）。为此，本章将从组织情绪能力与知识场活性视角探讨不同意义建构水平下技术型管理者认知对数字化生产力工具突破性创新影响的双路径。

第一节 研究目的

本书研究目的在于探索技术型管理者认知对数字化生产力工具突破性创新的影响机制。虽然第四章探讨了资源配置与动态能力对数字化生产力工具突破性创新的组态影响，但在数字化情境下，一些学者开始意识到在管理实践中，部分企业有异质性资源与动态能力，却仍然无法在激烈竞争的行业中取得显著优势，如诺基亚在手机行业的失利。为此，学界开始从管理者层面来探讨企业应当如何获得竞争优势，并提出管理者认知凝滞是企业刚性束缚与路径依赖的症结所在（Heffernan，2003；张璐等，2020），若管理者未对外部情境变化做出认知转变，即使企业具备资源与能力，也不足以实现可持续竞争优势（Bhandari et al.，2020）。基于这一逻辑以及第三章探索性案例研究结论，我们将技术型管理者认知引入数字化生产力工具突破性创新的形成机制中，以进一步深化探索性案例的研究结论。

第二节 理论基础与研究假设

一 组织情绪能力的中介作用

组织情绪能力（Organizational Emotional Capability）是一种组织感知、理解、监测、调整和利用组织情绪资源及在组织结构、惯例和流程中引导、体现其情绪的能力（Akgün et al.，2007）。它既涉及情绪层面的组织能力，也涉及组织层次的情绪智力（李树文等，2019）。组织层次的情绪智力与个体层次的情绪智力不同，它是一种描述组织情绪经历、惯例、结构、流程的能力类别，是组织心智模式的具体体现。同时，情绪构面的组织能力与知识、整合、市场等常规层面的组织能力不同，前者是一种主动组织能力，是组织主动建构、集成、引导的，可以直接引导其投入具体的创新活动中；后者是一种被动组织能力，是组织在需求导向下建构的。Huy（2005）认为组织情绪能力是一种能够推动组织战略更新的动态能力，它可以为组织创造创新活动提供重要情绪动力。

技术型管理者认知是指有限理性管理者基于对情境变化的理解，在技术决策制定中将其具备的技术知识转化为技术相关行为的信息筛选过程（Nadkarni & Barr, 2008）。部分研究指出，管理者认知凝滞是企业产生能力刚性的主要原因（Winter, 2006），这将会严重阻碍企业柔性能力塑造，制约企业环境变化适应性（Yang et al., 2019）。为此，尚航标等（2013）提出突破管理者认知凝滞对企业塑造动态能力具有重要意义。具体而言，首先，基于管理者认知活动过程，管理者将环境变化作为技术发展的解释性修辞与未来思维（Adner & Helfat, 2003），通过集成和调用不同情绪资源去感知、把握和了解技术的发展脉络，并以构建情绪能力来把握技术发展机会、聚力实现突破性创新（李树文和罗瑾琏，2020）。Hodgkinson & Healey（2011）通过神经科学的方法发现，群体情绪能力很大程度上产生于管理者根据外部环境变化而采取的注意力配置和预见性策略。其次，Huy（1999）提出的组织情绪能力理论指出，外部环境变化将会引发群体情绪动态，而在认同、体验、表达、容错等不同层面情绪动态在组织层面构成了完整的情绪能力。之后，Huy（2015）针对诺基亚76位中高层管理者调研发现，管理者在多大程度上能够对技术发展边界进行清晰认知，决定了组织能否构建情绪能力来应对创新畏惧，而诺基亚的失败便是源于其管理者未能及时认识到智能手机对手机市场的颠覆性。为此，本书提出如下假设：

H1 技术型管理者认知对组织情绪能力具有显著正向影响

李树文和罗瑾琏（2020）认为组织情绪能力具有行为规范和社会互动双重特性，该特性决定着情绪能力对生产力工具突破性创新的两种影响逻辑。一方面，从行为规范特征来看，部分学者提出生产力工具创新的本质是一种情绪劳动（孙锐和赵晨，2016），在产品研发过程中，情绪资源间的整合与应用、创新氛围营造益于规范群体行为模式、聚焦群体行为信念、集成群体创新意愿，进而形成行为一致性，这为生产力工具迭代与更新提供了重要条件（孙锐和李树文，2018）。李树文等（2021）学者针对科创企业调研发现，情绪能力可以通过提升员工的行为统一，进而增加员工在生产力工具创新活动中的资源投入。另一方面，从社会互动特征来看，情绪能力的形成严格根植于个体、群体及组织单元间的社会化互动，情绪要素在人际交互进程中持续渲染与传播激发了单元间知识共享、网络构建与参与意愿（梁阜等，2017）；而李树文（2020）等进一步指出生产力工具创新任务的完成高度依赖于情绪互动中形成的知识网络和协作。以往众多研究曾表明情绪能力对产品创新具有正向影响作用，如 Akgün（2007）等研究发现以认同、和谐、体验与自由表达为情绪动态特征的情绪能力对产品创新具有显著影响。孙锐和李树文（2018）更进一步基于企业生命周期调研发现，情绪能力对产品创新的影响贯穿企业整个生命周期，但该影响路径具有重要差异，如在初创期仅依赖于知识、技能及经验的应用，而在发展与成熟期则能够依赖于知识之外的其他路径。进一步看，在数字经济时代，数字化生产力将替代一般性人力资本的重复性工作，而高级人力资本的创造性工作将成为数字化生产力工具突破性创新的主力。孙锐和赵晨（2016）认为研发创新的本质是一种情绪劳动，它需要创新参与者在创造活动中动态干预、调整情绪，将情绪动能转化为创新推动力。同时，数字化生产力工具突破性创新具有极大的不确定性与风险性，在创新突破过程中表现出明显的问题解决时限性、技能需求专用性、创新情境变动性、创新方案定制性等特征（Li et al.，2022），这更需要创新参与者在创新过程中给予高度承诺与情绪投入（孙锐和张文勤，2015）。在此复杂多变的数字创新情境下，数字化企业要实现生产力工具突破性创新，就需要一种能够动态集成、重构、应用情绪的动态能力。为此，本书提出如下假设：

H2 组织情绪能力对数字化生产力工具突破性创新具有显著正向影响

综合假设 H1 与 H2，管理者对技术发展进行认知判断后，需要通过构建情绪能力来集聚情绪资源，增加创新参与者在创新活动中的情感投入，进而推动企业实现突破性创新。焦豪等（2021）针对组织动态能力的研究现状进行系统性梳理后发现，管理者认知是组织构建情绪能力的微观基础，它能够助推企业为了实现认知而构建基于情绪集聚的动态能力。李树文等（2020）认为，情绪能力是一种包含容错在内的多层面情绪动态性的集合体，一种支持性的情绪状态能够为创新参与者进行知识分享、创意酝酿、方案制订提供便利性条件。同时，数字化生产力工具突破性创新是一个涉及多领域、多场景、多主体间的社会化互动过程（Wang，2021），加强情绪能力能够有效统一多主体间行为指向、深化多场景间技术连接、推动多领域间知识跨界。为此，本书提出如下假设：

H3 组织情绪能力在技术型管理者认知与数字化生产力工具突破性创新间具有显著中介作用

二 知识场活性的中介作用

知识场是指众多创新参与者在分享、利用、创造知识时所产生的空间，在此空间内各参与者间会形成隐性联系，而知识交流频率高的参与者间则存在强知识场（金珺等，2020）。Nonaka（1994）基于知识转化的 SECI 模型的四个阶段提出了知识场的四个循环阶段，分别是创始场、对话场、系统化场和练习场。其中，创始场是隐性知识间相互转化形成的知识场，对话场是隐性知识向显性知识转化形成的知识场，系统化场是显性知识间相互转化形成的知识场，而练习场是显性知识向隐性知识转化形成的知识场。基于知识场的变化逻辑，部分学者提出，各参与者在彼此知识转化过程中会产生知识流，而知识流的强弱决定了知识场活性的高低水平（甘静娴和戚湧，2018）。

从自然属性来看，技术型管理者认知本质是创新参与者共有的一组知识结构（邓新明等，2021），但由于不同创新参与者间的知识禀赋差异，进而在知识交流过程中形成了知识场活性（Bratianu et al.，2021）。具体而言，首先，管理者对技术发展的认知激发了知识流动，提升了知识场活性。技术型管理者通过从外部情境中获得技术信息（邓新明等，2021），及在技术团队内部共享新知识，推动显性知识与隐性知识间交替转换（Berraies et al.，2021），进而激发场内知识流动。其次，管理者对技术发展的认知为创新活动带来异质性与前沿知识。在数字创新时代，管理者需要将外部数据、信息转化为自身认知，并经过甄别与加工形成异质性知识（李树文等，2021），应用至创造性工作中，进而通过与各创新参与者进行分享激活知识场（姜骞等，2017）。陈春花（2021）在《价值共生》一书中提出，管理者沿用过去的认知和经验，无法真正理解数字化带来的改变与可能性，而要通过对新技术的认知拓展知识边界，获得前沿知识，激活组织与个体。Bratianu et al.（2021）进一步认为前沿知识的带入与传播能够有效地提升知识场活性。基于这一逻辑，本书提出如下假设：

H4 技术型管理者认知对知识场活性具有显著正向影响

基于资源基础观，组织是系列独特资源聚合体，其能否实现突破性创新的关键在于是否具备异质性资源（Barney，1991），即资源异质性决定了创新突破性。知识场活性强调不同知识资源在相互转化过程中能够创造出异质性知识，进而为创新活动提供知识基础（李树文等，2021）。为此，本书推断知识场活性对突破性创新具有重要影响。具体而言，从知识需求来看，在数字创新情境下，生产力工具突破性创新的知识主体不再局限于边界内参与者，而传统边界之外的参与者也将成为知识主体（吴瑶等，2017），且不同参与者间不再遵循创意提出、执行与落实的线性知识传递过程（刘洋等，2020）。知识场的网络化属性能够满足不同知识主体间的交流需求，以及提升异质性知识活性（Abualqumboz et al.，2021）。部分学者研究发现，异质性知识在知识场内部的节点辐射效应要明显高于先验性知识（许学国等，2016），这表明异质性知识能够在知识交流过程中获得更多创新参与者的青睐，更能为突破性创新提供前沿知识。从创新机会来看，拥有强知识场的企业更易于通过提高知识分享与知识互动频率来捕捉市场信号、发现创新机会、构建知识联结（Yao et al.，2020），进而推动企业实现生产力工具突破性创新。金珺等（2020）在数字创新情境下研究发现，企业可以依赖知识场连接不同知识主体、搭建知识分享平台，进而推动企业以推出创新型产品的方式实现隐性知识显性化。为此，本书提出如下假设：

H5 知识场活性对数字化生产力工具突破性创新具有显著正向影响

综合假设 H3 与 H4，管理者对技术发展的认知拓展了异质性知识来源，激发了场内知识流动，进而增加了场内异质性知识的节点辐射效应（许学国等，2016），为数字化生产力工具突破性创新提供前沿知识基础。在数字经济时代，数字化生产力工具突破性创新过程是不同创新参与者的非线性知识互动过程（Henfridsson et al.，2014），这更需要知识主体间构建知识共享网络，激发知识场活性。张璐等（2020）研究指出，技术型管理者认知是实现突破性创新的起点，它需要通过知识资源编排过程来构建核心创新体系。为此，本书提出如下假设：

H6 知识场活性在管理者认知与数字化生产力工具突破性创新间具有显著中介作用

三 数字意义建构的调节作用

数字意义建构是指创新主体能够对数字创新情境与数字技术进

行深入理解和解释的过程（Nambisan et al.，2017）。Nambisan 等（2017）在"数字创新的社会认知意义建构"的数字创新逻辑中正式提出了数字意义建构的概念，认为在数字创新情境下，创新边界开放性、创新方案定制性以及创新主体异质性决定了数字创新进程中必须将数字意义建构作为关键要素。首先，数字创新是由多个创新参与主体共同完成的，而在此过程中，不同参与者对同一项数字技术及创新成果有着不同理解，这需要意义建构来统一情境认识（陈文波等，2011）。其次，与传统创新不同，数字创新的可编辑性致使参与者在创新时需要充分认知之前的创新框架（Yoo et al.，2010），这同样需要意义建构作为社会认知共享方式。为此，Nambisan 等（2017）认为数字意义建构的提出着重解决了两个问题：一是在数字创新分层架构下，企业如何根据数字技术含义构建相关数字场景；二是数字技术在不同创新参与者之间的意义共享如何推动企业实现数字创新。

组织意义建构理论强调当组织面对不熟悉的创新情境时，会力图解释情境意义，并采取系列行为指导行动（Vough et al.，2017）。在数字创新情境下，组织更需要通过意义建构来统一认识，并基于这一集体认识采取创新行动（Tan et al.，2020）。Weick（1995）在其著作 *Sensemaking in Organizations* 中最先将意义建构从个体层面上升至组织层面进行研究，但 Magala（1997）认为这一研究中最大的缺失就是没有将组织意义建构与组织情绪相结合。Weick（2005）为了弥补这一不足，着重强调组织意义建构时常会发生于集体情绪体验中。Maitlis（2010）在阐释一般情境下组织意义建构的未来研究方向时，着重强调情绪与共享意义建构研究的重要性，并认为意义建构可能是组织构建情绪的重要情境。具体而言，在高数字意义建构情境下，所有创新参与者均能对同一生产力工具的数字技术有着共同理解（Beverland et al.，2016），这益于管理者将其认知后的技术信息快速导入创新群体内，激发创新群体成员在技术方面达成情感共识（Stollberger et al.，2020），增加创新活动中的情感承诺与情感投入，进而实现生产力工具突破性创新。Tan et al.（2020）基于 ERP 执行情境开展研究发现，意义建构能够带来技术结构与社会结构变化，进而帮助企业将 ERP 予以落实，其中社会结构集中体现为管理者与执行者之间关系。部分研究认为管理者与执行者之间信息传递关系的本质在于情绪传递（Deng et al., 2020），管理者的技术信息传递能够带来群体内部的情绪动态，进而形成情绪能力（Huy, 1999）。反之，在低数字意义建构情境下，创新参与者对已编辑的数字技术不能达成共识，导致同一生产力工具的数字技术变动性增强，工具稳定性下降，管理者的技术信息难以统一导入创新群体内，这不益于管理者认知后的技术信息在群体内部扩散，进而阻碍情绪能力构建，降低生产力工具创新突破效率。孙锐和李树文（2017）针对科创企业调研发现，当群体内部信息不统一时，管理者与成员间关系会显著降低组织情绪能力，进而影响绩效优势获得。为此，本书提出如下假设：

H7 数字意义建构在组织情绪能力的第一阶段中介过程中起正向调节作用

情境学习视角下组织意义建构理论认为创新参与者能够在情境变化中持续学习，获得创新所需知识（Maitlis, 2005）。Moss（2010）指出组织是一个复杂的适应系统，而意义建构能够帮助创新参与者从持续变化情境中汲取新知识，并很好地协助管理者将异质性知识导入组织系统。Calvard（2016）进一步发现，意义建构能够通过数据认知、事件解释、技术打包等途径将管理者认知后的技术知识传递至群体，进而提升组织学习。为此，我们推断数字意义建构能够强化技术型管理者认知对知识场活性的影响，进而增进生产力工具突破性创新。具体而言，在高数字意义建构情境下，创新参与者能够从数字创新情境中持续汲取创新知识（Cunliffe & Scaratti, 2017），这与管理者从外部情境中获取的异质性技术知识形成互补性关系，更能强化管理者认知对知识场活性的影响。郭海燕等（2020）研究发现在强意义建构情境下，管理者更易于将知识传递至群体内部，并减少创新参与者的知识隐藏行为。反之，在低数字意义建构情境下，由于创新参与者缺乏对特定数字技术的情感共识，进而并不会从数字创新情境中寻求特定技术知识，这不利于创新参与者对管理者导入的异质性知识进行深度交流，进而降低知识场活性，阻碍生产力工具突破性创新。为此，本书提出如下假设：

H8 数字意义建构在知识场活性的第一阶段中介过程中起正向调节作用

第三节 研究设计

一 样本调查

本书的调研对象为北京、上海、山东、江苏等区域的数字化赋能企业的中高层管理者。鉴于数字化赋能企业是由技术型产品供应商转型后的组织形态，为此本书选择已完成价值转型的企业。研究采用线下与线上相结合的方式进行问卷回收，并主要遵循以下步骤：第一，我们在问卷题项设计方面力求准确与严谨。首先，我们采用回译程序对英文问卷进行翻译，先邀请英文专业博士研究生将英文问卷翻译为中文，再由管理学专业博士研究生结合专业核查与调整问卷题项。其次，借鉴陈晓萍等（2012）学者的建议，我们结合数字企业管理者访谈资料对问卷进行了调整，如将问卷中"产品"调整为"数字化工具"等。最后，按照中文习惯，对部分说法进行了调整，如将"组织"调整为"公司"等。第二，本书问卷来源主要包含三方面，一是研究者通过课题组资源，与多家数字化赋能企业的 CEO 取得联系，获得数据收集准入，协助问卷的发放与回收工作，尽最大可能确保填答者认真填写。二是借助某科学研究院举办的数字化企业管理者培训会议，研究者在会议中场对数字化赋能企业管理者发放问卷。三是研究者通过问卷星等电子问卷方式对部分未到场或通过朋友介绍取得联系的管理者发放问卷。第三，为了使研究数据更加真实可靠，研究者在发放问卷前申明问卷用途、匿名填写及填答注意事项，并在组织情绪能力测量题项中设置一对测谎题项，"员工之间能察觉情绪并解读背后信息"和"员工之间并不能察觉彼此情绪"，两个题项间相隔 10 个题项。若两个题项的答案相同，则该问卷作废。

基于上述步骤，遵循 Akgün et al.（2007，2009，2011）的研究，我们要求每家企业至少 2 名管理者填写问卷，以减少单一来源偏差。本书共发放问卷 768 份，剔除多答漏答、测谎等不符合标准的无效问卷后，收回有效问卷 489 份，有效填答率为 63.7%。为了检验问卷调查是否存在无应答偏差，研究按照现场回收和电子回收问卷的时间先后顺序先后将问卷分为两组，然后从所属行业等方面对样本进行无应答偏差检验，结果表明两部分问卷并无显著差异，表明无应答偏差在可控范围内。

在有效样本中，管理者特征如下：男性有 287 名，占比 58.7%，女性有 202 名，占比 41.3%；小于 30 岁有 22 名，占比 4.5%，30—45 岁有 202 名，占比 41.3%，45—60 岁有 243 名，占比 49.7%；学历为本科及以下有 57 名，占比 11.7%，硕士有 334 名，占比 68.3%，博士有 98 名，占比 20%。组织特征如下：公司规模在 25 人以下占比 6.1%，25—50 人占比 42.7%，50—200 人占比 38.7%，200—500 人占比 11.5%，500 人以上占比 1%；公司采用数字技术为大数据占比 5.3%，云计算占比 15.7%，人工智能占比 57.7%，区块链占比 15.1%，多种技术混合占比 6.1%；公司采用数字技术的网络特性为设备层占比 10.2%，网络层占比 79.8%，服务层占比 4.5%，内容层占比 1.6%，其他占比 3.9%。

二 变量测量

研究采用国外成熟的李克特五点量表（1 = 完全不符合，5 = 完全符合）对各变量予以测量，具体测量题项如表 6-2 所示，且各量表在中国情境下得到多次检验。

技术型管理者认知。关于技术型管理者认知的实证测量，目前国内相关文献鲜有涉及。本书借鉴 Smith et al.（2010）开发的反应性测量指标，即研究者为填答者展示成对题项（反应项与干扰项），让填答者作答 0 或 1。研究表明，企业家或管理者的认知具有内在独特性与复杂性，其认知边界能够决定企业的发展方向，而将其简单概念化为 0—1 的反应性指标，并不能全面反映管理实践，且形成性指标比反应性指标更能增加理论研究对认知的深度认识（Burke et al.，2003）。为此，为了更准确测量管理者认知，我们对企业家认知量表进行了三方面改编：一是不再采用 0—1 的反应性指标，而是采用李克特五点量表对其进行测量；二是将调研对象"企业家"修改为"管理者"，并最终得到 6 题项量表，分别测量管理者的构思保护（protectable idea）认知、网络构建（venture network）认知、机会动机（opportunity motivation）认知、焦点捕捉（seeking focus）认知、情境知识（venture situational knowledge）认知、诊断能力（venture diagnostic ability）认知；三是根据杨林和俞安平（2016）在中国情境下的研究建议，将这 6 个题项的平均得分作为管理者认知测量的最终得分。

组织情绪能力。目前，国内外学者对组织情绪能力的研究仍集中于概念框架完善阶段，关于组织情绪能力的测量研究较少，这严重制约了将其作为一种实体进行实证化研究。纵观现有研究，有关组织情绪能力测量的研究主要源于 Huy（1999）、Akgün et al.（2007，2009，2011）及李树文等（2019）的研究。本书借鉴 Akgün et al.（2009）发展的新量表，并结合李树文等（2021）在中国情境下验证的测量工具，采用鼓舞动态性、和谐动态性、自由表达动态性及认同动态性四个维度测量组织情绪能力，共 14 个题项。

知识场活性。本书采用 Senoo et al.（2007）发展的量表，这一测量工具得到了金珺等（2020）在中国数字化情境下的检验认可，共 4 个题项,示例条目有"我们公司与共生伙伴能够有效地沟通信息交流"。本书之所以采用这一测量工具,主要基于两方面原因:一是本量表得到了中国数字化情境下的实证检验;二是该量表包含 4 个题项,符合简化测量工具的要求,虽然题项较少,但涉及了数字共生的信任关系、目标理念、技术发展等多个指标,能够较为全面反映数字情境下价值共生的伙伴关系。

数字意义建构。目前,国内外学者对意义建构的研究多聚焦于案例研究,鲜有关注意义建构的实证测量。本书结合数字创新情境,采用 Sheng et al.(2017)发展的量表,主要反映了组织在数字创新中的情境回溯,共 5 个题项。之所以采用这一测量工具,主要基于两方面原因:一是该测量工具是当前唯一被证实具有较高信效度的意义建构量表;二是该量表所发期刊 *Industrial Marketing Management* 是市场管理领域的权威期刊,这在一定程度上能够证实这一量表具有较高可信度。

数字化生产力工具突破性创新。当前尚未有直接测量数字化生产力工具突破性创新的量表,但借鉴其定义,我们可以结合数字创新与产品突破性创新对其予以测量。为此,本书结合数字创新情境对 Subramaniam & Youndt(2005)发展的产品突破性创新量表进行改编,如将其中的"产品"修改为"数字化工具",最终得到 4 个题项。

控制变量。参考李树文等(2021)、Akgün et al.(2009)的研究成果,本书选取性别(0 = 男性,1 = 女性)、年龄(1 = 小于 30 岁,2 = 30—45 岁,3 = 45—60 岁)、学历(1 = 本科及以下,2 = 硕士,3 = 博士)、公司规模(1 = 25 人以下,2 = 25—50 人,3 = 50—200 人,4 = 200—500 人,5 = 500 人以上)、采用数字技术(1 = 大数据,2 = 云计算,3 = 人工智能,4 = 区块链,5 = 多种技术混合)、数字技术的网络特性(1 = 设备层,2 = 网络层,3 = 服务层,4 = 内容层,5 = 其他)作为控制变量。

第四节 实证研究

一 信度和效度检验

1. 信度检验

基于所回收数据,本书对于管理者认知、知识场活性、组织情绪能力、组织意义建构、数字化生产力工具突破性创新5个变量进行信度检验,如表6-1所示。通过对Cronbach α系数进行检验,判断各个变量的内部一致性情况,判别标准为如果Cronbach α系数在0.7以上,则可认为其信度较高。由表6-1可知,各变量均具有良好信度。

表6-1　　　　　　　　各变量信度检验

变量	Cronbach α 系数
技术型管理者认知	0.908
知识场活性	0.833
组织情绪能力	0.899
数字意义建构	0.926
数字化生产力工具突破性创新	0.853

2. 收敛效度检验

首先,研究对各变量进行探索性因子分析,结果显示,管理者认知的KMO为0.908,组织情绪能力的KMO为0.919,知识场活性的KMO为0.811,组织意义建构的KMO为0.895,数字化生产力工具突破性创新的KMO为0.798,均大于阈值0.7,且各变量的Bartlett球形检验在小于0.001水平上显著,表明适合做因子分析。

表6-2　　　　　　　　　　各变量测量题项及收敛效度检验

变量	测量条目	因子载荷	CR值	AVE
技术型管理者认知	我目前所用技术处于高度竞争的市场	0.878	0.931	0.693
	我在制订技术发展计划时会考虑共生伙伴的发展机会	0.892		
	我通常会根据足够的信息来评判新技术的投资风险	0.877		
	我更适合开创新技术领域	0.806		
	深度了解新技术领域是非常重要的	0.848		
	面对新技术问题时，我能够快速识别出问题的关键特征，并提出替代方案	0.673		
组织情绪能力	公司有一种可以使员工自由表露个人情绪的能力	0.721	0.936	0.510
	公司中，人们可以充分表达情绪，而不必担心被批评或惩罚	0.768		
	公司通过压制员工情感、情绪来维持组织秩序（R）	0.703		
	员工有感受他人情绪的能力	0.739		
	员工对他人情绪做出一定反应	0.768		
	员工之间会沟通情感	0.728		
	员工之间能察觉彼此情绪并解读背后信息	0.631		
	员工之间相互关怀	0.691		
	公司可使对立的人开展工作	0.623		
	不同群体情绪之间有沟通桥梁	0.707		
	员工彼此间能体会心境	0.660		
	员工对公司理念有认同感	0.762		
	员工一起工作的原因是情感纽带	0.732		
	员工对外会维护公司声誉	0.746		
知识场活性	我们公司与共生伙伴能够有效地沟通信息	0.798	0.889	0.667
	我们公司与共生伙伴能够通过交流形成信任关系	0.853		
	我们公司与共生伙伴有共同/接近的发展目标、观念	0.796		
	我们公司与共生伙伴合作过程中能够提升技术能力	0.818		
数字意义建构	如果在数字技术创新中出了什么问题，我们会努力找到原因	0.839		
	我们在数字技术创新中试着迅速发现自己的错误，这样就不会重蹈覆辙	0.907		

续表

变量	测量条目	因子载荷	CR 值	AVE
数字意义建构	如果某个数字创新项目成功了，我们会及时总结成功经验	0.878	0.945	0.773
	如果在某个数字创新项目中犯了错误，我们会重新审视自己的行为，厘清其中缘由	0.908		
	我们会不断地评估和调整我们在数字创新过程中做出的决策	0.863		
数字化生产力工具突破性创新	我们公司的生产力工具显著提升了客户的生产效率	0.825	0.901	0.694
	我们公司的生产力工具从根本上改变了现有生产方式	0.864		
	我们公司的生产力工具在市场上获得了绝对优势	0.836		
	我们公司的生产力工具使现有同类工具过时	0.807		

其次，本书检验了各变量的因子载荷、组合信度（CR）与平均萃取方差（AVE），如表 6-2 所示，发现技术型管理者认知、组织情绪能力、知识场活性、数字意义建构、数字化生产力工具突破性创新的因子载荷分别介于 0.673—0.892、0.623—0.768、0.796—0.853、0.839—0.908、0.807—0.864 之间，均大于阈值 0.5；CR 值分别是 0.931、0.936、0.889、0.945、0.901，均大于阈值 0.8；AVE 值分别是 0.693、0.510、0.667、0.773、0.694，均大于阈值 0.5；提取特征值大于 1 的单因子贡献率为 15.757%，小于 50%，总体因子贡献率为 68.288%，大于 60%。这表明各变量具有良好的收敛效度。

3. 区分效度检验

研究运用 Lisrel8.7 对本书涉及五因子进行了构念间的区分效度检验，结果如表 6-3 所示。首先，研究对假设模型（五因子模型）中的五因子进行了区分效度检验，结果显示 $\chi^2/df = 4.620$，小于温忠麟等（2004，p192）在 N = 250 下提出的阈值 5；RMSEA = 0.096，小于阈值 0.1，CFI = 0.94，NFI = 0.93，大于阈值 0.9，均符合研究标准，说明各变量间具有良好的区分效度。其次，研究依据概念相似性设定了五个备择模型来说明假设模型设定是合理的。研究将两个中介变量合并为一个因子后,结果显示 $\chi^2/df = 6.106$,RMSEA = 0.120,CFI = 0.92,NFI = 0.91,部分指标大于相应阈值。当将组织情绪能力与数字意义建构合并为一个因子后,结果显示 $\chi^2/df = 8.302$,RMSEA = 0.160,CFI = 0.89,NFI = 0.87,所有指标均不能满足阈值要求。为此,这表明本书假设模型中的五因子具有良好区分效度。

表6-3　　　　　　　　　　　验证性因子分析

模型	χ^2	df	χ^2/df	RMSEA	SRMR	CFI	NFI
五因子模型	2240.46	485	4.620	0.096	0.088	0.94	0.93
四因子模型[1]	2985.78	489	6.106	0.120	0.110	0.92	0.91
四因子模型[2]	4059.92	489	8.302	0.160	0.130	0.89	0.87
三因子模型	4782.90	492	9.721	0.170	0.140	0.86	0.85
二因子模型	5239.87	494	10.607	0.180	0.140	0.85	0.84
单因子模型	5961.68	495	12.044	0.200	0.140	0.83	0.81

四因子模型1:技术型管理者认知,组织情绪能力+知识场活性,数字意义建构,生产力工具突破性创新;四因子模型2:技术型管理者认知,组织情绪能力+数字意义建构,知识场活性,生产力工具突破性创新;三因子模型:技术型管理者认知,组织情绪能力+数字意义建构+知识场活性,生产力工具突破性创新;二因子模型:技术型管理者认知+生产力工具突破性创新,组织情绪能力+数字意义建构+知识场活性;单因子模型:技术型管理者认知+组织情绪能力+数字意义建构+知识场活性+生产力工具突破性创新。

二　共同方法偏差

鉴于本书中各变量均建构在组织层面,所有问卷由管理者在同一时点填写,可能存在共同方法偏差问题。为此,本书采用以下两种方法进行共同方法偏差检验。

首先,采用过程控制。我们遵循了严谨的问卷设计规则,在形成问卷前邀请领域内博士生对来自权威期刊的英文量表进行回译,并结合数字创新情境对具体题项进行了情境化处理,从而提升测量工具的情境适应性。同时,我们在问卷题项中设置了测谎题目,并在问卷说明中明确表明调研用途（即用作学术研究而并非商业用途），这在一定程度上能够降低共同方法偏差。

其次，采用方法控制。第一，通过 Harman 的单因子检验。Harman 的单因子检验是基于因子分析过程中，可能出现了某个共同因子或多个因子中，存在某一个公因子解释了大部分变量变异的情况。因此，我们通过探索性因子分析，将技术型管理者认知、组织情绪能力、知识场活性、数字意义建构、数字化生产力工具突破性创新纳入主成分分析程序，析出 5 个因子，单个因子最多解释 15.757%，小于阈值 50%，所有因子解释 68.288%，大于 60%，这可以初步判定共同方法偏差不严重。第二，遵循 Williams & Mcgonagle（2016）的建议，采用共同因子方法检验共同方法偏差问题。结果显示，与不含共同方法因子的拟合优度相比，含有共同方法因子偏差的模型拟合更差，△CFI 为 -0.004，△NFI 为 -0.04，△IFI 为 -0.04，△RMSEA 为 0.022。这表明增加共同方法因子不能使模型变得更好。因此，同源方差在可接受的范围内。

三 描述性统计分析

表 6-4 列示了各变量均值、标准差及相关系数。结果显示，技术型管理者认知与组织情绪能力显著正相关（r=0.536，p<0.01），与知识场活性显著正相关（r=0.284，p<0.01），与数字化生产力工具突破性创新显著正相关（r=0.575，p<0.01）。组织情绪能力与数字化生产力工具突破性创新显著正相关（r=0.551，p<0.01）。知识场活性与数字化生产力工具突破性创新显著正相关（r=0.392，p<0.01）。而数字意义建构与技术型管理者认知显著正相关（r=0.375，p<0.01），与组织情绪能力显著正相关（r=0.125，p<0.01），与知识场活性显著负相关（r=-0.103，p<0.05），与数字化生产力工具突破性创新显著正相关（r=0.176，p<0.01）。这为后续假设检验奠定了基础。同时，各变量的 AVE 平方根均大于其与其他变量间的相关系数，这再次表明各变量间具有良好的区分效度。

表 6-4　　均值、标准差及相关系数

变量	均值	标准差	1	2	3	4	5	6	7	8	9	10
1. 技术型管理者认知	3.804	0.788	(0.832)									
2. 组织情绪能力	3.733	0.612	0.536**	(0.714)								
3. 知识场活性	3.175	0.823	0.284**	0.246**	(0.817)							
4. 数字意义建构	3.850	1.038	0.375**	0.125**	-0.103*	(0.879)						
5. 生产力工具突破性创新	3.722	0.725	0.575**	0.551**	0.392**	0.176**	(0.833)					
6. 性别	1.413	0.492	0.062	0.109*	0.004	0.049	-0.050					
7. 年龄	2.407	0.649	0.086	0.093*	0.031	-0.010	0.065	0.031				
8. 学历	2.083	0.557	0.046	0.106*	0.037	-0.019	0.032	-0.052	0.488**			
9. 组织规模	2.584	0.810	0.126**	0.070	0.068	-0.100**	0.159**	-0.108**	0.228**	0.150**		
10. 采用数字技术	3.435	1.002	0.166**	0.162**	-0.019	0.293**	0.082	-0.050	0.168*	0.232**	0.110*	
11. 网络特性	2.092	0.745	-0.148**	-0.054	0.062	-0.103*	-0.088	-0.076	-0.111**	-0.098	-0.079	-0.301*

注：对角线为 AVE 平方根；** $p<0.01$，* $p<0.05$，下同。

四 假设检验

为了检验各假设关系，研究运用 SPSS 23.0 进行层次回归分析，结果如表6-5所示。Baron & Kenny（1986）的方法，本书首先检验了自变量对中介变量、因变量的影响，然后检验了中介变量对因变量的影响，最后检验控制中介变量后，自变量对因变量的影响效应变化。模型 M1 显示，在控制管理者特征与组织特征后，技术型管理者认知对组织情绪能力具有显著正向影响（$\beta = 0.405$，$p < 0.01$），解释变异度为30.7%。假设1得到支持。模型 P1 显示，技术型管理者对数字化生产力工具突破性创新具有显著正向影响（$\beta = 0.526$，$p < 0.01$），解释变异度为34.5%。模型 P2 显示，组织情绪能力对数字化生产力工具突破性创新具有显著正向影响（$\beta = 0.584$，$p < 0.01$）。假设2得到支持。为了检验组织情绪能力在技术型管理者认知与数字化生产力工具突破性创新间的中介作用，在模型 P1 基础上引入情绪能力，模型 P3 显示组织情绪能力对数字化生产力工具突破性创新具有显著正向作用（$\beta = 0.396$，$p < 0.01$），且技术型管理者认知对数字化生产力工具突破性创新的影响由 0.526（$p < 0.01$）降低至 0.307（$p < 0.01$），解释变异度为47.7%。这表明组织情绪能力在技术型管理者认知与数字化生产力工具突破性创新间起部分中介作用。假设3得到支持。

表6-5　　　　　　　　　层次回归分析结果

变量	组织情绪能力			知识场活性		
	M1	M2	M3	M4	M5	M6
截距	1.590** (0.208)	1.719** (0.212)	1.756** (0.210)	1.700** (0.320)	2.052** (0.320)	2.083** (0.320)
MC	0.405** (0.030)	0.438** (0.032)	0.436** (0.032)	0.314** (0.047)	0.403** (0.049)	0.401** (0.049)
SM		-0.070** (0.025)	-0.077** (0.025)		-0.191** (0.038)	-0.197** (0.038)

续表

变量	组织情绪能力			知识场活性		
	M1	M2	M3	M4	M5	M6
MC × SM			0.091* (0.026)			0.078 (0.040)
性别	0.110* (0.048)	0.113* (0.048)	0.123* (0.047)	-0.005 (0.074)	0.003 (0.072)	0.011 (0.072)
年龄	0.003 (0.042)	0.001 (0.042)	0.005 (0.041)	-0.006 (0.064)	-0.011 (0.063)	-0.008 (0.063)
学历	0.080 (0.049)	0.071 (0.048)	0.059 (0.048)	0.062 (0.075)	0.039 (0.073)	0.028 (0.073)
组织规模	-0.001 (0.030)	-0.015 (0.030)	-0.006 (0.030)	0.039 (0.046)	0.001 (0.045)	0.008 (0.046)
采用数字技术	0.049 (0.025)	0.069** (0.026)	0.057* (0.026)	-0.044 (0.039)	0.011 (0.039)	0.000 (0.040)
网络特性	0.050 (0.033)	0.051 (0.033)	0.044 (0.033)	0.107* (0.051)	0.110* (0.050)	0.104* (0.056)
R^2	0.307	0.318	0.335	0.097	0.141	0.148
VIF_{max}	1.375	1.375	1.376	1.375	1.375	1.376
F	30.492**	28.000**	26.832**	7.344**	9.873**	9.248**

注：表中为非标准化系数，括号中为标准误。MC：技术型管理者认知；SM：数字意义建构。

同理，本书依据上述步骤检验知识场活性的中介作用。模型 M4 显示，在控制管理者特征与组织特征后，技术型管理者认知对知识场活性具有显著正向影响（$\beta = 0.314$，$p < 0.01$），解释变异度为 9.7%。假设 4 得到支持。而模型 P2 显示，知识场活性对数字化生产力工具突破性创新具有显著正向影响（$\beta = 0.239$，$p < 0.01$）。假设 5 得到支持。在模型 P1 基础上引入知识场活性，模型 P3 显示知识场活性均对数字化生产力工具突破性创新具有显著正向作用（$\beta = 0.189$，$p < 0.01$），且技术型管理者认知对数字化生产力工具突破性创新的影响由 0.526（$p < 0.01$）降低至 0.307（$p < 0.01$）。

这表明知识场活性在技术型管理者认知与数字化生产力工具突破性创新间起部分中介作用。假设6得到支持。

为检验数字意义建构的调节作用，本书首先检验了数字意义建构在技术型管理者认知与组织情绪能力、知识场活性间的直接调节效应。在模型 M2 基础上，模型 M3 显示技术型管理者认知与数字意义建构间的交互项对组织情绪能力具有正向作用（$\beta=0.091$，$p<0.05$）；在模型 M5 基础上，模型 M6 显示技术型管理者认知与数字意义建构间的交互项对知识场活性不具显著作用（$\beta=0.078$，n.s.）。这表明数字意义建构在技术型管理者认知与组织情绪能力间起显著正向调节作用，而在技术型管理者认知与知识场活性间不具显著调节作用。同时，本书也检验了数字意义建构在技术型管理者认知与数字化生产力工具突破性创新间的直接调节效应。在模型 P4 基础上，模型 P5 显示技术型管理者认知与数字意义建构间交互项对数字化生产力工具突破性创新具有显著正向作用（$\beta=0.109$，$p<0.01$），解释变异度为 36.3%。这表明数字意义建构在技术型管理者认知与数字化生产力工具突破性创新间具有显著正向调节作用。在此基础上，本书进一步探讨数字意义建构在组织情绪能力与知识场活性的第一阶段中介作用中的调节效应。模型 P6 与 P7 显示，在控制情绪能力、知识场活性后，数字意义建构与技术型管理者认知交互项对数字化生产力工具突破性创新均具有显著正向作用（$\beta=0.071$，$p<0.05$；$\beta=0.092$，$p<0.05$），这表明数字意义建构对组织情绪能力、知识场活性的第一阶段中介过程均起显著调节作用。假设7和假设8得到支持。

续表 6-5　　　　　　　　　层次回归分析结果

变量	数字化生产力工具突破性创新						
	P1	P2	P3	P4	P5	P6	P7
截距	1.797** (0.240)	1.147** (0.244)	0.847** (0.232)	1.830** (0.246)	1.873** (0.243)	1.148** (0.244)	1.424** (0.244)

续表

变量	数字化生产力工具突破性创新						
	P1	P2	P3	P4	P5	P6	P7
MC	0.526** (0.035)		0.307** (0.037)	0.535** (0.037)	0.533** (0.037)	0.352** (0.041)	0.446** (0.038)
SM				−0.018 (0.029)	−0.026 (0.029)	0.006 (0.027)	0.017 (0.029)
MC×SM				0.109** (0.030)	0.071* (0.029)	0.092* (0.029)	
组织情绪能力		0.584** (0.044)	0.396** (0.047)			0.413** (0.050)	
知识场活性		0.239** (0.032)	0.189** (0.031)				0.216** (0.033)
性别	−0.117** (0.055)	−0.156** (0.053)	−0.160** (0.050)	−0.117* (0.055)	−0.106 (0.055)	−0.156** (0.052)	−0.108* (0.053)
年龄	0.009 (0.048)	0.018 (0.046)	0.009 (0.043)	0.008 (0.048)	0.013 (0.048)	0.011 (0.045)	0.015 (0.046)
学历	−0.011 (0.056)	−0.080 (0.054)	−0.054 (0.050)	−0.013 (0.056)	−0.028 (0.056)	−0.052 (0.052)	−0.034 (0.053)
组织规模	0.072* (0.034)	0.085 (0.033)	0.065* (0.031)	0.068 (0.035)	0.079* (0.035)	0.081* (0.032)	0.077* (0.033)
采用数字技术	−0.021 (0.029)	−0.017 (0.028)	−0.032 (0.026)	−0.016 (0.232)	−0.030 (0.030)	−0.054 (0.028)	−0.030 (0.029)
网络特性	−0.012 (0.038)	−0.088* (0.036)	−0.052 (0.034)	−0.011 (0.038)	−0.020 (0.038)	−0.038 (0.035)	−0.043 (0.036)
R^2	0.345	0.404	0.477	0.346	0.363	0.444	0.414
VIF_{max}	1.375	1.374	1.464	1.375	1.376	1.697	1.395
F	36.244**	40.611**	48.600**	31.718**	30.320**	38.141**	33.776**

为了更清晰地说明变量间的调节关系，以数字意义建构的均值±标准差代表高/低值，描绘了不同数字意义建构水平下技术型

管理者认知对组织情绪能力、知识场活性的影响作用变化示意图，如图6-1所示。

为了使得结论更加稳健及避免统计学第一类错误，研究再次使用 Sobel 和 bootstrap 分析方法检验假设，结果如表6-6所示。结果显示，组织情绪能力的中介作用的 Sobel 检验 Z 值为 7.113（$p<0.01$），技术型管理者认知通过组织情绪能力影响数字化生产力工具突破性创新的间接效应为 0.168，95% CI 为 [0.111, 0.231]，不包含零点，而直接效应为 0.361，95% CI 为 [0.287, 0.435]，不包含零点，表示组织情绪能力在技术型管理者认知与数字化生产力工具突破性创新间起部分中介作用。假设5进一步得到支持。同理，知识场活性的中介作用的 Sobel 检验 Z 值为 4.657（$p<0.01$），技术型管理者认知通过知识场活性影响数字化生产力工具突破性创新的间接效应为 0.065，95% CI 为 [0.038, 0.099]，不包含零点，而直接效应为 0.464，95% CI 为 [0.397, 0.531]，不包含零点，表明知识场活性在技术型管理者认知与数字化生产力工具突破性创新间起部分中介作用。假设6进一步得到支持。

表6-6　　　　　　　　　　中介作用稳健性检验

中介变量	Sobel test	效应类别	效应大小	标准误	95%置信区间 下限	95%置信区间 上限
组织情绪能力	7.113**	间接效应	0.168	0.031	0.111	0.231
		直接效应	0.361	0.038	0.287	0.435
知识场活性	4.657**	间接效应	0.065	0.016	0.038	0.099
		直接效应	0.464	0.034	0.397	0.531

为了更全面地揭示技术型管理者认知对数字化生产力工具突破性创新的影响机制，本书进一步运用结构方程模型方法检验假设，如图6-2所示。模型的 RMSEA = 0.078，CFI = 0.97，NFI = 0.95，各项拟合指标均符合、统计标准。研究结果显示，在整个模型中，技术型管理者认知对组织情绪能力、知识场活性均具有显著正向影

图 6-1 数字意义建构调节示意图

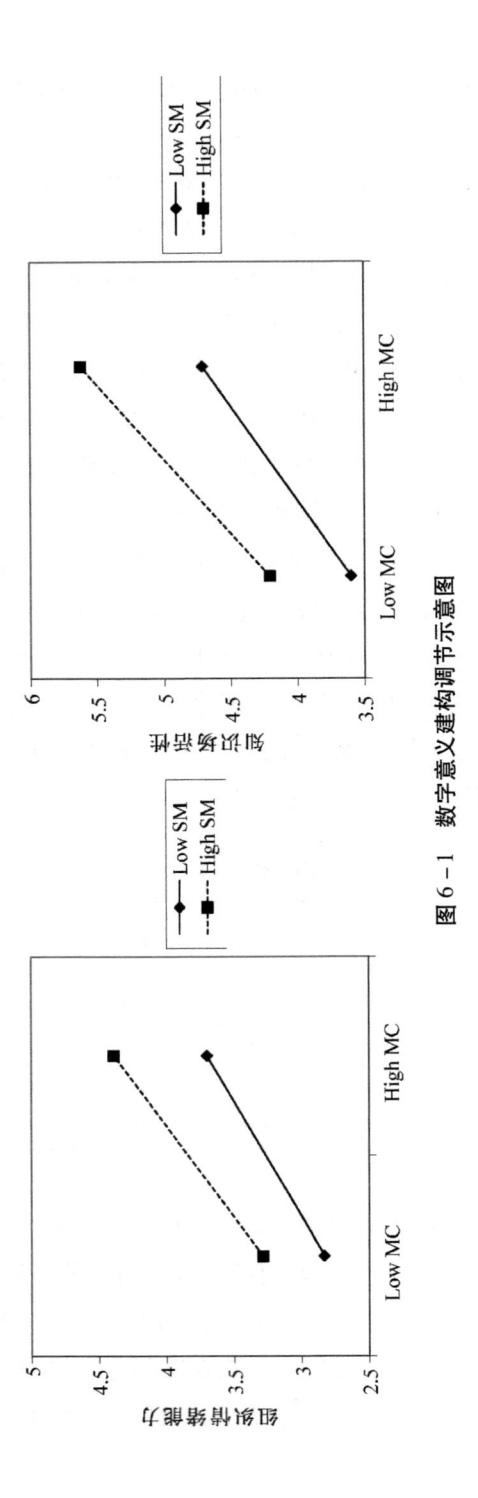

响（β=0.61，t=10.65；β=0.28，t=4.81），组织情绪能力与知识场活性均对数字化生产力工具突破性创新具有显著正向影响（β=0.38，t=6.15；β=0.23，t=4.85），且技术型管理者认知对数字化生产力工具突破性创新具有显著正向影响（β=0.37，t=6.08）。这表明组织情绪能力与知识场活性在技术型管理者认知与数字化生产力工具突破性创新间起部分中介作用。

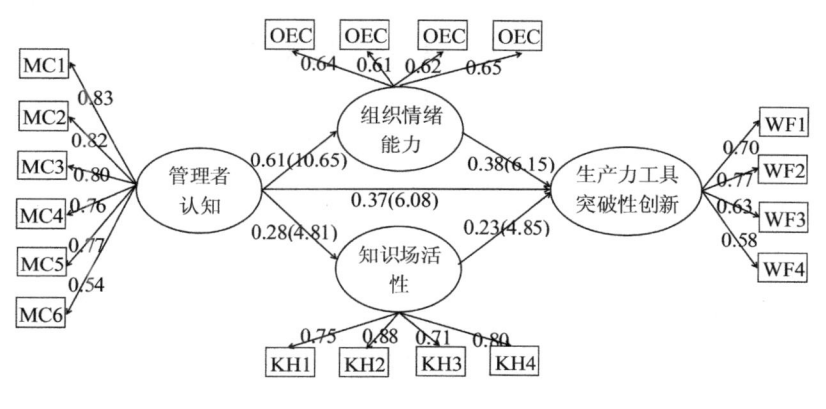

图 6-2 结构方程模型检验结果

说明：χ^2=446.34，df=130，RMSEA=0.078，SRMR=0.074，CFI=0.97，NFI=0.95，括号中为 t 值。

与中介效应同理，为了调节效应的研究结论稳健，本书再次采用 bootstrap 法检验数字意义建构在组织情绪能力与知识场活性第一阶段中介过程的调节效应，结果如表 6-7 所示。结果显示，在低数字意义建构情境下，组织情绪能力在技术型管理者认知与数字化生产力工具突破性创新间的条件间接效应为 0.127，95% CI 为 [0.078, 0.187]，不包含零点。在高数字意义建构情境下，组织情绪能力的条件间接效应为 0.229，95% CI 为 [0.152, 0.321]，不包含零点。虽然这能够证实高或低数字意义建构情境下组织情绪能力在技术型管理者认知与数字化生产力工具突破性创新中具有显著中介效应，却并未揭示高数字意义建构与低数字意义建构间的显著差异。因此，本书对 INDEX 指标进行了分析，如表 6-7 右半部分所示，INDEX 指标为 0.049，95% CI 为 [0.021，0.086]，不包含零点，表明数字意义建构在组织情绪能力的第一阶段中介过程具有显著调节效应。假设 7 得到进一步支持。

同理，从表 6-7 中可见，在低数字意义建构情境下，知识场活性的条件间接效应为 0.063，95% CI 为 [0.031，0.104]，不包含零点；而在高数字意义建构情境下，知识场活性的条件间接效应为 0.108，95% CI 为 [0.064，0.165]，不包含零点。且 INDEX 指标为 0.022，95% CI 为 [0.001，0.054]，不包含零点，这表明数字意义建构在知识场活性的第一阶段中介过程具有显著调节效应。假设 8 得到进一步支持。

表 6-7　　　　　　有调节的中介效应 Bootstrapping 检验

中介变量	调节变量	条件间接效应			有调节的中介效应		
		效应	标准误	95% 置信区间 || INDEX	标准误	95% 置信区间	
				下限	上限			下限	上限
组织情绪能力	低	0.127	0.028	0.078	0.187	0.049	0.017	0.021	0.086
	高	0.229	0.043	0.152	0.321				
知识场活性	低	0.063	0.018	0.031	0.104	0.022	0.014	0.001	0.054
	高	0.108	0.026	0.064	0.165				

本书通过运行 Preacher（2007）等提出的 Johnson-Neyman 方法，计算出 95% 置信区间的具体显著域数值。图 6-3 和图 6-4 分别绘制了组织情绪能力与知识场活性路径的有调节的中介效应图。由图可知，当数字意义建构大于 2.83 时（5 分为满分），技术型管理者认知通过组织情绪能力对数字化生产力工具突破性创新的影响是显著的。当数字意义建构大于 3.01 时（5 分为满分），技术型管理者认知通过知识场活性对数字化生产力工具突破性创新的影响是显著的。

图6-3 组织情绪能力路径的有调节的中介效应

图6-4 知识场活性路径的有调节的中介效应

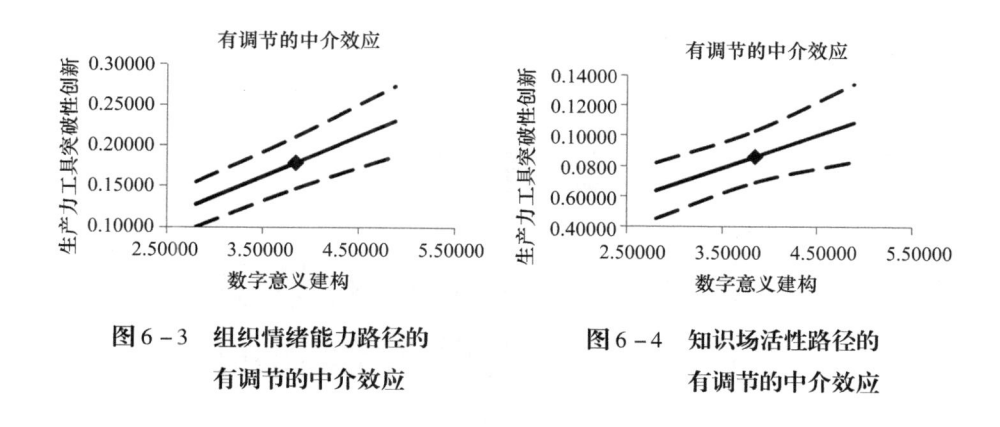

第五节 本章小结

本章的主要目的在于从组织情绪能力与知识场活性视角探讨不同数字意义建构水平下技术型管理者认知对数字化生产力工具突破性创新的影响。本章通过对489名数字化赋能企业中高层管理者的问卷调查，从实证上支持了第三章的部分研究结论，即技术型管理者认知能够推动企业实现数字化生产力工具突破性创新。同时，本章将第三章中的资源配置与动态能力概念化为知识场活性与组织情绪能力，并检验了知识场活性与组织情绪能力在技术型管理者认知与数字化生产力工具突破性创新间的中介作用。此外，本章发现虽然数字意义建构能够强化知识场活性、组织情绪能力的第一阶段中介作用，但这一效应并非总是有效的，而只有当数字意义建构大于2.83时（5分为满分），组织情绪能力的中介作用才会更为有效，当数字意义建构大于3.01时（5分为满分），知识场活性的中介作用才更为有效。综上，通过基于数理统计的实证研究结果验证了不同数字意义建构水平下技术型管理者认知对数字化生产力工具突破性创新的影响机制，为丰富管理者认知、意义建构、数字创新等相关理论提供了参考指南。

第七章

动态能力与资源配置对数字化生产力工具突破性创新的组态影响

第六章的实证研究验证技术型管理者认知通过组织情绪能力（动态能力路径）与知识场活性（资源配置路径）影响数字化生产力工具突破性创新，但并未验证动态能力与资源配置间关系。本章将着重聚焦于探索性案例研究提出的理论框架中的动态能力与资源配置间关系，并进一步回答二者间如何匹配能够产生高数字化生产力工具突破性创新。具体而言，在动态能力层次，依据理论框架结论，我们选择了容错能力、市场能力与战略能力作为条件；在资源配置层次，陈冬梅等（2020）在数字化情境下开展理论研究认为，与以往所有革命都在淘汰生产资料不同，数字化革命在淘汰一般性人力资本，未来生产力将会由数字生产力（智能机器人）与高级人力资本（高级数字化管理人才）组成。陈国青等（2020）认为在数字化情境下大数据驱动的管理决策范式已经深刻影响着创新范式，而大数据资源在创新范式转变过程中改变了组织决策的底层逻辑。为此，本书将高级人力资本与大数据作为数字化生产力工具突破性创新的资源配置条件。在上述5个条件下，本章将引入组态思维，运用定性比较分析方法探讨动态能力与资源配置对数字化生产力工具突破性创新的组态影响。

第一节 研究目的

本书研究目的在于探索动态能力与资源配置如何匹配能够产生数字化生产力工具突破性创新。数字经济时代的到来催生了产业数字化与数字产业化，而数字化赋能企业则是产业数字化的典型，旨在提升数字化效率、为传统企业的数字产业化赋能。在产业数字化背景下，企业面临着愈加复杂的数字化环境，数字生态系统、信息系统、组织系统等多系统、多领域、多主体间协同共生。在此复杂多变的情境下，数字化生产力工具突破性创新不再依赖于单一技术主体或单一要素，而是多主体、多要素间组态影响的结果。

面对如此复杂的数字化环境，基于还原论假定的传统创新管理理论已经不能充分解释数字化生产力工具突破性创新的产生机理，而要寻求更加全面的创新管理范式（杜运周等，2021）。传统创新管理理论在创新研究中有两个基础假设：一是将突破性创新归结为特定因素线性影响的结果，而 Gallagher & Appenzaller（1999）发表在 *Science* 上的文章指出，这种线性假设对复杂管理现象过于简化，无益于我们更深刻理解管理实践。二是传统理论认为高突破性创新与低突破性创新间存在完全相反的前因条件，早在赫兹伯格的双因素理论中就明确提出满意的反面并不是不满意，而是没有满意。为此，高突破性创新与低突破性创新间很可能存在同样不对称的前因条件。组态分析研究认为，数字经济复杂性决定了数字创新的产生不可能是单一要素的线性影响，而是多要素间的非线性作用，且产生高创新与非高创新的条件并非完全对称（杜运周等，2021）。基于这一逻辑，本章将引入组态思维，采用模糊集定性比较分析方法剖析动态能力与资源配置对数字化生产力工具突破性创新的组态影响，以进一步深化探索性案例的研究结论。

第二节 理论基础与模型构建

资源基础观认为异质性资源是企业获得核心竞争优势的关键，而这种异质性资源需要具备价值性、稀缺性、难以替代性与不可模仿性特征（Barney，1991）。该观点将组织视为系列资源聚合体，认为组织创新实质是系列异质性资源间不断组合和发生作用的过程。但这一假设的前提是资源在企业间是不可流动的、难以复制的。事实上，在数字化情境下，众多资源形式是可以复制的和高度流动的，例如以 0—1 组成的数据资源（魏江和刘洋，2020）。为此，传统资源基础观在数字化情境下受到了极大挑战。近期一些学者认为资源基础观之所以不能满足当前企业管理实践需求，是因为该观点忽视了企业如何占有异质性资源、如何动态配置资源的问题（张璐等，2020），即资源基础观具有强烈的静态倾向（焦豪等，2021）。基于这一逻辑，动态能力理论开始成为数字创新的关注点，并主张企业优势获得要从企业内部资源转移到外部环境、从静态转移到动态（陈春花，2021）。Helfat et al.（2007）认为动态能力可以对基础资源进行创造或修改，并通过嵌入组织惯例而形成资源能力。为此，也有学者认为资源基础观与动态能力理论分别回答了组织"生存"和"持续"的问题，即资源基础观回答了企业如何发展出有价值的异质性资源进而取得优势的问题，而动态能力理论则回答了企业如何构建动态能力能够保持这种优势的问题。至此，动态能力与资源配置成为探讨突破性创新需要考虑的重要因素。尤其在数字化情境下，异质性资源的特征发生了显著变化，数字化生产力工具突破性创新更需要动态能力与资源配置间的良好匹配。但具体到不同形式的资源配置与动态能力，其如何匹配才能实现数字化生产力工具突破性创新，仍不得而知。

在动态能力层面，基于第三章探索性案例研究结论，战略能力、容错能力与市场能力是数字化生产力工具突破性创新的重要能力形式。而在资源配置层面，高级人力资本与大数据成为数字经济时代的关键资源。在数字化革命浪潮下，生产力将由人类生产力和数字化生产力组成（谢小云等，2021）。其中，数字化生产力所替代的正是具有高重复性的一般性人力资本（陈冬梅等，2020），而数字化情境下人类生产力将由具有高创造性的高级人力资本组成。同时，跨界成为数字创新的重要特征（陈春花等，2019），能够处理跨界数字业务的高级人力资本也必将成为数字情境下的重要资源。此外，2015 年国务院发布的《促进大数据发展行动纲要》指出，大数据是国家基础性战略资源；2020 年《关于构建更加完善的要素市场化配置体制机制的意见》指出大数据成为生产要素之一。同时，近期也有部分研究指出大数据是一种来自异质性（heterogeneous）与自主性（autonomous）资源的数据集（陈国青等，2018），它能够为企业精准化决策提供与知识相关的资源（李树文等，2021）。为此，我们将高级人力资本（人才、生产力）与大数据（生产要素）作为资源配置层面的典型资源形式。

一 动态能力与数字化生产力工具突破性创新间关系

1. 容错能力与数字化生产力工具突破性创新间关系

容错能力是一种组织塑造试验和容错环境以激发员工工作兴趣的能力（Akgün et al.，2007），具有组织层面情绪能力与情绪构面组织能力的双重属性（李树文等，2019）。Ashforth（1995）指出在动态情境下，组织须创建一个安全和保护性的工作环境，为组织成员开放探索奠定基础条件，只有减小组织成员的创新失败的心理风险，降低创新失败成本，才能形成创新氛围，进而推动生产力工具突破性创新。Huy（1999）在此基础上指出，当组织成员感知到其行为可能会造成严重的风险后果，那么这种风险压力将会使其产生极度恐惧（paralyzing fear），降低决策参与频率，并开启沟通防御性回避模式（defensive avoidance mode）。容错能力能够通过允许成员适度犯错、安全试验、在合法形式中表达禁忌问题，并使混乱秩序制度化（institutionalizes disorder within order），进而有效应对恐惧，降低创新恐惧风险，并为突破性创新提升效能感（李树文等，2021）。同时，在数字化情境下，生产力工具突破性创新具有典型高风险与高成本投入特征，它的成功不是众多知识堆积后的必然结果，而是前沿知识探索的技术跃迁（蒋军锋等，2017）。这更需要组织能够在创新活动中给予组织成员心理资源支持，为成员"赋能"，激发成员创新活力。为此，组织容错能力为数字化生产力工具突破性创新提供了情感性支撑。

2. 市场能力与数字化生产力工具突破性创新间关系

市场能力是指企业能够感知市场需求，进而实施有效的营销计划的能力（Desarbo et al.，2005）。部分研究提出具备高市场能力的企业能够快速响应不断变化的客户需求，并最有效利用市场需求来提升技术优势（Davcik et al.，2021）。基于动态能力逻辑，动态能力构建是企业在市场中获得竞争优势的关键，但当前研究对市场相关动态能力的关注有限（Agyapong et al.，2021）。Collis & Montgomery（1995）指出有价值的资源必须借助于市场能力才能满足客户需求。Peteraf & Bergen（2003）在资源价值、产品应用与客户需求满足的研究中支持了这一观点。Ngo & O'Cass（2012）则更加直接地指出，市场能力与创新能力间并不是孤立关系，市场能力强的企业能够更快速地获得客户需求，甚至可以创造客户需求，进而迫使企业开展突破性创新活动来满足客户需求。陈春花（2021）认为在数字化时代，客户的很多需求是被创造出来的，强市场能力企业能够更快速、准确地识别潜在客户需求，并连接客户端与技术端，进而驱动企业实现数字化生产力工具突破性创新。容智信息科技依赖于强市场能力而获得 RPI 的前端需求信息，进而开发出了 iDiscover，并为腾讯数字化人力资源赋能。为此，组织市场能力为数字化生产力工具突破性创新提供了信息性支撑。

3. 战略能力与数字化生产力工具突破性创新间关系

战略能力指组织具备感知和解释技术环境变化及识别未来技术发展方向的能力（Chau & Tam，1997）。部分研究者指出，组织创新的本质是战略更新（孙锐等，2018），而将战略更新应用至创造创新活动益于组织持续不断创造新产品，以获得具有竞争优势的卓越生产力工具（Kodama & Shibata，2014）。基于组织动态能力逻辑，战略能力是组织动态能力塑造和竞争优势获得的基础，组织是否具备处理战略冲突的能力决定其能否有效调取组织资源并将其用于创造创新活动（Teece，1997）。Eisenhardt & Martin（2000）也曾在动态能力基础上指出，以战略决策等最佳实践方式为典型的战略能力是组织在不确定环境下获得创新效能和产品优势的重要途径，且该研究尤其强调战略能力与产品研发间的强关联关系。此外，部分研究也曾将战略能力嵌入新创企业情境中，认为新创企业由于具有"小规模缺陷"和"新进入缺陷"，更需要通过战略能力在产品创新活动中合理配置资源（郝生宾等，2019），并以此获得产品优势。孙锐（2018）等学者认为人力资源管理实践中的战略属性只有在发展期与成熟期才能发挥其创新驱动与能力驱动效应，而在初创期企业并不会将有限资源配置于战略设定方面。同时，在数字化情境下，企业不再以寻求比较优势为创新目标，而是通过寻找共生伙伴来获得协同优势与生长空间（陈春花，2021），并通过数字化生产力工具创新来连接产业链上的共生伙伴。但这种跨界与连接性的战略判断，需要企业通过高水平战略能力来准确识别生产力工具的创新方向。为此，组织战略能力为数字化生产力工具突破性创新提供了战略性支撑。

二 资源配置与数字化生产力工具突破性创新间关系

1. 高级人力资本与数字化生产力工具突破性创新间关系

高级人力资本是指组织中高层管理者通过接受教育或经验积累而逐渐获得的创造性知识、技能与能力（Luthans et al.，2004）。高级人力资本之所以被理论研究认为是获得竞争优势的重要组织资源，是因为其符合资源异质性特征：一是价值性特征，即高级人力资本存量是产出质量和运营效率的关键因素；二是稀缺性特征，即高级人力资本在企业间分布不均；三是难以模仿性特征，即社会复杂性和因果模糊性阻碍了高级人力资本资源的自由流动与可复制。基于这三方面特征，现有研究一致认为，人力资本能够驱动创新的关键在于其中内含着创新需要的知识（梁阜等，2020），而知识异质性决定了创新连续性。但与一般性人力资本不同，高级人力资本具备更多异质性知识，能够更好地驱动企业实现突破性创新（Barba-Aragón & Jiménez-Jiménez，2020）。在数字创新情境下，人工智能对一般性人力资本具有强替代性，但对创造性工作的高级人力资本却难以替代（陈冬梅等，2020）。Shrestha et al.（2019）从5个维度对比分析了管理者决策与AI决策的异同，发现管理者决策是不可替代的，他们需要对AI的决策结果进行分析以及二次加工，否则将会导致组织混乱。同时，鉴于高级人力资本从事于创造性工作，而非重复性工作，为此，他们更可能为生产力工具突破性创新提供异质性知识资源。

2. 大数据与数字化生产力工具突破性创新间关系

大数据是指一种来自异质性与自主性资源的数据集，其规模超出了传统流程或传统工具捕获、存储、管理、分析和利用的数据量（陈国青等，2020）。大数据的商业价值在于从庞杂的数据中获得新见解，为组织带来竞争优势（Constantiou & Kallinikos，2015），而生产力工具突破性创新被认为是数字化赋能企业获得优势的关键方式（Li et al.，2020）。近期研究显示，相比那些在大数据资源方面落后的企业，领先企业更能在动荡环境中捕捉产品发展方向，获得技术知识，开发新产品与实现产品成功（谢康等，2020）。具体而言，大数据是一种庞杂的数据集，企业能够从中分析出产品需要的特定前沿知识，并通过知识融合过程生产力工具突破性创新（Ferraris et al.，2019）。Mikalef（2019）等学者同样发现大数据能够通过为组织提供前沿知识，强化组织动态能力，进而提升组织突破性创新能力。为此，大数据可能为生产力工具突破性创新提供前沿知识。

综上，本书构建图 7-1 所示理论模型。

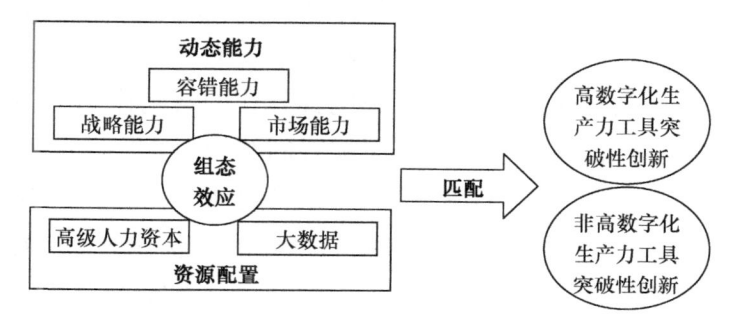

图 7-1 理论模型

第三节 方法选择

本书采用 Ragin 始创的定性比较分析（Qualitative Comparative Analysis，QCA）方法，旨在探析多重因素对被解释结果的组态路径。之所以采用 QCA 方法，一是因为数字化生产力工具突破性创新的产生不是组织资源配置或动态能力的片面作用，而是资源配置与动态能力间的协同交互作用（李树文等，2020）；二是因为在数字化生产力工具突破性创新的多重触发因素间存在多种组合，而如何组合更能增进生产力工具突破性创新，不得而知。结合第三章研究结论，本书将动态能力层次的市场能力、容错能力、战略能力及资源配置层次的高级人力资本与大数据作为条件变量，将高与非高数字化生产力工具突破性创新作为结果变量，而并未将组织特征变量与管理者特征变量引入分析程序，这是因为条件增加易于致使组态个数多于案例个数，进而出现案例的有限多样性问题。同时，为了更好地反映组态信息的完备性，采用模糊集 QCA（fuzzy-set Qualitative

Comparative Analysis，fsQCA）方法进行分析。

与传统线性回归的还原论假设有所不同，模糊集定性比较分析方法主要基于以下三种假设：第一，fsQCA 方法秉承"多重并发因果"的假设，认为相互依赖的条件及条件组合引起某一结果。数字化赋能企业在生产力工具突破性创新过程中面临着多要素的复杂互动，它是不同动态能力与不同资源配置方式的共同作用的结果，采用该方法能够挖掘动态能力与资源配置间组合对数字化生产力工具突破性创新的多种组态路径；第二，该方法认为构型间具有"等效性"，即导致某一结果出现的路径具有多样性。本书研究的关键问题之一就是基于第三章研究结论进一步探讨"动态能力与资源配置间哪些组态路径可以产生高数字化生产力工具突破性创新"，采用该方法能够挖掘影响高数字化生产力工具突破性创新的多条路径；第三，基于"非对称性"假设，构型视角认为，某一结果出现的原因并非某一结果缺乏的原因的反面，采用基于构型视角的 fsQCA 方法能够对比高与非高数字化生产力工具突破性创新的前因，从而深化研究结论。

第四节　数据收集

借助某科学研究院对数字化企业管理者的培训会议，本书调研了上海市、中国香港、北京市、山东省济南、青岛、浙江省杭州、宁波、舟山等区域的云计算、人工智能、大数据等数字技术领域的数字化赋能企业高层管理者或研发部门经理。为了保障企业具备较高数字化生产力工具突破性创新，按照以下两个标准筛选调研企业：（1）企业在数字化技术领域形成一定特色；（2）要求每家企业须至少 3 名高层管理者填写问卷（Akgün et al.，2011）。调研问卷均以纸质形式现场发放，管理者现场不方便填写或当日不在现场的企业，研究者不予考虑。调研之前，研究者将英文量表通过回译方式转化为中文量表,并在问卷开头处申明本问卷调查的目的在于学术研究,不涉及任何工作绩效评价,并承诺保密性。基于上述步骤,本书共发放问卷375份,剔除多答漏答等不符合标准的无效问卷后,收回有效问卷253份,有效填答率为67.5%。由于定性比较分析方法既适合小样本研究(10个或者15个以下的样本量),中等规模样本(10个或者50个样本),也适合100个以上的样本研究。为此,本书的样本数量适合采用定性比较分析方法。

最终分析的样本中,管理者特征如下:男性有149名,占比58.9%,女性有104名,占比41.1%;年龄小于25岁59名,占比23.3%,25—35岁有143名,占比56.5%,35—45岁有24名,占比9.5%,45—60岁有27名,占比10.7%;学历为本科及以下有61名,占比24.1%,硕士有125名,占比49.4%,博士有67名,占比26.5%。组织特征如下:公司规模在25人以下占比32.8%,25—50人占比19%,50—200人占比26.5%,200—500人占比13.8%,500人以上占比7.9%;公司采用数字技术为大数据占比2.4%,云计算占比28.5%,人工智能占比37.2%,区块链占比24.9%,多种技术混合占比7.1%;公司采用数字技术的网络特性为设备层占比26.1%,网络层占比33.2%,服务层占比28.1%,内容层占比5.5%,其他占比7.1%。

第五节 变量测量

研究采用国外成熟的李克特五点量表(1=完全不符合,5=完全符合)对各变量予以测量,且均为国内外现有的成熟量表,并在中国情境下得到多次检验。

一 容错能力

当前组织容错能力的测量多采用 Huy (1999) 在 *Academy of*

Management Review 上提出的容错动态性概念，并经过 Akgün（2007）等学者的实证化测量，形成 3 个测量条目。该量表在中国情境下得到多次实证检验（李树文等，2021）。其测量条目有"公司鼓励创意、创新，并营造了一种鼓励尝试、探索的组织氛围""公司容忍先行先试的人犯错""公司形成安全包容的环境"。信度分析结果显示，容错能力的 Cronbach α 系数为 0.832，大于阈值 0.7，表明具有良好信度。

二 市场能力

本书参考 Desarbo et al.（2005）发表于 *Strategic Management Journal* 上的市场能力测量工具，共 5 个测量条目，其中"1 = 远低于竞争对手，5 = 远高于竞争对手"。测量条目有"公司的客户知识获取能力""公司的市场活动整合能力""公司细化目标和市场的能力""公司的潜在客户识别能力""公司的客户连接能力（创建和维护客户关系）"。信度分析结果显示，市场能力的 Cronbach α 系数为 0.765，大于阈值 0.7，表明具有良好信度。

三 战略能力

鉴于本书主要考察组织对数字技术发展趋势的判断能力，为此我们从 Desarbo et al.（2005）发展的战略能力构念中筛选了与信息技术趋势判断相关的战略能力，共 6 个条目，这一测量条目也在 Pusparini et al.（2020）研究中得到验证。测量条目有"公司有清晰明确的技术发展目标""多数情况下，公司能准确判断未来的技术发展方向""多数情况下，公司能及时制定出处理技术战略问题的决策""在确定技术战略方案前，公司能拟订多种备选方案""公司能从环境中准确发现可能的技术机会和威胁""公司对各种技术备选方案的成本、风险及利弊进行仔细评判"。信度分析结果显示，战略能力的 Cronbach α 系数为 0.912，大于阈值 0.7，表明具有良好信度。

四 高级人力资本

本书采用 Mohan & Mark（2005）发表于 *Academy of Management Journal* 上的量表，共 5 个条目。测量条目有"公司管理者的专业素质非常高""公司管理者被认为在行业内具有较高水平""公司管理者都比较聪明，具有创造性""公司管理者在特定的工作领域内都是专家""公司管理者一般能够提出新思想，传播新知识"。信度分析结果显示，高级人力资本的 Cronbach α 系数为 0.915，大于阈值 0.7，表明具有良好信度。

五 大数据

本书采用 Mikalef et al.（2019）发表于 *British Journal of Management* 上的量表，共 5 个题项，包含大数据资源与数据基础设施两方面，这一量表在中国情境下得到了实证检验（李树文等，2021）。测量条目有"我们可以访问非常大、非结构化或高度动态的数据进行分析""我们可以将多个来源的数据整合到一个数据集以便于访问""我们可以将内部数据与外部数据整合到一起以便分析商业环境""我们有充足的资金支持大数据分析项目""我们有充足的时间来实现大数据分析项目中设定的目标"。信度分析结果显示，大数据的 Cronbach α 系数为 0.887，大于阈值 0.7，表明具有良好信度。

六 数字化生产力工具突破性创新

当前尚未有直接测量数字化生产力工具突破性创新的量表，但借鉴其定义，我们可以结合数字创新与产品突破性创新对其予以测量。为此，本书结合数字创新情境对 Subramaniam & Youndt（2005）发展的产品突破性创新量表进行改编，如将其中的"产品"修改为"数字化工具"，并最终得到 4 个题项，其中"1 = 远低于竞争对手，5 = 远高于竞争对手"。测量条目有"我们公司的数字化工具显著提升了客户的生产效率""我们公司的数字化工具从根本上改变了现有生产方式""我们公司的数字化工具在市场上获得了绝对优势""我们公司的数字化工具使现有同类工具过时"。信度分析结果显示，数字化生产力工具突破性创新的 Cronbach α 系数为 0.789，大于阈值 0.7，表明具有良好信度。

第六节　描述性统计分析与变量校准

研究对各变量的均值、标准差、最大值、最小值进行统计分析，结果如表 7-1 所示。

表 7-1　　　　　　　　变量的描述性统计分析结果

统计指标	条件变量					结果变量
	容错能力	市场能力	战略能力	高级人力资本	大数据	生产力工具创新
均值	3.329	3.633	3.566	3.342	3.583	3.202
标准差	0.669	0.466	0.812	0.728	0.562	0.536
最大值	5.00	4.80	5.00	5.00	5.00	4.50
最小值	2.00	2.40	1.67	1.60	2.40	1.75

定性比较分析（QCA）将产生结果（高与非高数字化生产力工具突破性创新）的条件组合视为集合，每个案例都有某种集合隶属度。校准是将案例赋予集合隶属度的过程。本书对容错能力、市场能力、战略能力、高级人力资本、大数据及数字化生产力工具各连续性变量取平均值，使用 fsQCA3.0 软件中的 Calibrate (x, $n1$, $n2$, $n3$) 函数将原始数据转化为介于 0—1 间的隶属度值。借鉴既有研究（李树文等，2020），本书将前因条件及数字化生产力工具突破性创新的 3 个锚点分别设定为样本数据的上四分位数（完全隶属）、上下四分位数的均值（交叉点）、下四分位数（完全不隶属）。各变量的校准锚点如表 7-2 所示。

表7-2 变量的校准锚点

研究变量	目标集合	锚点 完全不隶属	交叉点	完全隶属
条件变量	高容错能力	2.67	3.335	4.00
	高市场能力	3.20	3.600	4.00
	高战略能力	3.00	3.415	3.83
	高人力资本	2.80	3.200	3.60
	高大数据	3.00	3.500	4.00
结果变量	高生产力工具创新	2.75	3.125	3.50

第七节 实证分析

一 必要性分析

本书采用 $fsQCA3.0$ 进行实证分析，将案例频数阈值设定为1，PRI 阈值设定为0.7，一致性阈值设定为0.8。在进行组态分析前，研究对校准数据进行必要性分析，结果如表7-3所示，所有条件变量的必要性均低于0.9，说明以上条件变量均不是结果变量的充要条件，只有变量间组合才能致使结果变量发生。

表7-3 各条件变量必要性分析

条件变量	高数字化生产力工具突破性创新	非高数字化生产力工具突破性创新
容错能力	0.539	0.383
~容错能力	0.124	0.667
市场能力	0.529	0.352
~市场能力	0.149	0.687
战略能力	0.545	0.280
~战略能力	0.165	0.743
高级人力资本	0.559	0.341
~高级人力资本	0.123	0.702

续表

条件变量	高数字化生产力工具突破性创新	非高数字化生产力工具突破性创新
大数据	0.652	0.266
~大数据	0.049	0.771

注：~表示集合运算非。

二 组态分析

遵循先前研究（李树文等，2020），将 PRI 阈值设定为 0.7，一致性阈值设定为 0.8，将案例频数阈值设定为 1，通过 QCA 分析形成复杂解（Complex）、简约解（Parsimonious）和中间解（Intermediate），将同时出现在简约解和中间解的原因条件划分为核心条件（Core Condition），将仅出现在中间解的原因条件划分为边缘条件（Peripheral Condition），进而形成产生数字化生产力工具突破性创新的多种组态构型，结果如表 7-4 所示。

表 7-4 产生高、非高生产力工具突破性创新的组态构型

条件变量	高生产力工具突破性创新		非高生产力工具突破性创新		
	H1	H2	N1	N2a	N2b
容错能力	⊗		⊗	•	•
市场能力		•			
战略能力		•	⊗		
高级人力资本	•		⊗		⊗
大数据	•			⊗	⊗
原始覆盖度	0.147	0.169	0.450	0.074	0.208
唯一覆盖度	0.013	0.036	0.010	0.012	0.038
一致性	0.576	0.698	0.996	0.994	0.976
解的覆盖度	0.134		0.802		
解的一致性	0.825		0.984		

注：表示核心条件存在、⊗表示核心条件缺失、•表示边缘条件存在、⊗表示边缘条件缺失、空白表示条件既可出现，也可缺失；由于缺乏前因条件影响结果变量方向的确切证据，在反事实分析时，选择默认标注，即假设单个要素出现与否（present or absent）皆可构成高或非高突破性创新的原因，下同。

1. 产生高数字化生产力工具突破性创新的组态构型

从表 7-4 可知，产生高数字化生产力工具突破性创新的路径有两个一阶等价构型（H1、H2），构型的一致性分别为 0.576、0.698，表明这两个构型构成了高数字化生产力工具突破性创新的充分条件。模型解的一致性为 0.825，说明这两个构型总体上构成了高数字化生产力工具突破性创新的充分条件。此外，各构型原始覆盖度分别为 0.147、0.169，说明每个构型对高数字化生产力工具突破性创新具有实质的解释力。鉴于产生高数字化生产力工具突破性创新的构型中具有不同的核心条件，且主要差异在于动态能力作为核心条件还是资源配置作为核心条件。为此，本书将这 2 个构型分别命名为能力驱动型（H1）与资源配置型（H2）。

（1）能力驱动型。在该构型中，非高容错能力、高市场能力、高战略能力作为核心条件，高高级人力资本、高大数据作为边缘条件。这表明当企业缺失容错能力时，企业要更加注重市场能力与战略能力，并适度增加资源配置。例如，容智信息科技在场景式数字化阶段，通过判断技术发展方向、组织结构转变等战略能力塑造，进而实现了数字化生产力工具突破性创新，在交互式数字化阶段，通过扩大运营范围、创造市场需求等市场能力来实现数字化生产力工具突破性创新。同时，他们在场景式数字化阶段也曾引进优秀管理人才，例如，现任研发总监以及"智票通"项目负责人等；而在交互式数字化阶段，他们通过大数据分析为客户提供流程挖掘业务。

（2）资源配置型。在该构型中，高容错能力、高高级人力资本、高大数据作为核心条件，高市场能力与高战略能力作为边缘条件。这表明当企业能够塑造容错能力时，企业要更加注重资源配置，并适度提升其他动态能力。例如，容智信息科技在泛用式数字化阶段，他们将数字化业务从财务领域拓展至众多领域，在此过程中高级人力资本得到了显著提升，从场景式数字化阶段的 16 人上升至现阶段 70 余人，大数据获得也从财务领域的数据拓展至众多领域，为交互式数字化阶段的流程挖掘奠定了良好的数据资源基础。

2. 产生非高数字化生产力工具突破性创新的组态构型

产生非高数字化生产力工具突破性创新的路径有 3 个一阶等价构型（N1、N2a、N2b），构型的一致性分别为 0.996、0.994、0.976，表明这 3 个构型构成了非高数字化生产力工具突破性创新的充分条件。模型解的一致性为 0.984，表明这 3 个构型总体上可以作为非高数字化生产力工具突破性创新的充分条件，且解的覆盖度为 0.802，表明构型总体能够对非高数字化生产力工具突破性创新的变异度具有强解释力。根据不同构型的核心条件特点，我们对其分别命名为人力缺失型（N1）、能力失效型（N1a）、资源空洞型（N1b）。

（1）人力缺失型。在该构型中，非高容错能力、非高高级人力资本作为核心条件，非高战略能力作为边缘条件。这表明当企业具备非高容错能力时，"没有人才"（非高高级人力资本）与"没有眼光"（非高战略能力）将导致企业数字化生产力工具突破性创新能力较弱。例如，柯达缺乏从数字化战略视角来看待胶片业务的发展，也并未像富士胶片公司一样储备数字化人才，进而在短短 5 年内由胶片领头企业到申请破产。

（2）能力失效型。在该构型中，非高大数据作为核心条件，高容错能力、高市场能力、高战略能力作为边缘条件。这表明即使企业在容错、市场与战略眼光方面具备动态能力，但没有大数据资源，却仍然会导致非高数字化生产力工具突破性创新。即在大数据资源缺失情况下，动态能力将失效。例如，虽然 Capital One 企业也曾以高战略能力与高容错能力著称，但其真正实现扭亏为盈、转危为机是通过打造技术驱动的智囊团而获得海量客户的行为数据，并通过大数据分析来制订产品和服务方案。

（3）资源空洞型。在该构型中，非高大数据作为核心条件，高容错能力、非高高级人力资本作为边缘条件。这表明即使企业具备高容错能力，无论是否具备高战略能力与高市场能力，只要没有人才与大数据资源，仍然会导致非高数字化生产力工具突破性创新。

三 稳健性分析

本书将 PRI 一致性阈值提高至 0.75，案例阈值设定为 4，对产生高数字化生产力工具突破性创新的构型进行稳健性检验。如表 7-5 所示，新模型的 2 个构型 $H1'$、$H2'$ 分别与原模型的构型 $H1$、$H2$ ———对应。其中，原模型的 $H1$ 与新模型的 $H1'$ 完全相同，而原模型的 $H2$ 与新模型的 $H2'$ 在"高级人力资本是否作为核心条件"方面存在些许差异，但两个模型间存在清晰的子集关系，说明研究结论较为稳健。

表 7-5　产生高生产力工具突破性创新的组态构型的稳健性检验

条件变量	高生产力工具突破性创新 （案例为 1 + PRI 为 0.7）		高生产力工具突破性创新 （案例为 4 + PRI 为 0.75）	
	$H1$	$H2$	$H1'$	$H2'$
容错能力	⊗	●	⊗	●
市场能力	●	·	●	·
战略能力	●	●	●	●
高级人力资本	·	●	·	·
大数据	·	●	·	●
原始覆盖度	0.147	0.169	0.147	0.203
唯一覆盖度	0.013	0.036	0.013	0.057
一致性	0.576	0.698	0.576	0.497
解的覆盖度	0.134		0.134	
解的一致性	0.825		0.825	

第八节　本章小结

本章主要探讨资源配置与动态能力间如何匹配能够实现数字化生产力工具突破性创新。从组态视角切入，本书通过对 253 名中高层管理者的问卷调查，构建了以容错能力、市场能力、战略能力为核心的组织动态能力层次、以高级人力资本与大数据为核心的资源配置层次的组态模型，进而更加全面地揭示数字化生产力工具突破性创新的产生机制。本章发现产生高数字化生产力工具突破性创新的组态有动态能力型与资源配置型。其中，动态能力型组态与第三章探索性案例研究中的场景式数字化阶段及交互式数字化阶段结论相呼应，而资源配置型组态与泛用式数字化阶段结论相呼应。此外，本章发现与产生高数字化生产力工具突破性创新的组态不相对称，产生非高数字化生产力工具突破性创新的条件更加强调资源重要性，如在"人力缺失型"组态中高级人力资本的缺失，或者在"能力失效型""资源空洞型"组态中大数据资源的缺失，均能导致非高数字化生产力工具突破性创新的产生。综上两种结果下的组态构型，资源配置与动态能力间存在相互补充的关系，其中任何一方均不能构成数字化生产力工具突破性创新产生的充分条件。这不仅对第三章研究结论给予数据支持，而且细化了突破性创新管理研究，为数字化赋能企业创新管理实践提供了借鉴。

第 八 章

研究结论与展望

本章基于文献综述、案例研究、定性比较分析研究以及实证研究,围绕"数字化生产力工具突破性创新的实现条件与迭代过程"这一核心问题,总结研究结论,讨论理论贡献与管理启示,并提出研究不足与未来发展方向。

第一节 研究结论

一 数字化生产力工具突破性创新条件与迭代过程的探索性案例研究发现

第一,数字化生产力工具的突破性创新条件是通过行业技术变革、市场结构更替、政策目标取向等外部情境刺激管理者认知,进而借助战略性意义建构启动组织开发资源配置与动态能力间关系的过程。外部情境并非直接影响组织在创新活动中的资源配置与能力塑造,而是管理者通过"感知—注意—判断—选择"的认知过程对情境信息进行差异化解读(罗瑾琏等,2018),并借助"设定目标—释放信号—意义赋予"的意义建构过程将管理者认知上升至组织层面(Gioia & Chittipeddi,1991),进而指导组织采取与情境相适应的资源配置与组织动态能力间关系的开发程序。在数字化生产力工具突破性创新的实现过程中，外部情境是突破性创新的起因，而管理者认知则是突破性创新的启动要素，资源配置与动态能力间关系则是突破性创新的开发要素。

第二，数字化赋能企业数字化生产力工具突破性创新的迭代过程依次经历场景式数字化、泛用式数字化、交互式数字化三个阶段。数字化生产力工具突破性创新是一个动态迭代过程，需要在不同阶段开展不同创新活动。在场景数字化阶段，企业专注于特定领域的客户需求，形成以场景式创新为主要特征的满足需求性创新范式。在泛用式数字化阶段，企业开始将数字化生产力工具广泛应用至不同领域，力求生产力工具的通用性和普适性，形成以应用性创新为主要特征的技术突破性创新范式。在交互式数字化阶段，企业聚焦于打造智能生态、拓展市场与延伸产业链条，形成以市场前沿探索为主要特征的创造需求性创新范式。

第三，设定与外部情境相匹配的管理者认知是推动企业持续发展的关键所在。随着不同数字化阶段的外部情境变化，管理者认知由技术判断型转变为技术创造型，再转变为技术拓展型，呈现出创造性搜寻—关键性突破—前瞻性拓展的认知演变规律。具体而言，在场景式数字化阶段、泛用式数字化阶段、交互式数字化阶段分别对应"技术判断"型、"技术创造"型、"技术拓展"型管理者认知。在场景式数字化阶段，管理者基于碳排放的国家政策目标取向与市场结构性需求更替的外部情境感知，将情境变化的信息筛选过程转变为技术判断的认知模式（Nadkarni & Bar，2008；尚航标，2014）。在泛用式数字化阶段，管理者基于数字中国的政策目标取向和行业技术动力不足的外部情境感知，开始践行技术判断，实施技术创新。在交互式数字化阶段，管理者基于市场地位与技术不匹配的外部情境感知，通过延伸产业链条、打造智能生态扩大市场影响与拓展技术应用范围。

第四，从竞争走向共生是数字化企业的独特创新逻辑。随着管理者认知在不同数字化阶段的演变，资源配置与动态能力间关系表现出一种从分离到共生的迭代逻辑，即从相互分离的"独奏"关系转变为单向影响的"协奏"关系，再转变为协同共生的"合奏"关系。在场景式数字化阶段，随着"技术判断"型管理者认知的战略性意义建构，企业分别形成以战略判断能力为核心的动态能力与以资源整合内化为核心的资源配置，但二者间相互分离。战略判断能力为特定领域数字化生产力工具突破性创新提供了底层逻辑，而资源整合内化提供了资源基础。在泛用式数字化阶段，随着"技术创造"型管理者认知的战略性意义建构，企业鼓舞员工大胆创新，形成以技术容错为核心动态能力，并驱动组织内部对现有产品进行技术审视，重构技术体系，进而形成以资源重构升级为核心的动态能力。该阶段，技术容错能力直接驱动组织重构资源基础、改变资源配置。在交互式数字化阶段，随着"技术拓展"型管理者认知的战略性意义建构，企业塑造的市场衍射能力与资源转移延伸实现深度融合，二者均聚焦于产业链延伸、品牌树立及智能生态打造。

第五，伴随着组织资源与能力间关系更迭，阶段性数字化生产力工具突破性创新依次涌现，实现了数字化领域开拓到数字化技术独占的"连接"迭代，再到数字化赋能提质的"赋新"迭代。与传统企业的产品突破性创新不同（陈春花等，2019），数字化赋能企业的数字化生产力工具突破性创新更加注重从场景式数字化阶段到泛用式数字化阶段的"数字化连接管理"，通过"连接"撬动外部技术资源，打破资源约束，实现技术能力进阶，推动企业实现可持续发展。在泛用式数字化阶段获得竞争优势后，企业更易于形成优势路径依赖。为此，从泛用式数字化阶段到交互式数字化阶段更需要为价值主张赋予新意义，通过"赋新"突破优势选择与延展市场，实现市场能力进阶。

二 基于价值转型的数字化生产力工具突破性创新迭代过程研究发现

1. 连接迭代逻辑

数字化赋能企业在价值转型过程中的连接迭代依次通过前瞻性

认知、适应性重构、创造性搜寻予以完成，进而突破资源受限，积累数字资源，形成数字优势。其中，前瞻性认知旨在洞察价值转化需求，即通过对市场现状、行业技术动力与发展前景、未来企业结构发展趋向以及国家政策等外部情境的综合判断，来洞察企业是否需要引入数字化技术以及引入何种数字化技术。适应性重构旨在适度重构企业内部规则以保障价值转化的前瞻性认知得以践行，即通过调整内部文化取向、拓宽容错区间来响应价值转化的认知策略。创造性搜寻旨在积累价值转化需要的数字资源，即通过拓展数据搜寻边界、搭建数字化系统、搜寻前沿数字知识以及既有知识数字化的策略来积累数字资源，并达到"突破资源受限"的目的。同时，在连接迭代中，创新型企业集中完成了组织形态与经营理念的转变。在组织形态方面，企业从产品竞争阶段的产品提供商转变为工具赋能阶段的数字化赋能企业，由简单的产品价值交易形态转向借助平台与数字化工具对员工、客户赋能形态。在经营理念方面，企业从以产品为中线转变为以客户为中心，开始从关注产品本身转向关注客户痛点与现有需求。

2. 赋新迭代逻辑

创新型企业在价值转型过程中的赋新迭代依次通过数字资源能力的聚合、数字产业链的衍射、数字生态的共生予以完成，进而打破路径依赖，构建数字资源能力，发展智能生态。其中，数字资源能力的聚合旨在通过数字化人才引进、数字化模块集成等整合性服务举措，将积累的关键资源塑造为企业数字化发展的动态能力。数字产业链的衍射旨在通过横向扩展数据范围、布局运营平台及强化数字基础设施来全方位延伸产业链，以此来夯实数字基础、巩固数字资源。数字生态的共生旨在通过搭建生态伙伴关系、与客户共创智能生态来实现数字共生，并达到"打破路径依赖"的目的。同时，在赋新迭代中，创新型企业集中完成了客户需求与组织逻辑的转变。在客户需求方面，企业通过产业链延伸从工具赋能阶段的单向满足客户现有需求转变为数字共生阶段的挖掘客户潜在需求，与客户联合开发数字化工具。在组织逻辑方面，企业通过提供全套服务解决方案从产品主导逻辑转变为服务主导逻辑。具体连接迭代与赋新迭代的对比如表 8-1 所示。

表 8-1　数字化赋能企业连接迭代与赋新迭代的对比

类别	连接迭代阶段	赋新迭代阶段
组织形态	从普通软件供应商向数字化赋能企业转变	数字化赋能企业
经营理念	从产品为中心向以客户为中心转变	以客户为中心
客户需求	满足客户现有需求	从满足客户现有需求向挖掘客户潜在需求转变
组织逻辑	产品主导逻辑	从产品主导逻辑向服务主导逻辑转变
解决问题	突破资源受限，形成数字优势	打破路径依赖，发展智能生态

3. 数字化赋能企业的数字化转型遵从数字迭代逻辑

本书基于案例企业的数字化转型实践，剖析了其从价值交易到价值共创过程中的数字战略认知的理论逻辑。研究发现，与传统企业的数字化转型逻辑不同（单宇等，2021），数字化赋能企业的数字化转型逻辑是一种在数字战略认知中的持续迭代与跃升逻辑，即在连接—赋新两个节点的循环迭代中解决资源受限与路径依赖两个问题，并从突破资源受限的连接迭代向打破路径依赖的赋新迭代跃升的过程。为进一步厘清数字化赋能企业的数字化转型逻辑，本书将传统企业数字化转型逻辑与数字化赋能企业数字化转型逻辑予以对比，具体见表 8-2。

表 8-2　传统企业与数字化赋能企业的数字化转型逻辑对比

类别	传统企业数字化转型逻辑	数字化赋能企业数字化转型逻辑
转型形态	数字化使能企业	数字化赋能企业
转型路径	基于技术赋能的目标调整	基于客户需求的生产力工具迭代
数字启动	流程、数据驱动	认知驱动
数字逻辑	特殊情境下数字跳升	连接—赋新的生产力工具迭代与跃升

第一，从转型形态来看，传统企业数字化转型通常聚焦于从线下运营转为线下与线上同时运营的模式，强调企业借助数字赋能从线下产品营销模式转化为线上与线下协同的数字化和智能化的产品营销模式，最终形成价值创造的数字化使能企业，而数字化赋能企业则从软件产品提供商转变为整套服务方案解决中心，强调从普通软件产品销售逻辑转化为数字化生产力工具的整套服务逻辑，最终形成提升数字效率的数字化赋能企业。第二，从转型路径来看，传统企业数字化转型是在数字技术赋能下动态调整企业发展目标，即数字技术为企业数字化转型提供认知手段，而数字化赋能企业在连接迭代中与传统企业相同，但在赋新迭代中却从客户需求出发对生产力工具进行迭代升级，更强调对传统企业数字化变革的赋能，如从 iBot 系列到 iDiscover 的转型是基于满足客户现有需求向挖掘客户潜在需求转变为基准。第三，从数字启动来看，传统企业数字化转型是在流程驱动或数据驱动下开始的，试图通过数字技术引进来提升流程效率（Yoo et al. , 2010; Ciriello et al. , 2018），或通过数据分析来洞察发展先机，而数字化赋能企业数字化转型则源于企业对政策、市场、行业、技术发展等外部情境认知，在认知过程中企业更注重生产力工具的赋能效率，而非企业本身的使能价值。第四，传统企业数字化转型更多源于特殊情境下（如时间约束）企业的发展需求，表现出一种在极端情况下组织能力从低阶到高阶的数字跳升逻辑（单宇等，2021），而数字化赋能企业数字化转型则更多源于生产力工具的迭代，表现出一种生产力工具从单一场景到众多复杂场景、从自动化到人机交互式的连接—赋新迭代逻辑。

三　数字化生产力工具突破性创新过程中价值转型困境的破解策略研究发现

1. 数字化赋能企业破解价值转型困境的价值共创机制

本书发现数字化赋能企业通过裂变式、赋能式与开放式三种价值共创机制，形成"身份主张→价值行动"递进的动态迭代框架，从而助推其破解价值转型困境。具体而言，在裂变式共创阶段，为应对降低平台依赖性与增加互补性间张力，企业通过释放身份信号来建立信任嵌入机制，实现一方利益相关者主动承担风险来影响另一方利益相关者的社会化身份传递，以降低依赖性；而信任嵌入促使企业有机会借助客户场景来开发互补价值，并实现从单一产品转向多种衍生产品，进而增加互补性。该阶段，企业主要采用侧重于身份主张的传动策略实现需求侧利益相关者的裂变，而身份信号释放为互补价值开发奠定信任基础，并最终发展出低集成度的衍生产品矩阵。在赋能式共创阶段，为应对多项技术复杂性与集成性间张力，企业通过服务身份加工来重塑技术模块，实现衍生产品间从低集成度转向高集成度，以增加技术集成性；以高集成度的产品为基础，通过拆解和重组实现模块标准化和塑造模块优势，并以模块复制逻辑引入高地位客户来撬动地位价值，以降低技术复杂性。该阶段，企业采用侧重于价值行动的撬动策略实现地位跃迁，而服务身份加工为地位价值撬动提供技术集成优势，便于企业为高地位客户提供全周期技术服务解决方案，并最终建构模型驱动的技术平台。在开放式共创阶段，为应对平台一致性与独特性之间的张力，企业通过在供给侧与需求侧间不断调整关系身份来形成规范雏形，以提升平台一致性；以此为基础，企业实施了供给侧分类价值交付与需求侧分期价值开发来主导价值分配，以提升独特性。该阶段，企业采用身份主张与价值行动并重的联动策略打通和主导供需双侧价值创造，而关系身份运动为平台价值主导奠定了规范基础，并最终建构模块化生态平台。

2. 数字化赋能企业破解价值转型困境的价值共创过程演进逻辑

本书发现从裂变式、赋能式到开放式共创过程中，企业的身份主张、价值行动和共创结果呈现出演进逻辑。首先，随着共创进程的持续推进，身份主张呈现出从裂变式共创的身份信号释放到赋能式共创的身份加工的进阶，这表明从需求侧利益相关者主动裂变到企业主动加工的转变；从赋能式共创的服务身份加工到开放式共创的关系身份运动的进阶，表明身份主张的利益相关者从需求侧到供需双侧的转变。其次，价值行动呈现出从裂变式共创的互补价值开发到赋能式共创的地位价值撬动，再到开放式共创的平台价值主导的升阶，这表明价值行动实现了从产品到高地位客户再到平台的转变。最后，共创结果也呈现出从裂变式共创的衍生产品矩阵到赋能式共创的工具平台的转变，即从低集成度到高集成度的数字化生产力工具溢出；而技术平台促使企业将供给侧利益相关者的产品整合起来，为客户提供完整的集体价值主张，进而实现从工具平台到生态平台的平台溢出。具体各阶段价值共创机制与演进逻辑的归纳总结如表8-3所示。

表8-3　　　　　各阶段价值共创机制与演进逻辑比较

阶段	裂变式价值共创	赋能式价值共创	开放式价值共创
共创要素关系	**身份信号释放→** **互补价值开发**	服务身份加工→ **地位价值撬动**	**关系身份运动→** **平台价值主导**
共创策略	以传导策略为主	以撬动策略为主	以联动策略为主
身份主张进阶	从需求侧的信号释放到身份加工	从需求侧的身份加工到供需双侧的身份运动
价值行动升阶	从产品矩阵式开发到 地位杠杆化撬动	从地位杠杆化撬动到平台主导性联结

注：共创要素关系中加粗字体为该阶段主导要素。

四　基于技术型管理者认知的数字化生产力工具突破性创新的实现条件研究发现

第一，知识场活性与组织情绪能力分别在技术型管理者认知与数字化生产力工具突破性创新间起部分中介作用。知识场活性与情绪能力分别作为重要组织资源与动态能力，在数字化生产力工具突破性创新过程中分别发挥着知识性与情感性基础。技术型管理者通过对技术发展趋势的判断，从外部汲取异质性知识，激发场内知识流动，增加场内异质性知识的节点辐射效应，进而为数字化生产力工具突破性创新提供前沿知识基础。尤其在数字创新情境下，工具突破性创新不再取决于组织内员工所具备的知识，而是不同创新参与者（如用户、合作伙伴）的非线性知识互动过程（Henfridsson et al.，2014），这更需要不同知识主体间构建知识共享网络，激发知识场活性，以产生数字化工具突破性创新需要的前沿数字知识。同时，研发活动的本质是情绪劳动（孙锐和赵晨，2016），是不同创新参与者在创新活动中的高度承诺与情绪投入（孙锐和张文勤，2015）。管理者对技术发展进行认知判断后，需要通过构建情绪能力来集聚情绪资源，增加创新参与者在创新活动中的情感投入，进而推动企业实现突破性创新（焦豪等，2021；李树文等，2020）。尤其是数字化生产力工具突破性创新是一个涉及多领域、多场景、多主体间的社会化互动过程（Wang，2021），加强情绪能力更能有效统一多主体间行为指向、深化多场景间技术连接、推动多领域间知识跨界。

第二，在高数字意义建构情境下，技术型管理者认知更能通过知识场活性与组织情绪能力影响数字化生产力工具突破性创新。在数字创新情境下，不同创新参与者共同参与同一生产力工具的数字技术研发，这需要一种基于数字创新的社会认知意义共享模式，以确保所有参与者对数字技术有着共同理解（Nambisan et al.，2017；Beverland et al.，2016）。当数字意义建构程度较高时，管理者能够与创新参与者达成情感共识，增加其在创新活动中的情感承诺与情感投入（Stollberger et al.，2020），并在异质性知识方面形成互补关系（Cunliffe & Scaratti，2017），进而助推企业实现生产力工具突破性创新。当数字意义建构程度较低时，创新参与者对同一数字技术有着不同理解，进而导致同一生产力工具的数字技术编辑性频率增加、稳定性下降，管理者的技术信息难以统一导入创新群体内，这不益于管理者认知后的技术信息与前沿知识在群体内部传播，进而阻碍构建情绪能力与激发知识场活性，降低生产力工具突破性创新。

第三，虽然数字意义建构能够强化知识场活性、组织情绪能力的第一阶段中介作用，但这一效应并非总是有效的，而只有当数字意义建构大于一定阈值时，组织情绪能力与知识场活性的中介作用才更为有效。虽然以往研究曾表明数字意义建构益于企业开展数字创新活动（Nambisan et al.，2017），但本书发现这一积极效应并非总是有效的，它存在一定阈值。当数字意义建构大于2.83时（5分为满分），组织情绪能力的中介作用更为有效；而当大于3.01时，知识场活性的中介作用更为有效。值得注意的是，这一结论能够反映出两方面信息：一是数字意义建构的水平要显著大于中间值后，其作用才会突显，否则其作用很可能不会在数字创新中显现；二是数字意义建构在情绪能力路径的阈值要显著小于知识场活性路径的阈值，即随着数字意义建构程度的提升，情绪能力的中介作用会优先被强化，而后知识场活性的中介作用才会被强化。

五 动态能力与资源配置对数字化生产力工具突破性创新的组态影响研究发现

第一，产生高数字化生产力工具突破性创新的路径有能力驱动型与资源配置型两种构型。其中，能力驱动型是非高容错能力、高市场能力、高战略能力作为核心条件，高高级人力资本、高大数据作为边缘条件的构型；资源配置型是高容错能力、高高级人力资本、高大数据作为核心条件，高市场能力与高战略能力作为边缘条件的构型。能力驱动型是一种在容错能力缺失情况下提升数字化生产力工具突破性创新的路径，该路径着重强调市场能力与战略能力的核心作用，而资源配置在动态能力的作用发挥中起到辅助作用。资源配置型是一种在具备容错能力情况下提升数字化生产力工具突破性创新的路径，该路径更注重大数据与高级人力资本的核心作用，而动态能力在资源配置中发挥着辅助作用。

第二，产生非高数字化生产力工具突破性创新的路径有人力缺失型、能力失效型与资源空洞型三种构型。其中，人力缺失型是非高容错能力、非高高级人力资本作为核心条件，非高战略能力作为边缘条件；能力失效型是非高大数据作为核心条件，高容错能力、高市场能力、高战略能力作为边缘条件的构型；资源空洞型是非高大数据作为核心条件，高容错能力、非高高级人力资本作为边缘条件的构型。人力缺失型是一种在容错能力缺失情况下阻碍数字化生产力工具突破性创新的路径，该路径强调"没有人才"（非高高级人力资本）且"没有眼光"（非高战略能力）是导致非高数字化生产力工具创新突破性创新的关键前因。能力失效型是一种在大数据资源缺失情况下所有动态能力均将失效的路径，该路径更突出大数据资源在数字化生产力工具突破性创新中的重要作用。与能力失效型相似，资源空洞型是一种在大数据与高级人力资本缺失情况下，无论是否具备高战略能力与高市场能力，高容错能力也会导致非高数字化生产力工具突破性创新。可见，非高数字化生产力工具突破性创新的产生取决于"无能力"且"无资源"、"无资源"且"有能力"两种路径。

第三，产生高数字化生产力工具突破性创新与非高数字化生产力工具突破性创新的路径间存在非对称关系。高数字化生产力工具突破性创新形成的反面构型并不一定能够导致非高数字化生产力工具突破性创新。高数字化生产力工具突破性创新的产生得益于动态能力与资源配置间匹配关系，且这种匹配关系并非"均衡"关系，而是"一强一弱"或"核心与辅助"的关系，即资源配置型是以资源配置为核心、动态能力为辅助的构型，能力驱动型则是以动态能力为核心、资源配置为辅助的构型。非高数字化生产力工具突破性创新的产生取决于资源配置的核心作用，即"没有数据"（大数据）与"没有人才"（高级人力资本）将导致非高数字化生产力工具突破性创新。

第二节 理论贡献

本书通过五个子研究探索了数字化生产力工具的突破性创新条

件与迭代过程，并从动态能力与资源配置层面进行了实证验证。具体贡献如下。

一　数字化生产力工具突破性创新条件与迭代过程的探索性案例研究理论贡献

第一，基于数字化赋能企业的研究，拓展了使能创新的研究边界。虽然以往研究曾指出随着数字化变革从赋能向使能的演进，使能企业产品创造将会由效率提升转向价值创新（陈剑等，2020）。但这仍局限于数字化使能企业视角，而忽视了数字化赋能企业的创新管理实践探讨。事实上，数字化赋能企业的数字化生产力工具突破性创新决定着数字化使能企业的转型效率、转型质量及未来可持续发展（Colbert et al.，2016）。为此，本书聚焦于数字化赋能企业，以案例企业数字化生产力工具突破性创新的关键事件为节点，将其分为场景式数字化、泛用式数字化、交互式数字化三个阶段。这不仅从数字化赋能企业视角对现有数字化研究予以有效补充，而且对数字化生产力工具突破性创新的实现阶段予以概念化，为未来数字化研究提供了新思路和新借鉴。

第二，解构了数字创新情境下生产力工具突破性创新的来源。早期人力资源管理文献将资源配置作为企业实现突破性创新的基础（Barney，1991），之后战略管理研究认为动态能力是企业竞争优势获得的重要前因（Teece et al.，1997）。近期研究开始将实现突破性创新的焦点从资源或能力的单一作用转向二者融合，强调资源能力在企业竞争优势获得过程中的权变作用（张璐等，2020；Bhandari et al.，2020）。但在数字创新情境下，鉴于可编辑性特征（刘洋等，2020；Ciriello et al.，2018；Nambisan et al.，2017），由 0 和 1 的数字代码组成的数字资源能够被轻易复制，以及这一资源具有高速流动性，这为传统竞争优势来源的观点提出了挑战（魏江和刘洋，2020）。那么在数字创新情境下什么因素促使企业获取竞争优势，这一问题并未得到解答。基于此，本书开展了案例研究，发现资源配置与动态能力间匹配关系是数字化生产力工具突破性创新实现的直接条件，但这一条件的产生得益于管理者认知的变化，即管理者沿用过去的认知和经验，无法真正理解数字化带来的改变与可能性，而要通过对新技术的认知，激活组织能力与资源（陈春花，2021）。这为未来研究在数字创新情境下探讨竞争优势的来源问题提供了新思路。

二　基于价值转型的数字化生产力工具突破性创新迭代过程研究理论贡献

第一，揭示出数字化生产力工具突破性创新形成的迭代过程。Colbert 等（2016）开创性地提出数字化生产力能够为未来管理学研究开辟新的探索领域，并呼吁未来研究能够揭示数字化生产力工具形成的动态过程。为了填补这一理论缺口，推动数字化生产力研究发展，本书在明晰数字化生产力工具突破性创新的实现条件的基础上，进一步探讨了数字化生产力工具突破性创新的阶段性迭代。研究发现伴随着组织资源与能力间关系更迭，数字化生产力工具突破性创新通过数字化领域开拓到数字化技术独占的"连接"迭代来打破资源约束、实现技术能力进阶，再通过数字化技术独占到数字化赋能提质的"赋新"迭代来打破优势选择、实现市场能力进阶。这不仅响应以往数字化生产力研究的号召，并推动其付诸实践，弥补了数字化生产力研究缺口，而且为中国企业数字化创新管理实践提出了"连接—赋新"的数字化迭代范式，以期为未来研究探索管理新理论提供新视角。

第二，解构了数字化赋能企业价值转型过程，解释了连接迭代与赋新迭代的转化机制。虽然数字情境下战略认知框架从理论上提出了连接、赋新等数字化转型相关概念（陈春花等，2019），但并未解释其内部转化机制以及不同阶段的数字职能差异。本书从数字化赋能企业的数字化转型着手，发现在连接迭代与赋新迭代内部分别有着不同的迭代机制、不同的数字职能以及解决不同的数字问题。

如连接迭代着重强调组织形态与经营理念的转变，而赋新迭代着重强调客户需求与组织逻辑的转变。一方面，这明确了数字化赋能企业数字化转型的阶段性迭代机制，从连接与赋新的内部循环迭代视角揭示出价值转型过程的认知变化规律；另一方面，这比较了不同阶段的数字职能，更清晰地描绘出连接迭代与赋新迭代在价值转型中的职能差异，推动数字战略认知与价值转型研究向深度情境化研究方向发展。

第三，基于连接迭代与赋新迭代的转化机制提炼出数字化赋能企业数字化转型的迭代与跃升逻辑，这补充了现有数字化转型研究。传统企业数字化转型是在流程与数据驱动下嵌入数字技术（Yoo et al., 2010；Ciriello et al., 2018），并最终从制造企业转变为数字化使能企业。而本书发现数字化赋能企业数字化转型不再依赖于流程优化或者数据洞察，而是在认知驱动下进行连接迭代与赋新迭代，并最终从普通软件企业转变为数字化赋能企业。与传统企业的数字跳升逻辑不同（单宇等，2021），数字化赋能企业的数字化转型逻辑不再遵从常规情境下的迭代逻辑或特殊情境下的跃升逻辑，而是在连接迭代与赋新迭代阶段基于不同数字任务的循环迭代逻辑以及两个阶段间的跃升逻辑。这推动了数字化转型研究从单一数字逻辑转向双重逻辑，促使理论研究开始重新思考企业数字化转型的数字逻辑转变。

三 数字化生产力工具突破性创新过程中价值转型困境的破解策略研究理论贡献

第一，基于"身份主张—价值行动"框架提出数字化赋能企业破解价值转型困境的动态策略。以往研究已强调在价值转型过程中企业面临着更复杂的身份主张变化与关系冲突（王节祥等，2021；Leone et al., 2021），而将身份主张与价值行动联系起来的组织才更易于获得外部利益相关者的认同（Gioia et al., 2010）。但这些研究却潜在地假设利益相关者间存在稳定、和谐与相互满意的关系（Appiah et al. , 2021)，并将生态系统内所有参与者置于同等重要位置。事实上，由于价值共创中不平等关系的存在，权力与资源失衡是价值共创常态（Kang & Jindal, 2015; Sarpong et al. , 2018），进而形成一方最优与一方次优的结果（Appiah et al. , 2021）。尽管以往研究提出创造性尝试（Brownlie & Hewer, 2011）、外部背书（Appiah et al. , 2021; Taeuscher & Rothe, 2021）、声誉构建（Jyoti & Efpraxia, 2023）与外部叙事（Cutolo & Ferriani, 2024）的策略，但整体呈现出碎片化、模糊化与静态化状态，致使我们仍然不清楚数字化赋能企业应当何时实施何种策略才能与利益相关者保持"和而不同"。本书从动态过程着手发现数字化赋能企业在破解价值转型进程中的共创策略分别呈现出传动、撬动、联动特征，尤其以传动策略建立信任和以撬动策略提升地位是其所独有的。这一发现深化对价值共创关系的理论认知，为后续研究提供新启发。

第二，揭示出数字化赋能企业价值转型困境破解的结果演进规律。尽管现有研究显示数字化赋能企业价值转型进程中水平生态平台构建具有从技术溢出到数据溢出的演进规律（李树文等，2022），而模块化生态平台构建则具有从技术平台向模块化平台的平台溢出规律（Pushpananthan & Elmquist, 2022）。但模块化平台是一种水平与垂直混合的平台形式，其本质上将技术与数据融为一体。为此，呼应上述研究，本书发现裂变式到交互式共创的机理呈现为从松散到紧密耦合的技术溢出，而交互式到开放式共创的机理呈现为技术平台到生态平台的平台溢出。这不仅响应了既有研究结论，而且进一步比较了水平平台与模块化平台的共创结果演进异同，为后续不同形式的生态平台价值共创研究提供参考思路。

四　基于技术型管理者认知的数字化生产力工具突破性创新的实现条件研究理论贡献

第一，从情绪能力与知识场活性视角探讨了技术型管理者认知对数字化生产力工具突破性创新的影响路径。以往研究认为技术型管理者认知在创造创新活动中具有自然属性（Walsh，1995）与社会属性（Smith & Semin，2004）双重特性，前者强调管理者认知能够带来知识结构变化，后者强调管理者认知能够推动众多主体间的社会化互动。最新资源配置研究显示，知识是数字创新情境下组织开展创新活动的重要资源形式，且知识资源间流动易于形成知识场，这为数字突破性创新提供了重要前沿知识基础（金珺等，2020）。同时，组织能力研究显示，在容错、市场、战略等多层面动态能力中，组织情绪能力作为一种包含了容错、表达、认同等多层面动态性的组织能力（李树文等，2019），其形成严格根植于众多参与者间多场景、多领域的社会化互动（孙锐和张文勤，2015）。为此，本书选择知识场活性与情绪能力作为技术型管理者认知影响数字化生产力工具突破性创新的双路径。一方面，这从知识资源与情绪能力视角验证了案例研究框架，拓展了案例研究结论的边界；另一方面，将管理者认知与情绪能力、知识场活性相结合，这推动数字创新情境下不同细分领域间融合研究的发展。

第二，从数字意义建构视角探讨了技术型管理者认知对数字化生产力工具突破性创新影响的边界条件。Nambisan等（2017）在"数字创新的社会认知意义建构"的数字创新逻辑中指出在数字创新情境下，创新边界开放性、创新方案定制性以及创新主体异质性决定了数字创新进程中必须将数字意义建构作为关键要素。数字创新研究认为，数字创新是由多个创新参与主体共同完成的，而在此过程中，不同参与者对同一项数字技术及创新成果有着不同理解，这需要意义建构来统一情境认识（刘洋等，2020；Yoo et al.，2010）。为此，Nambisan等（2017）呼吁在未来研究中引入数字意义建构这一概念来解决"在数字创新分层架构下，数字技术在不同创新参与者之间的意义共享如何推动企业实现数字创新"的问题。响应这一呼吁，本书在技术型管理者认知与数字化生产力工具突破性创新间引入数字意义建构，发现虽然数字意义建构能够强化知识场活性、组织情绪能力的第一阶段中介作用，但这一效应并非总是有效的，只有当其大于一定阈值时，知识场活性与组织情绪能力的中介作用才更有效。这不仅深化了基于社会认知意义建构的数字创新研究，拓展了数字化生产力工具突破性创新实现的边界条件，而且为意义建构与数字创新的融合研究指明了方向。

五　动态能力与资源配置对数字化生产力工具突破性创新的组态影响研究理论贡献

第一，突破了传统创新管理研究的线性思维局限，揭示了动态能力与资源配置条件对数字化生产力工具突破性创新的组态效应。一方面，在数字经济时代下，数字技术发展推动着产品形态与突破性创新方式发生着根本性变化，产品突破性创新不再依赖于单一要素，而是转向依靠多要素间的协同作用（魏江和刘洋，2020）。尽管现有研究已经开始意识到这种变化，但并未就这一问题进行实体化讨论，这限制了创新管理学者对数字经济时代产品突破性创新的理解。为此，本书将组态思维引入数字化生产力工具突破性创新研究中，不仅全面剖析了数字化赋能企业生产力工具的形成组态，而且推动数字经济时代下创新管理研究从线性思维向组态思维发展。另一方面，虽然以往研究也曾证实动态能力与资源配置条件对创新的影响，但始终聚焦于容错能力、大数据等单一条件，而忽视了不同条件间的协同效应。本书综合考虑了长期与短期、内部与外部、资源与能力等多种条件构建了数字化生产力工具突破性创新的形成框架，这不仅弥补了以往研究片面探讨单一条件的不足，而且揭示了创新形成的多种组态路径，为创新管理研究的动态能力与资源配置条件选择提供了新借鉴。

第二，探究了数字化生产力工具突破性创新形成的组态差异，拓展了容错能力的研究边界。现有组织创新管理研究探讨了容错能力通过外部互动、人力资源管理实践对创新的影响，但却并未比较具备容错能力与不具备容错能力的组织在创新形成条件方面有何差异。本书在组态分析中发现这种差异主要表现在组织选择将资源配置作为核心条件还是将动态能力作为核心条件。这不仅推动了容错能力研究从线性影响转向情境化，而且解析了数字化生产力工具突破性创新形成的组态差异，为未来组织创新形成研究提供了新思路。

第三节　管理启示

本书聚焦于数字创新情境，分析了数字化赋能企业数字化生产力工具突破性创新的条件与迭代过程，为数字化企业生产力工具突破性创新以及传统企业数字化转型提供了实践指导。主要管理启示如下。

第一，数字化赋能企业应该根据自身所处数字化阶段采用层层递进的管理策略。首先，企业要对自身有清晰的认知，根据工具、技术等标准判断自身所处阶段，如数字化生产力工具是否实现领域通用，或者数字化技术在行业内地位，等等。其次，在确定企业所处阶段后，管理者需结合当前企业所处政策、行业与市场情境做出判断与选择，并通过设定目标、释放信号等意义建构方式为组织开展创新行动赋予强烈社会意义或商业意义。如在场景式数字化阶段，要综合考虑国家政策与市场（客户）需求，并为相应的创新行动赋予客户导向的商业意义。当数字化生产力工具推广至全领域时，要综合考虑国家政策与行业供给端现状，并赋予社会意义。当技术达到业界领先时，要综合考虑行业供给端与市场需求端，主动拓展市场产业链条，为客户创造需求，并赋予市场导向的商业意义。

第二，数字化赋能企业要通过配置不同资源与塑造不同能力来践行管理者认知。在场景式数字化阶段，企业积极搜寻前沿知识，解决客户痛点，并判断未来数字化发展方向；在泛用式数字化阶段，企业要从满足客户需求转变为技术动力储备，营造容错氛围，鼓舞研发成员大胆创新，大力发展技术能力与重构技术体系，储备自主技术；在交互式数字化阶段，企业要从技术动力储备转变为创造客户需求，运用自主技术扩展产业链条，树立品牌，主动为客户创造需求。

第三，数字化赋能企业的价值转型要循序渐进。首先，数字化转型的关键不是数字技术或数字设备，而是与企业认知有关。企业能够从复杂多变的市场环境、技术发展以及客户需求中洞察数字机会，并通过数字技术接入来践行认知。其次，当具备数字相关认知或发现数字机会后，企业首先要确保组织适应性，以客户为中心，通过搭建员工成长平台来建立数字文化，以及营造一个持续学习的、开放的工作环境，制定新的工作机制，培养员工的数字化能力。再次，当针对数字机会做出内部规则调整后，企业要积极搜寻数字相关知识、构建基础设施以及引入数字化人才。麦肯锡的一项报告显示，引入数字化高级人力资本的企业数字化转型成功的概率是其他企业的1.6倍。最后，在获得数字资源以及前沿数字知识后，企业要在纵向上延伸产业链，解决产业链上存在的售前或售后问题；在横向上布局运营平台，拓展数据范围。

第四，数字化赋能企业要遵循"产品矩阵—技术平台—生态平台"的顺序，有步骤地实施共创策略来破解价值转型困境。一是借助传动信任关系建构商誉和共创能力，进而降低对利益相关者的依赖性，并进一步开发互补衍生产品，提升自身与利益相关者间互补性。二是提升互补技术间集成度，并引入高地位客户做背书撬动其他客户参与，以打造坚实的技术平台。三是依托于技术平台，联动供需双侧，主导价值创造，如与合作伙伴分类交付客户，或者前期与客户共同开发产品而后期授权给客户。同时，数字化赋能企业要在不同时点有侧重地实施共创策略。在裂变式共创阶段更应注重对外释放可信任的信号，在技术平台建构的赋能式共创阶段更应注重通过高地位客户杠杆来撬动其他客户参与共创，而在生态平台建构的开放式共创阶段更应兼顾在供需双侧转换身份并灵活分配价值。

第五，数字化赋能企业要注重情绪聚合与知识场营造。除市场、战略、容错等单一动态能力外，企业应当注重情绪层面的综合动态能力塑造，营造不同创新参与者间的知识场。一方面，企业需要积极发展一种集体情绪能力，为创新参与者提供表达恐惧的途径与方法，鼓励创新参与者间真实对话与反馈，以理解组织中真实的情绪氛围，并建构更好的情绪管理标准，以适当回应创新参与者的情绪表达。同时，企业要时常营造一种鼓励创新参与者进行各种尝试和实验的环境氛围，容忍先行先试的参与者犯错，切忌通过情绪压制而保持组织惯例。另一方面，企业要在创造创新活动中注重知识场活性提升，如通过数字技术实现不同参与者间的互相交流，搭建知识交流平台或知识交流社区，吸纳不同领域参与者提供知识方案。

第六，数字化使能企业在数字化转型进程中要转变认知理念、延伸产业链。首先，传统企业要实现数字化转型，就势必打破路径依赖，突破优势选择，而本书结论显示，市场能力进阶与产业链延伸是打破优势选择的有效手段。为此，数字化转型企业需要在优势产品基础上主动延伸售前或售后需求，树立企业品牌，为打造智能生态奠定坚实基础。其次，管理者及组织上下要转变认知理念，从技术或产品优势理念转变为市场与技术拓展理念，如林清轩从传统的线下化妆品实体店转向数字化内容创造工厂，天虹股份从实体百货转向生活零售服务平台等。

第七，企业要在资源配置或动态能力方面有所侧重。虽然本书案例研究发现资源配置与动态能力在不同阶段存在不同匹配关系，但这并非没有侧重。组态研究为企业开展资源与能力间关系提供了思路，即当企业缺失容错能力时，要更加注重市场能力与战略能力，并适度增加资源配置。例如，扩大运营范围、判断技术发展方向、组织结构变革。当企业能够塑造容错能力时，企业要更加注重资源配置，并适度提升其他动态能力。例如，引进优秀数字管理人才、通过拓展业务领域来获得大数据等。值得注意的是，当企业不具备高容错能力时，企业必须至少在"人才"（高级人力资本）与"眼光"（战略能力）中选择其一，否则将会阻碍数字化生产力工具突破性创新。当企业具备高容错能力时，大数据资源将是企业能否获得竞争优势的关键所在。为此，企业要更加注重在业务场景中的大数据收集、分析与应用。

第四节　研究不足与展望

虽然本书对数字创新领域具有一定贡献，但仍然存在一些不足，尤其是数字创新时代下仍然存未来亟待我们共同探究的一些问题。

第一，不同数字化赋能企业数字化生产力工具突破性创新的分路径检验。尽管本书在容智信息的单案例研究中构建了数字化生产力工具突破性创新的实现条件，但事实上，在数字化赋能企业中也有领先者和追赶者之分。其中，领先者实施数字化生产力工具突破性创新的目的在于引领整个行业与革新生态，他们往往面临着更强的合法性挑战。这是因为差异化优势是领先者引领行业的基础，但这同样也挑战着监管机构等利益相关者制定的既有标准。相比之下，追赶者则往往面临着更强的差异化挑战。这是因为模仿和与同行业趋于一致是追赶企业获取资源的基础，却由于路径依赖而极易陷入"模仿—追赶—再模仿"的恶性循环。为此，未来研究亟待探究这两类企业在数字化生产力工具突破性创新实现过程方面有何异同。

第二，打通赋能创新与使能创新。数字化生产力工具是数字化赋能企业的产品，也是推动数字化使能企业转型的重要能量。从整个数字化生态来看，赋能企业解决效率提升问题，使能企业解决价值创造问题。那么，赋能企业突破数字化生产力工具后如何应用到使能企业，以及赋能到使能的转变过程是怎样的，仍是未来研究亟待解决的问题。

第三，数字化生产力工具已经在发展和跃升新质生产力过程中作为一种工作伙伴出现。在人工智能迅猛发展之际，数字化生产力工具可能已经不是一种数字化产品，至少不是与传统产品相对应的产品形态，而是机器人（例如本书中提到的 iBot 软件机器人）。它们将作为人工智能时代一种新的信息系统入口，与人进行深度共创。这意味着未来人机共创将成为典型工作行为，而数字化生产力工具也将以工作伙伴的形式出现在工作中。那么，这种人机共创是如何实现的？如何促进人机共创？这些问题亟待探究。

第四，数字化使能企业实现技术突破的机理。尽管本书探究了数字化赋能企业突破性创新的实现条件与迭代过程，但数字化使能企业的技术突破机理可能并不相同。一是因为使能企业更关注硬件技术，这能够采用引进—消化—吸收的模仿追赶模式；二是因为我们在使能技术应用上具有深厚工业基础。未来亟待进一步探究使能企业实现技术突破的机理，尤其在"市场换技术"策略无效、未有现成技术轨迹可循以及大国重器无法完全遵循市场逻辑等独特情境下应当如何实现突破，尚未可知。

附录一　容智信息的访谈提纲

公司副总访谈提纲

1. 请您介绍一下您的主要职责。您的工作与企业创新有什么关联？

2. 请介绍一下企业发展脉络和整体情况，公司是如何发展过来的？经历了哪些重要节点？每个节点具有什么样的特点？这些节点是如何促进企业发展的？

3. 公司的主要产品有哪些？产品更新换代的速度怎样？产品更迭的动力是什么？在此过程中，新产品开发与旧产品改进有什么关系？领导者在其中起到了怎样的作用？在更迭过程中遇到过什么困难？如何克服的？举个例子。

4. 在产品迭代过程中，什么样的外部因素对产品研发和领导者的作用有影响？怎么影响的？在每个阶段有不同吗？有什么不同？

5. 您觉得咱们的产品是具有创新突破性的产品吗？为什么？您觉得达到什么条件能称得上具有创新突破性的产品？这在咱们产品迭代过程中的含义有什么不同？

6. 您觉得咱们企业的创新文化是什么？有什么特点？在产品更迭过程中，创新文化是否发生了改变，有哪些改变？是如何改变的？

7. 您目前下面有几个项目研发团队？他们在创新效率、创新质量上有什么差异？您对下面各团队的领导方式都一样吗？为什么会这样领导？您认为各项目团队负责人的领导风格有什么不同？这些不同如何影响研发绩效？

8. 您通常会采取哪些措施来激励团队创新？效果如何？那咱们企业层面会有什么样的制度激励创新？效果如何？

9. 您会经常和研发人员交流吗？通常会以什么样的方式交流？效果如何？举个例子。他们会向您主动反馈一些研发问题吗？那您会如何处理这些问题？

10. 您还有什么需要补充的吗？

项目负责人访谈提纲

1. 请介绍一下您在公司的任职经历及承担的主要职责，目前这些职责中哪项最重要？哪项最难完成？在不同的项目职责中，您的领导方式有什么差别？为什么？

2. 公司主要产品有哪些？您参与了哪些产品的研发？在这项产品研发过程中，遇到过什么困难吗？如何克服的？举个例子。除此之外，还运用过其他解决方式吗？您研发的这个产品在行业技术和市场占比方面大致处于什么样的位置？在您看来，它属于具有突破性创新的产品吗？为什么？

3. 当时为何要研发这个产品？产品更新换代受哪些因素影响？这些因素如何影响？在不同产品中，这些因素有变化吗？如何变化？近几年新产品研发的动力分别来自哪里？这些动力哪个最重要？为什么重要？

4. 您觉得在产品更新换代过程中，新产品开发与旧产品改进有什么关系？这种关系是如何变化的？为什么会有这样的关系？领导者在其中扮演了什么角色？领导者的这种角色如何来影响组织决策的？

5. 在研发过程中，您采取过哪些策略、开展哪些活动来推动创新？下属在这些活动中积极性怎么样？他们会提出一些新想法、新思路吗？您是如何处理的？在不同活动中处理方式有什么变化？最终效果如何？举个例子。

6. 团队内的知识分享渠道主要有哪些？效果如何？

7. 您觉得在下属眼里您是一个什么样的领导？

8. 您还有什么需要补充的吗？

研发人员访谈提纲

1. 请介绍一下您进入团队的时间、任期和主要职责。您的领导是谁？到目前为止，您参与过哪些产品的研发？

2. 您觉得这些产品中，哪个产品研发最困难？为什么？遇到过什么困难？怎么克服的？除此之外，还有哪些其他解决方式？这些产品更新换代过程中有什么让你印象深刻的？为什么？领导在问题解决过程中起到了什么作用？如何发挥作用的？表现出了哪些领导方式？对您有什么影响？举个例子。

3. 您觉得您和领导的关系怎么样？您和部门领导有哪些交流方式？当您遇到困难时，您会主动和领导沟通吗？效果如何？举个例子。

4. 您认为领导可以采取哪些措施来激发团队的创新活力？为什么？您希望部门领导为您提供哪些帮助以提高创新绩效？

5. 您平常通过哪些渠道了解本领域的新信息？团队分享有哪些形式？你认为这些形式效果如何？一般而言会如何参与其中？

6. 您所在部门创新目标是什么？这些目标与您有什么关系？您具体通过什么措施来推动自身创新目标的实现？

7. 您的团队氛围如何？团队举办过哪些活动？你对这些活动的兴趣如何？这些活动给团队带来什么影响？您认为组织这些集体活动有何积极影响？

8. 激发您积极参与创新工作的因素还有哪些？

9. 您还有什么需要补充的吗？

附录二　零赛云的访谈提纲

中高层访谈提纲

1. 请您介绍一下您的主要职责。您的工作与企业创新有什么关联？

2. 请介绍一下企业发展脉络和整体情况，公司是如何发展过来的？经历了哪些重要节点（推动企业发展或重大危机与突发事件）？每个节点具有什么样的特点？这些节点是如何促进企业发展的？本次疫情对贵公司有何影响？不利事件给企业的发展带来什么样的影响（例如产品、流程等发生了什么样的变化）？领导者在其中发挥什么样的作用？

3. 据我们了解到，贵公司"赋能企业快速实现数字化转型和智能化升级，赋能企业用数据驱动商业价值"，请问贵公司创立这家公司的初衷（动因）是什么？

4. 公司的发展战略是什么？该战略随公司的发展是如何演变而来的？2022年3月贵公司经历了一次品牌的升级，具体包括启用全新的品牌LOGO——【零赛云Leansight】、定位升级为工业软件及解决方案提供商，能展开谈一下这次升级的过程吗？

5. 您对于数字化是如何看待的？您觉得您的员工对于数字化的态度又是怎样的？

6. 您对于组织韧性是如何看待的？在应对困境的措施制定和实

施过程中，您是否经历过一些矛盾或阻碍（请列举）？您是如何解决的？公司领导是如何应对的？在企业应对困境时，传统资源和数字资源发挥什么样的作用？二者是如何调配或者协同的？能不能举个例子。公司在应对危机的过程中构建了哪些能力？有何不同？公司是如何逐步构建和完善组织韧性能力的？组织韧性对公司发展有何影响？具体表现在哪方面？

7. 公司内部、外部的优势资源有哪些？如何整合利用这些资源？公司通过哪些方式获得和利用资源？公司在各个发展阶段，资源管理的方式和配置有何不同？不同的资源管理方式效果有何差异？有何直接影响？

8. 您认为生态合作是什么？公司与哪些企业建立了生态合作？公司目前有哪些价值主体，如何参与价值共创？主体之间的互动机制、各方盈利模式？各阶段价值主体有何不同？未来发展中还会引入哪些主体？在价值共创系统中，哪些是关键主体？公司为何一直坚持价值共创导向？在发展中有何变化？在与利益相关者形成的生态中，存在多种中心主体，还有哪些中心主体？多个主体之间的关系如何处理？

9. 贵公司目前的服务对象不局限于单个企业，比如与泰州汽车产业进行合作，在由服务个别制造企业上升到与地区产业的过程中，您认为需要怎样的条件？在这个过程中您认为贵公司在整个产业链条或者生态中起到怎样的作用？

10. 贵公司是如何向客户推广产品与服务的？各方在其中扮演怎样的角色？有没有哪一个成功或是失败的项目让您印象深刻？

11. 通过公众号有关注到贵公司最近和三一集团商务部签署了知识图谱项目，帮助三一集团构建供应商全景画像平台，涉及数据集成、知识提取、知识探索和知识查询等流程，您认为这个过程贵公司对客户企业的知识管理起到了怎样的帮助呢？和以往 SRM 系统对比有何不同呢？

12. 公司架构，横向基于传统的划分 9 个部门，纵向基于价值链划分 9 个跨部门协同委员会，架构设置发展过程是怎样的，布局是如何考虑的？过程中的关键事件和节点有哪些？价值链中包含的治理力、生态力和文化力在公司中扮演的角色？跨部门委员会是如何运作的？总经办的职责是什么？同时担任横向职能部门和纵向委员会负责人，是如何协调安排的？

13. 公司的四大产品系列：LeanBI、LeanFusion、LeanCodee、LeanMatrix，各产品的用途和服务对象是什么？产品系列间及单个产品系列的发展过程是怎样的？是如何布局的？布局的动机是什么？产品更新换代的速度怎样？产品更迭的动力是什么？在此过程中，新产品开发与旧产品改进有什么关系？领导者在其中起到了怎样的作用？在更迭过程中遇到过什么困难？如何克服的？举个例子。公众号中有写道：产品创新的本质是什么？创新很多情况来自跨界，跨界在本公司中具体的体现是什么？

14. 公司提供的四大产品解决方案（数字中台解决方案、业务中台解决方案、数字孪生平台、工业互联网平台），与产品系列之间的关系？解决方案之间的关系？服务方案提供的发展历程，关键节点与事件？背后的动机是什么？

15. 公司的创新文化是什么？公众号了解到公司宣传"推崇硅谷文化：工程师文化、推门文化、试错文化、没有规则的规则等，致力于打造一家本土化的硅谷型科技企业"，这些文化代表什么，您是怎么理解硅谷文化的？公司发展过程中，文化是否发生了改变，有哪些改变？是如何改变的？您认为员工对公司文化的理解怎样，是如何将文化传递给员工的？公司名称"零赛云"中所讲的"时刻'归零'，一切从零开始；通过创新持续'赛时'，不断与时间赛跑"，与公司文化之间的关系是什么？

16. 您认为贵公司的产品是否具有颠覆性创新？体现在哪些方面？有什么里程碑事件推动了创新产品的不断推出与更迭？贵公司的创新水平经历了一个怎样的变化过程？您觉得咱们的产品具有创新突破性的产品吗？为什么？您觉得达到什么条件能称得上

具有创新突破性的产品？这在咱们产品迭代过程中的含义有什么不同？您研发的这个产品在行业技术和市场占比方面大致处于什么样的位置？

17. 在产品迭代过程中，有哪些关键的事件影响产品研发决策？什么样的外部因素对产品研发和领导者的作用有影响？怎么影响的？在每个阶段有不同吗？有什么不同？

18. 在贵公司持续创新、不断推出与更迭产品的过程中，您及您的团队遇到过什么困难或者问题吗？对于这些问题您是怎样克服或解决的？

19. 您目前下面有几个项目研发团队？他们在创新效率、创新质量上有什么差异，研发团队对公司的贡献分别体现在哪些方面？

20. 咱们企业层面会有什么样的制度激励创新？效果如何？您通常会采取哪些措施来激励创新？效果如何？

21. 在关键数字化转型赋能的过程中，就您个人而言，您觉得始终推行数字化、不断创新的原因有哪些？您在其中扮演了怎样的角色？这种角色是否有变化、因何而变？如何改变？

22. 在技术突破的过程中，您扮演了怎样的角色？这些角色会发生变化吗？您对您自己及研发人员在创新过程中所扮演的角色期望是什么？

23. 在实现数字化创新的过程中，员工是否能独立完成创新任务、实现预期的创新目标？是否需要您去改进和引导员工，主要改进和引导的重点是什么？

24. 您会经常和研发人员交流吗？通常会以什么样的方式交流？效果如何？举个例子。他们会向您主动反馈一些研发问题吗？那您会如何处理这些问题？

25. 您认为公司未来的技术发展方向是什么？应如何实现？您觉得您个人的创新追求与组织的创新要求或追求是否存在不一致？若有，表现在哪里？

26. 公司是赋能工业企业数智化转型，公司本身的数字化程度如何？研发产品是否在公司内部应用？

27. 您还有什么需要补充的吗？

研发人员访谈提纲

1. 请介绍一下您所在团队、进入团队的时间、任期和主要职责。您的领导是谁？到目前，您参与过哪些产品的研发？

2. 您觉得这些产品中，哪个产品研发最困难？为什么？遇到过什么困难？怎么克服的？除此之外，还有其他解决方式吗？这些产品更新换代过程中有什么让你印象深刻的？为什么？领导在问题解决过程中起到了什么作用？如何发挥作用的？表现出了哪些领导方式？对您有什么影响？举个例子。

3. 您觉得您和领导的关系怎么样？您和部门领导有哪些交流方式？当您遇到困难时，您会主动和领导沟通吗？效果如何？举个例子。

4. 在创新过程中，有和领导意见不一致的地方吗？若有，是如何处理的？（举例）和同事有想法不一致的地方吗？（举例）

5. 您认为领导可以采取哪些措施来激发团队的创新活力？为什么？您希望部门领导为您提供哪些帮助以提高创新绩效？

6. 您平常通过哪些渠道了解本领域的新信息？团队分享有哪些形式？你认为这些形式效果如何？一般而言会如何参与其中？

7. 您所在部门创新目标是什么？这些目标与您有什么关系？您具体通过什么措施来推动自身创新目标的实现？您认为个人的优势与价值是否得到了真正的应用与体现？您为部门或者公司做过的最有成就感的事情是什么？

8. 您对于创新本身是如何看待的？您会不断促使自己勇于创新吗？您的创新想法主要来自哪里？在真正将创新想法落地的过程中，您的领导起到了怎样的作用？

9. 您会不会有那种想要创新却畏缩不前的时候？如果有，是什么导致的？

10. 您的团队氛围如何？团队举办过哪些活动？您对这些活动的兴趣如何？这些活动给团队带来了什么影响？您认为组织这些集体活动有何积极影响？

11. 激发您积极参与创新工作的因素还有哪些？

12. 您一开始进入公司的目标是什么？和现在相比有什么变化？若有，是什么导致变化的发生？您觉得您的领导对您个人成长和职业发展最大的影响是什么？

13. 您认为公司的创新文化是什么？对您产生了什么影响？

14. 您还有什么需要补充的吗？

附录三　子研究四调查问卷

尊敬的女士/先生：

　　您好！

　　非常感谢您填写这份问卷。本调查的目的是探讨数字创新相关问题，为管理实践提供指导。本调查由在信息技术、商业分析及数据应用等数字创新相关领域的管理者匿名填答，选择没有对错之分。此研究的可靠性取决于您是否认真答题，及真实地表达意见。调查结果不会公开，也不用于个人和组织评价，只是探求其中基本的管理规律。

　　非常感谢您的合作！

同济大学人力资源管理研究团队

第一部分　背景信息

　　本问卷是匿名的，但需要您填写公司分类信息以便比较，否则问卷将会无效。感谢您的大力配合！

Q1. 性别：□ 男　□ 女
Q2. 年龄：□ 小于 30 岁　□ 30—45 岁　□ 45—60 岁
Q3. 学历：□ 本科及以下　□硕士　□ 博士

Q4. 公司规模：□ 25 人以下　□ 25—50 人　□ 50—200 人　□ 200—500 人　□ 500 人以上

Q5. 采用数字技术：□ 大数据　□ 云计算　□ 人工智能　□ 区块链　□ 多种技术混合

Q6. 数字技术的网络特性：□ 设备层　□ 网络层　□ 服务层　□ 内容层　□ 其他

第二部分　技术型管理者认知调查

以下是管理者认知方面的相关描述，请在相应的数字下打"√"。

请根据贵公司的实际情况打钩或涂色。其中，1＝完全不符合，2＝不符合，3＝差不多，4＝符合，5＝完全符合。	完全不符合	不符合	差不多	符合	完全符合
我目前所用技术处于高度竞争的市场（构思保护）	1	2	3	4	5
我在制订技术发展计划时会考虑共生伙伴的发展机会（网络构建）	1	2	3	4	5
我通常会根据足够的信息来评判新技术的投资风险（机会动机）	1	2	3	4	5
我更适合开创新技术领域（焦点捕捉）	1	2	3	4	5
深度了解新技术领域是非常重要的（情境知识）	1	2	3	4	5
面对新技术问题时，我能够快速识别出问题的关键特征，并提出替代方案（诊断能力）	1	2	3	4	5

第三部分　组织情绪能力调查

以下是组织情绪能力方面的相关描述，请在相应的数字下打"√"。

请根据贵公司的实际情况打钩或涂色。其中，1 = 完全不符合，2 = 不符合，3 = 差不多，4 = 符合，5 = 完全符合。	完全不符合	不符合	差不多	符合	完全符合
公司有一种可以使员工自由表露个人情绪的能力	1	2	3	4	5
公司中，人们可以充分表达情绪，而不必担心被批评或惩罚	1	2	3	4	5
公司中，组织通过压制员工情感、情绪来维持组织秩序	1	2	3	4	5
员工有感受他人情绪的能力	1	2	3	4	5
员工对他人情绪表现出一定反应	1	2	3	4	5
员工之间会沟通情感	1	2	3	4	5
员工能察觉情绪并解读背后信息	1	2	3	4	5
员工之间相互关怀	1	2	3	4	5
公司可使对立的人开展工作	1	2	3	4	5
不同群体情绪之间有沟通桥梁	1	2	3	4	5
员工彼此间能体会心境	1	2	3	4	5
员工对公司理念有认同感	1	2	3	4	5
员工一起工作的原因是情感纽带	1	2	3	4	5
员工对外会维护公司声誉	1	2	3	4	5

第四部分　知识场活性调查

以下是知识场活性方面的相关描述，请在相应的数字下打"√"。

请根据贵公司的实际情况打钩或涂色。其中，1 = 完全不符合，2 = 不符合，3 = 差不多，4 = 符合，5 = 完全符合。	完全不符合	不符合	差不多	符合	完全符合
与共生伙伴能够有效地沟通信息交流	1	2	3	4	5
与共生伙伴能够通过交流形成信任关系	1	2	3	4	5
与共生伙伴有共同/接近的发展目标、观念	1	2	3	4	5
与共生伙伴合作过程中能够提升技术能力	1	2	3	4	5

第五部分　数字意义建构调查

以下是组织意义建构方面的相关描述，请在相应的数字下打"√"。

请根据贵公司的实际情况打钩或涂色。其中，1 = 完全不符合，2 = 不符合，3 = 差不多，4 = 符合，5 = 完全符合。	完全不符合	不符合	差不多	符合	完全符合
如果在数字技术创新中出了什么问题，我们会努力找到原因	1	2	3	4	5
我们在数字技术创新中试着迅速发现自己的错误，这样就不会重蹈覆辙	1	2	3	4	5
如果某个数字创新项目成功了，我们会及时总结成功经验	1	2	3	4	5
如果在某个数字创新项目中犯了错误，我们会重新审视自己的行为，厘清其中缘由	1	2	3	4	5
我们会不断地评估和调整我们在数字创新过程中做出的决策	1	2	3	4	5

第六部分　数字化生产力工具突破性创新调查

以下是数字化生产力工具突破性创新方面的相关描述，请在相应的数字下打"√"。

请根据贵公司的实际情况打钩或涂色。其中，1 = 远低于竞争对手，2 = 低于竞争对手，3 = 差不多，4 = 高于竞争对手，5 = 远高于竞争对手。					
我们公司的生产力工具显著提升了客户的生产效率	1	2	3	4	5
我们公司的生产力工具从根本上改变了现有生产方式	1	2	3	4	5
我们公司的生产力工具在市场上获得了绝对优势	1	2	3	4	5
我们公司的生产力工具使现有同类工具过时	1	2	3	4	5

附录四 子研究五调查问卷

尊敬的女士/先生：

您好！

非常感谢您填写这份问卷。本调查的目的是探讨数字创新相关问题，为管理实践提供指导。本调查由在信息技术、商业分析及数据应用等数字创新相关领域的管理者匿名填答，选择没有对错之分。此研究的可靠性取决于您是否认真答题，及真实地表达意见。调查结果不会公开，也不用于个人和组织评价，只是探求其中基本的管理规律。

非常感谢您的合作！

同济大学人力资源管理研究团队

第一部分 背景信息

本问卷是匿名的，但需要您填写公司分类信息以便比较，否则问卷将会无效。感谢您的大力配合！

Q1. 性别：□ 男 □ 女

Q2. 年龄：□ 小于 25 岁　□ 25—35 岁　□ 35—45 岁　□ 45—60 岁

Q3. 学历：□ 本科及以下　□硕士　□ 博士

Q4. 公司规模：□ 25 人以下　□ 25—50 人　□ 50—200 人　□ 200—500 人　□ 500 人以上

Q5. 采用数字技术：□ 大数据　□ 云计算　□ 人工智能　□ 区块链　□ 多种技术混合

Q6. 数字技术的网络特性：□ 设备层　□ 网络层　□ 服务层　□ 内容层　□ 其他

第二部分　容错能力调查

以下是容错能力方面的相关描述，请在相应的数字下打"√"。

请根据贵公司的实际情况打钩或涂色。其中，1 = 完全不符合，2 = 不符合，3 = 差不多，4 = 符合，5 = 完全符合。	完全不符合	不符合	差不多	符合	完全符合
公司鼓励创意、创新，并营造了一种鼓励尝试、探索的组织氛围	1	2	3	4	5
公司容忍先行先试的人犯错	1	2	3	4	5
公司形成安全包容的环境	1	2	3	4	5

第三部分　战略能力调查

以下是战略能力方面的相关描述，请在相应的数字下打"√"。

请根据贵公司的实际情况打钩或涂色。其中，1 = 完全不符合，2 = 不符合，3 = 差不多，4 = 符合，5 = 完全符合。	完全不符合	不符合	差不多	符合	完全符合
公司有清晰明确的技术发展目标	1	2	3	4	5
多数情况下，公司能准确判断未来的技术发展方向	1	2	3	4	5

续表

请根据贵公司的实际情况打钩或涂色。其中，1＝完全不符合，2＝不符合，3＝差不多，4＝符合，5＝完全符合。	完全不符合	不符合	差不多	符合	完全符合
多数情况下，公司能及时制定出处理技术战略问题的决策	1	2	3	4	5
在确定技术战略方案前，公司能拟订多种备选方案	1	2	3	4	5
公司能从环境中准确发现可能的技术机会和威胁	1	2	3	4	5
公司对各种技术备选方案的成本、风险及利弊进行仔细评判	1	2	3	4	5

第四部分　市场能力调查

以下是市场能力方面的相关描述，请在相应的数字下打"√"。

请根据贵公司的实际情况打钩或涂色。其中，1＝远低于竞争对手，2＝低于竞争对手，3＝差不多，4＝高于竞争对手，5＝远高于竞争对手。					
公司的客户知识获取能力	1	2	3	4	5
公司的市场活动整合能力	1	2	3	4	5
公司细化目标和市场的能力	1	2	3	4	5
公司的潜在客户识别能力	1	2	3	4	5
公司的客户连接能力（创建和维护客户关系）	1	2	3	4	5

第五部分　大数据调查

以下是大数据方面的相关描述，请在相应的数字下打"√"。

请根据贵公司的实际情况打钩或涂色。其中，1＝完全不符合，2＝不符合，3＝差不多，4＝符合，5＝完全符合。	完全不符合	不符合	差不多	符合	完全符合
我们可以访问非常大、非结构化或高度动态的数据进行分析	1	2	3	4	5

续表

请根据贵公司的实际情况打钩或涂色。其中，1＝完全不符合，2＝不符合，3＝差不多，4＝符合，5＝完全符合。	完全不符合	不符合	差不多	符合	完全符合
我们可以将多个来源的数据整合到一个数据集以便访问	1	2	3	4	5
我们可以将内部数据与外部数据整合到一起以便分析商业环境	1	2	3	4	5
我们有充足的资金支持大数据分析项目	1	2	3	4	5
我们有充足的时间来实现大数据分析项目中设定的目标	1	2	3	4	5

第六部分　高级人力资本调查

以下是高级人力资本方面的相关描述，请在相应的数字下打"√"。

请根据贵公司的实际情况打钩或涂色。其中，1＝完全不符合，2＝不符合，3＝差不多，4＝符合，5＝完全符合。	完全不符合	不符合	差不多	符合	完全符合
公司管理者的专业素质非常高	1	2	3	4	5
公司管理者被认为在行业内具有较高水平	1	2	3	4	5
公司管理者都比较聪明，具有创造性	1	2	3	4	5
公司管理者在特定的工作领域内都是专家	1	2	3	4	5
公司管理者一般会提出新思想，传播新知识	1	2	3	4	5

第七部分　数字化生产力工具创新突破调查

以下是数字化生产力工具创新突破方面的相关描述，请在相应的数字下打"√"。

请根据贵公司的实际情况打钩或涂色。其中，1 = 远低于竞争对手，2 = 低于竞争对手，3 = 差不多，4 = 高于竞争对手，5 = 远高于竞争对手。

我们公司的数字化工具显著提升了客户的生产效率	1	2	3	4	5
我们公司的数字化工具从根本上改变了现有生产方式	1	2	3	4	5
我们公司的数字化工具在市场上获得了绝对优势	1	2	3	4	5
我们公司的数字化工具使现有同类工具过时	1	2	3	4	5

参考文献

一 中文文献

毕静煜、谢恩、魏海笑：《联盟伙伴技术多样性对企业突破性创新的影响——研发联盟组合特征的调节作用》，《研究与发展管理》2021年第2期。

陈春花：《价值共生——数字化时代的组织管理》，人民邮电出版社2021年版。

陈春花：《打造数字战略的认知框架》，《领导决策信息》2019年第5期。

陈春花、朱丽、钟皓：《中国企业数字化生存管理实践视角的创新研究》，《管理科学学报》2019年第10期。

陈冬梅、王俐珍、陈安霓：《数字化与战略管理理论——回顾，挑战与展望》，《管理世界》2020年第5期。

陈国青、曾大军、卫强：《大数据环境下的决策范式转变与使能创新》，《管理世界》2020年第2期。

陈剑、黄朔、刘运辉：《从赋能到使能——数字化环境下的企业运营管理》，《管理世界》2020年第2期。

陈文波、黄丽华、陈琪彰：《企业信息系统实施中的意义建构：以S公司为例》，《管理世界》2011年第6期。

陈晓萍、徐淑英、樊景立主编：《组织与管理研究的实证方法（第二版）》，北京大学出版社2008年版。

邓新明、刘禹、龙贤义：《管理者认知视角的环境动态性与组织战略变革关系研究》，《南开管理评论》，2021年第1期。

杜勇、曹磊、谭畅：《平台化如何助力制造企业跨越转型升级的数字鸿沟？——基于宗申集团的探索性案例研究》，《管理世界》2022年第6期。

杜运周、李佳馨、刘秋辰：《复杂动态视角下的组态理论与QCA方法：研究进展与未来方向》，《管理世界》2021年第3期。

付玉秀、张洪石：《突破性创新：概念界定与比较》，《数量经济技术经济研究》2004年第3期。

甘静娴、戚湧：《双元创新、知识场活性与知识产权能力的路径分析》，《科学学研究》2018年第11期。

葛元骎、李树文、罗瑾琏：《共时性双元领导对突破性创新的影响机制》，《科研管理》2022年第8期。

郭海燕、张连营、洪帅：《知识领导力视角下亲社会化意义建构机制对知识隐藏意愿的影响》，《管理学报》2020年第1期。

郝生宾、米加宁、于渤：《新创企业网络导向对企业绩效的影响：战略能力的中介效应》，《系统管理学报》2019年第3期。

姜骞、刘强、唐震：《创新网络关系治理对科技型中小企业突破性创新的影响机理——知识场活性的中介效应》，《科技进步与对策》2017年第12期。

蒋军锋、李孝兵、殷婷婷：《突破性技术创新的形成：述评与未来研究》，《研究与发展管理》2017年第6期。

焦豪、杨季枫、应瑛：《动态能力研究述评及开展中国情境化研究的建议》，《管理世界》2021年第5期。

金珺、陈赞、李诗婧：《数字化开放式创新对企业创新绩效的影响研究——以知识场活性为中介》，《研究与发展管理》2020年第6期。

李树文、罗瑾琏：《组织能力与外部环境如何促进产品创新？基于生命周期的组态分析》,《科学学与科学技术管理》2020 年第 10 期。

李树文、罗瑾琏、郭利敏:《科创企业能力型、动机型与机会型战略人力资源管理对产品创新影响的周期演进》,《南开管理评论》2022 年第 2 期。

李树文、罗瑾琏、梁阜:《竞争环境下研发企业组织情绪能力与组织绩效:双路径模型检验》,《南开管理评论》2021 年第 2 期。

李树文、罗瑾琏、孙锐:《组织情绪能力:概念、测量、前因与后果》,《外国经济与管理》2019 年第 6 期。

李树文、罗瑾琏、张志菲:《AI 能力如何助推企业实现价值共创——基于企业与客户间互动的探索性案例研究》,《中国工业经济》2023 年第 5 期。

李志刚、崔扬、杨春白雪:《元宇宙创业组织合法性获取与管理机制——基于 Spaceboo 的单案例研究》,《外国经济与管理》2023 年第 3 期。

梁阜、李树文、耿新:《基于企业生命周期的人力资本最优配置——资源转化的视角》,《科研管理》2020 年第 4 期。

梁阜、李树文、孙锐:《SOR 视角下组织学习对组织创新绩效的影响》,《管理科学》2017 年第 3 期。

刘凌冰、韩向东、杨飞:《集团企业预算管理的演进与意义建构——基于神华集团 1998—2014 年的纵向案例研究》,《会计研究》2015 年第 7 期。

刘洋、董玖钰、魏江:《数字创新管理:理论框架与未来研究》,《管理世界》2020 年第 7 期。

罗瑾琏、管建世、钟竞:《迷雾中的抉择:创新背景下企业管理者悖论应对策略与路径研究》,《管理世界》2018 年第 11 期。

梅亮、陈春花、刘超:《连接式共生:数字化情境下组织共生的范式涌现》,《科学学与科学技术管理》2021 年第 4 期。

单宇、许晖、周连喜:《数智赋能:危机情境下组织韧性如何形成?——基于林清轩转危为机的探索性案例研究》,《管理世界》2021年第3期。

尚航标、李卫宁、蓝海林:《如何突破认知凝滞?管理认知变革的理论综述》,《科学学与科学技术管理》2013年第8期。

孙锐、李树文:《组织情绪能力对产品创新影响的边界与路径》,《科学学研究》2018年第7期。

孙锐、张文勤:《企业创新中的组织情绪能力问题研究》,《科学学与科学技术管理》2015年第12期。

孙锐、赵晨:《战略人力资源管理、组织情绪能力与组织创新——高新技术企业部门心理安全的作用》,《科学学研究》2016年第12期。

孙向东、曲少玲、胡德华:《基于情境认知与学习理论的社会意义构建模型研究》,《图书馆》2015年第12期。

王宏蕾、孙健敏:《授权型领导的负面效应:理论机制与边界条件》,《心理科学进展》2019年第5期。

王节祥、陈威如、江诗松:《平台生态系统中的参与者战略:互补与依赖关系的解耦》,《管理世界》2021年第2期。

王琳、陈志军:《价值共创如何影响创新型企业的即兴能力?——基于资源依赖理论的案例研究》,《管理世界》2020年第11期。

王永贵、洪傲然:《千篇一律还是产品定制——"一带一路"背景下中国企业跨国渠道经营研究》,《管理世界》2020年第12期。

魏江、刘洋等:《数字创新》,机械工业出版社2020年版。

吴剑峰、丁沂昕、雷震:《存续企业如何实现组织身份变革?——基于海油发展的纵向案例研究》,《管理世界》2022年第7期。

吴瑶、肖静华、谢康:《从价值提供到价值共创的营销转型——企业与消费者协同演化视角的双案例研究》,《管理世界》2017年第4期。

谢卫红、林培望、李忠顺:《数字化创新:内涵特征、价值创造与展望》,《外国经济与管理》2020 年第 9 期。

谢小云、左玉涵、胡琼晶:《数字时代的人力资源管理:基于人与技术交互的视角》,《管理世界》2021 年第 1 期。

许学国、梅冰青、吴耀威:《基于知识属性与场论的空间知识辐射效应研究——以长三角地区为例》,《科技进步与对策》2016 年第 2 期。

杨林、俞安平:《企业家认知对企业战略变革前瞻性的影响:知识创造过程的中介效应》,《南开管理评论》2016 年第 1 期。

于飞、胡泽民、董亮:《知识耦合对企业突破式创新的影响机制研究》,《科学学研究》2018 年第 12 期。

张璐、梁丽娜、苏敬勤:《破茧成蝶:创业企业如何突破能力的刚性束缚实现进阶?》,《管理世界》2020 年第 6 期。

张勇、龙立荣、贺伟:《绩效薪酬对员工突破性创造力和渐进性创造力的影响》,《心理学报》2014 年第 12 期。

周飞、孙锐:《吸收能力和网络惯例形成演化视角下的突破性产品创新研究》,《管理学报》2015 年第 6 期。

周文辉、邓伟、陈凌子:《基于滴滴出行的平台企业数据赋能促进价值共创过程研究》,《管理学报》2018 年第 8 期。

二 英文文献

Abualqumboz M., Chan P. W., Bamford D. R., et al., "Temporal dimensions of knowledge exchanges in horizontal knowledge networks", *Journal of Knowledge Management*, Vol. 25, No. 4, 2021.

Adner R., Helfat C. E., "Corporate effects and dynamic managerial capabilities", *Strategic Management Journal*, Vol. 24, No. 10, 2003.

Agyapong A., Essuman D., Love A. K. Y., "Performance implications of strategic planning and marketing capability in micro and small businesses in an emerging African economy: a contingent resource-based view", *Journal of Small Business & Entrepreneurship*, Vol. 33, No. 1, 2021.

Akgün A. E., Keskin H., Byrne J. C., et al., "Antecedents and results of emotional capability in software development project teams", *Journal of Product Innovation Management*, Vol. 28, No. 6, 2011.

Akgün A. E., Keskin H., Byrne J. C., et al., "Emotional and learning capability and their impact on product innovativeness and firm performance", *Technovation*, Vol. 27, No. 9, 2007.

Akgün A. E., Keskin H., Byrne J. C., "Organizational emotional capability, product and process innovation, and firm performance: An empirical analysis", *Journal of Engineering and Technology Management*, Vol. 26, No. 3, 2009.

Alexander L., van Knippenberg D., "Teams in pursuit of radical innovation: A goal orientation perspective", *Academy of Management Review*, Vol. 39, No. 4, 2014.

Anderson P., Tushman M. L., "Managing through cycles of technological change", *Research Technology Management*, Vol. 34, No. 3, 1991.

Andriopoulos C., Lewis M. W., "Exploitation-exploration tensions and organizational ambidexterity: Managing paradoxes of innovation", *Organization Science*, Vol. 20, No. 4, 2009.

Antonovsky H., Sagy S., "The development of a sense of coherence and its impact on responses to stress situations", *Journal of Social Psychology*, Vol. 126, No. 2, 1986.

Appiah G., Bonsu S. K., Sarpong D., "The unpowered customer: Co-creation as tactics of the weak", *Journal of Business Research*, Vol. 133, 2021.

Ashforth B. E., "Emotion in the workplace: A reappraisal", *Human

Relations, Vol. 48, No. 2, 1995.

Augier M., Teece D. J., "Dynamic capabilities and the role of managers in business strategy and economic performance", *Organization Science*, Vol. 20, No. 2, 2009.

Balogun J., Johnson G., "From intended strategies to unintended outcomes: The impact of change recipient sensemaking", *Academy of Management Annual Meeting Proceedings*, Vol. 26, No. 11, 2005.

Bamberger P., "From the editors beyond contextualization: Using context theories to narrow the micro-macro gap in management research", *Academy of Management Journal*, Vol. 51, No. 5, 2008.

Barba-Aragón M. I., Jiménez-Jiménez D., "HRM and radical innovation: A dual approach with exploration as a mediator", *European Management Journal*, Vol. 38, No. 5, 2020.

Barney J., "Firm resources and sustained competitive advantage", *Journal of Management*, Vol. 17, No. 1, 1991.

Battista J., Almond R., "The development of meaning in life", *Psychiatry*, Vol. 36, No. 4, 1973.

Berraies S., Hamza K. A., Chtioui R., "Distributed leadership and exploratory and exploitative innovations: mediating role of tacit and explicit knowledge sharing and organizational trust", *Journal of Knowledge Management*, Vol. 25, No. 5, 2021.

Best B., Miller K., Mcadam R., et al., "Business model innovation within SPOs: Exploring the antecedents and mechanisms facilitating multi-level value co-creation within a value-network", *Journal of Business Research*, Vol. 141, 2022.

Bettencourt L. A., Lusch R. F., Vargo S. L., "A service lens on value creation: Marketing's role in achieving strategic advantage", *California Management Review*, Vol. 57, No. 11, 2014.

Beverland M. B., Micheli P., Farrelly F. J., "Resourceful sensemaking: Overcoming barriers between marketing and design in NPD", *Journal of Product Innovation Management*, Vol. 33, No. 5, 2016.

Bhandari K. R., Rana S., Paul J., et al., "Relative exploration and firm performance: Why resource-theory alone is not sufficient?", *Journal of Business Research*, Vol. 118, 2020.

Bicen P., Johnson W. H. A., "Radical innovation with limited resources in high-turbulent markets: The role of lean innovation capability", *Creativity and Innovation Management*, Vol. 24, No. 2, 2015.

Blichfeldt H., Faullant R., "Performance effects of digital technology adoption and product & service innovation - A process-industry perspective", *Technovation*, Vol. 105, 2021.

Bohnsack R., Hanelt A., Kurtz H., Re-examining path dependency in the digital age: A longitudinal case study in the car industry, Academy of Management Annual Meeting, 2019.

Boland Jr R. J., Lyytinen. K., Yoo Y., "Wakes of innovation in project networks: The case of digital 3-D representations in architecture, engineering, and construction", *Organization Science*, Vol. 18, No. 4, 2007.

Boudreau K. J., "Let a thousand flowers bloom? An early look at large numbers of software app developers and patterns of innovation", *Organization Science*, Vol. 23, No. 5, 2012.

Bouncken R. B., Hughes M., Ratzmann M., et al., "Family firms, alliance governance and mutual knowledge creation", *British Journal of Management*, Vol. 31, No. 4, 2020.

Bratianu C., Vătămănescu E., Anagnoste S., et al., "Untangling knowledge fields and knowledge dynamics within the decision-making process", *Management Decision*, Vol. 59, No. 2, 2021.

Brattstrom A., Lofsten H., Richtnér A., "Similar, yet different: a comparative analysis of the role of trust in radical and incremental product innovation", *International Journal of Innovation Management*, Vol. 19, No. 4, 2015.

Bresciani S., Huarng K. H., Malhotra A., et al., "Digital transformation as a springboard for product, process and business model innovation", *Journal of Business Research*, Vol. 128, 2021.

Brownlie D., Hewer P., "Articulating consumers through practices of vernacular creativity", *Scandinavian Journal of Management*, Vol. 27, No. 2, 2011.

Burke J. C., Mackenzie S. B., Podsakoff P. M., "A critical review of construct indicators and measurement model misspecification in marketing and consumer research", *Journal of Consumer Research*, Vol. 30, No. 2, 2003.

Burnett J. R., Lisk T. C., "The future of employee engagement: Real-time monitoring and digital tools for engaging a workforce", *International Studies of Management and Organization*, Vol. 49, No. 1, 2019.

Buschgens T., Bausch A., Balkin D. B., "Organizational Culture and Innovation: A Meta-Analytic Review", *Journal of Product Innovation Management*, Vol. 30, No. 4, 2013.

Calvard T. S., "Big data, organizational learning, and sensemaking: Theorizing interpretive challenges under conditions of dynamic complexity", *Management Learning*, Vol 47, No. 1, 2016.

Cameron K., Quinn R., Diagnosing and changing organizational culture: Based on the competing values framework, Addison-Wesley, 1999.

Carnabuci G., Operti E., "Where do firms' recombinant capabilities come from? Intraorganizational networks, knowledge, and firms' ability to innovate through technological recombination", *Strategic Management Journal*, Vol. 34, No. 13, 2013.

Chandy R. K., Tellis G. J., "Organizing for radical product innovation: The overlooked role of willingness to cannibalize", *Journal of Marketing Research*, Vol. 35, No. 4, 1998.

Chau P. Y. K., Tam K. Y., "Factors affecting the adoption of open systems: An exploratory study", *MIS Quarterly*, Vol. 21, No. 1, 1997.

Ciambotti G., Pedrini M., "Hybrid harvesting strategies to overcome resource constraints: Evidence from social enterprises in Kenya", *Journal of Business Ethics*, Vol. 168, No. 3, 2019.

Ciriello R. F., Richter A., Schwabe G., "Digital innovation", *Business & Information Systems Engineering*, Vol. 60, No. 6, 2018.

Clark S. M., Gioia D. A., Ketchen Jr D. J., et al., "Transitional identity as a facilitator of organizational identity change during a merger", *Administrative Science Quarterly*, Vol. 55, No. 3, 2010.

Cloutier C., Ravasi D., "Identity trajectories: Explaining long-term patterns of continuity and change in organizational identities", *Academy of Management Journal*, Vol. 63, No. 4, 2020.

Cohen W., Empirical studies of innovative activity, in Handbook of the economics of innovation and techno- logical change, Paul Stoneman, ed. Cambridge. MA: Blaek- well, 1995.

Colbert A., Yee N., George G., "The digital workforce and the workplace of the future", *Academy of Management Journal*, Vol. 59, No. 3, 2016.

Collis D. J., Montgomery C. A., "Competing on resources: Strategy in the 1990s", *Harvard Business Review*, Vol. 73, No. 4, 1995.

Constantiou I. D., Kallinikos J., "New Games, new rules: Big data and the changing context of strategy", *Journal of Information Technolo-*

gy, Vol. 30, No. 1, 2015.

Cova B., Gaglio G., Weber J., et al., "Organizational sensemaking of non-ethical consumer behavior: Case study of a french mutual insurance company", *Journal of Business Ethics*, Vol. 148, No. 4, 2018.

Crumbaugh J. C., Maholick L. T., "An experimental study in existentialism: The psychometric approach to Frankl's concept of noogenic neurosis", *Journal of Clinical Psychology*, Vol. 20, No. 2, 1964.

Cuevas-Rodríguez G., Cabello-Medina C., Carmona-Lavado A., "Internal and external social capital for radical product innovation: Do they always work well together?", *British Journal of Management*, Vol. 25, No. 2, 2014.

Cunliffe A. L., Scaratti G., "Embedding impact in engaged research: Developing socially useful knowledge through dialogical sensemaking", *British Journal of Management*, Vol. 28, No. 1, 2017.

Cutolo D., Ferriani S., "Now it makes more sense: How narratives can help atypical actors increase market appeal", *Journal of Management*, Vol. 50, No. 5, 2024.

Davcik N. S., Cardinali S., Sharma P., et al., "Exploring the role of international R&D activities in the impact of technological and marketing capabilities on SMEs' performance", *Journal of Business Research*, Vol. 128, No. 5, 2021.

David S., Felix W., "Inter-organizational sensemaking in the face of strategic meta-problems: Requisite variety and dynamics of participation", *Strategic Management Journal*, Vol. 39, No. 3, 2018.

Debats D. L., van der Lubbe P. M., Wezeman F., "On the psychometric properties of the life regard index (LRI) -A measure of meaningful life", *Personality & Individual Differences*, Vol. 14, No. 3, 1993.

Deng H., Walter F., Guan Y., "Supervisor-directed emotional labor as upward influence: An emotions-as-social-information perspective", *Journal of Organizational Behavior*, Vol. 41, No. 4, 2020.

Desarbo W. S., Benedetto C. A. D., Song M., et al., "Revisiting the miles and snow strategic framework: Uncovering interrelationships between strategic types, capabilities, environmental uncertainty, and firm performance", *Strategic Management Journal*, Vol. 26, No. 1, 2005.

Dess G., Beard D., "Dimensions of organizational task environments", *Administrative Science Quarterly*, Vol. 29, No. 1, 1984.

Dinner I. M., Heerde H., Neslin S. A., "Driving online and offline sales: The cross-channel effects of traditional, online display, and paid search advertising", *Journal of Marketing Research*, Vol. 51, No. 5, 2014.

Domínguez-Escrig E., Mallén-Broch F. F., Lapiedra-Alcamí R., et al., "The influence of leaders' stewardship behavior on innovation success: The mediating effect of radical innovation", *Journal of Business Ethics*, Vol. 159, No. 3, 2019.

Dutton J. E., Ashford S. J., "Selling issues to top management", *Academy of Management Review*, Vol. 18, No. 3, 1993.

Eden R., Burton-Jones A., Casey V., et al., "Digital transformation requires workforce transformation", *MIS Quarterly Executive*, Vol. 18, No. 1, 2019.

Eisenhardt K. M., Martin J. A., "Dynamic capabilities: what are they?", *Strategic Management Journal*, Vol. 21, No. 10-11, 2000.

Ferraris A., Mazzoleni A., Devalle A., et al., "Big data analytics capabilities and knowledge management: impact on firm performance", *Management Decision*, Vol. 57, No. 8, 2019.

Fichman R. G., Santos B. D., Zheng Z. E., "Digital innovation as a fundamental and powerful concept in the information systems curriculum", *MIS Quarterly*, Vol. 38, No. 2, 2014.

FitzPatrick M., Varey R. J., Gr? nroos C., et al., "Relationality in the service logic of value creation", *Journal of Services Marketing*, Vol. 29, No. 6/7, 2015.

Foucart R., Li Q. C., "The role of technology standards in product innovation: Theory and evidence from UK manufacturing firms", *Research Policy*, Vol. 50, No. 2, 2021.

Franke N., Hipple E. V., "Satisfying heterogeneous user needs via innovation tool kit", *Research Policy*, Vol. 7, No. 32, 2003.

Gallagher R., Appenzeller T., "Beyond reductionism", *Science*, Vol. 284, 1999.

Gatignon H., Xuereb J. M., "Strategic orientation of the firm and new product performance", *Journal of Marketing Research*, Vol. 34, No. 1, 1997.

George J., Weiss A. M., Dutta S., "Marketing in technology-intensive markets: Toward a conceptual framework", *Journal of Marketing*, Vol. 63, No. 4, 1999.

Gioia D. A., Chittipeddi K., "Sensemaking and sensegiving in strategic change initiation", *Strategic Management Journal*, Vol. 12, No. 6, 1991.

Gioia D. A., Corley K. G., Hamilton A. L., "Seeking qualitative rigor in inductive research: Notes on the Gioia methodology", *Organizational Research Methods*, Vol. 16, No. 1, 2013.

Gioia D. A., Price K. N., Hamilton A. L., et al., "Forging an identity: An insider-outsider study of processes involved in the formation of organizational identity", *Administrative Science Quarterly*, Vol. 55, No. 1, 2010.

Gomes L., Facin A., Junior F. H., "Building a bridge between performance management, radical innovation, and innovation networks: A systematic literature review", *Creativity and Innovation Management*, Vol. 28, No. 4, 2019.

Grönroos C., Voima P., "Critical service logic: making sense of value creation and co-creation", *Journal of the Academy of Marketing Science*, Vol. 41, 2013.

Grnrooss C., "Conceptualising value co-creation: A journey to the 1970s and back to the future", *Journal of Marketing Management*, Vol. 28, No. 13-14, 2012.

Hao B., Ye J., Feng Y., et al., "Explicit and tacit synergies between alliance firms and radical innovation: the moderating roles of interfirm technological diversity and environmental technological dynamism", *R&D Management*, Vol. 50, No. 4, 2020.

Hawlitschek F., Notheisen B., Teubner T., "The limits of trust-free systems: A literature review on blockchain technology and trust in the sharing economy", *Electronic Commerce Research and Applications*, Vol. 29, 2018.

Heffernan G. M., "Path dependence, behavioral rules, and the role of entrepreneurship in economic change: The case of the automobile industry", *Review of Austrian Economics*, Vol. 16, No. 1, 2003.

Helfat C., Finkelstein S., Mitchell W., "Dynamic capabilities: Understanding strategic change in organizations", *Academy of Management Eview*, Vol. 30, 2007.

Henfridsson O., Mathiassen L., Svahn F., "Managing technological change in the digital age: The role of architectural frames", *Journal of Information Technology*, Vol. 29, No. 1, 2014.

Henfridsson O., Nandhakumar J., Scarbrough H., et al., "Recombination in the open-ended value landscape of digital innovation", *Information & Organization*, Vol. 28, No. 2, 2018.

Hinings B., Gegenhuber T., Greenwood R., "Digital innovation and transformation: An institutional perspective", *Information and Organization*, Vol. 28, No. 1, 2018.

Hodgkinson G. P., Healey M. P., "Psychological foundation of dynamic capabilities: Reflexion and reflection in srategic management", *Strategic Management Journal*, Vol. 32, No. 13, 2011.

Hultink E. J., Griffin A., Hart S., et al., "Industrial new product launch strategies and product development performance", *Journal of Product Innovation Management*, Vol. 14, No. 4, 1997.

Huy Q. N., "An emotion-based view of strategic renewal", *Advances in Strategic Management*, Vol. 22, 2005.

Huy Q. N., "Emotional capability, emotional intelligence, and radical change", *Academy of Management Review*, Vol. 24, No. 2, 1999.

Huy Q. N., Leaders who can read collective emotions are more effective read more, https://knowledge.insead.edu/strategy/leaders-who-can-read-collective-emotions-are-more-effective-4002, 2015.

Jacobides M. G., Cennamo C., Gawer A., "Towards a theory of ecosystems", *Strategic Management Journal*, Vol. 39, No. 8, 2018.

Jimenez-Jimenez D., Sanz-Valle R., "Could HRM support organizational innovation?", *International Journal of Human Resource Management*, Vol. 19, No. 7, 2008.

Johansson A. E., Raddats C., Witell L., "The role of customer knowledge development for incremental and radical service innovation in servitized manufacturers", *Journal of Business Research*, Vol. 98, 2019.

Joshi A. W., "When does customer orientation hinder (help) radical product innovation? The role of organizational rewards", *Journal of

Product Innovation Management, Vol. 33, No. 4, 2016.

Jyoti C., Efpraxia Z., "Understanding and exploring the value co-creation of cloud computing innovation using resource based value theory: An interpretive case study", *Journal of Business Research*, Vol. 164, 2023.

Kang B., Jindal R. P., "Opportunism in buyer - seller relationships: Some unexplored antecedents", *Journal of Business Research*, Vol. 68, No. 3, 2015.

Kaplan S., "Research in cognition and strategy: Reflections on two decades of progress and a look to the future", *Journal of Management Studies*, Vol. 48, No. 3, 2011.

Khanagha S., Ansari S., Paroutis S., et al., "Mutualism and the dynamics of new platform creation: A study of Cisco and fog computing", *Strategic Management Journal*, Vol. 43, No. 3, 2022.

Kodama M., Shibata T., "Strategy transformation through strategic innovation capability - a case study of Fanuc", *R&D Management*, Vol. 44, No. 1, 2014.

Kohli R., Melville N. P., "Digital innovation: A review and synthesis", *Information Systems Journal*, Vol. 29, No. 1, 2019.

Kristina D., Dean M. B., "When is an invention really radical? Defining and measuring technological radicalness", *Research Policy*, Vol. 34, No. 5, 2005.

Leone D., Schiavone F., Appio F. P., et al., "How does artificial intelligence enable and enhance value co-creation in industrial markets? An exploratory case study in the healthcare ecosystem", *Journal of Business Research*, Vol. 129, 2021.

Li S., Ja R., Juergen H. S., et al., "Ambidextrous leadership and radical innovative capability: The moderating role of leader support",

Creativity and Innovation Management, Vol. 29, No. 4, 2020

Li S., Jia R., Juergen H. S., et al., "The impact of ability-, motivation-and opportunity-enhancing strategic human resource management on performance", *Asia Pacific Journal of Human Resources*, Vol. 60, No. 3, 2022.

Lockett A., Currie G., Finn R., et al., "The influence of social position on sensemaking about organizational change", *Academy of Management Journal*, Vol. 57, No. 4, 2014.

Louis M. R., "Surprise and sense making: What newcomers experience in entering unfamiliar organizational settings", *Administrative Science Quarterly*, Vol. 25, No. 2, 1980.

López A., Cabello C., Carmona A., et al., "Managing functional diversity, risk taking and incentives for teams to achieve radical innovations", *R&D Management*, Vol. 38, No. 1, 2008.

Luscher L. S., Lewis M. W., "Organizational change and managerial sensemaking: working through paradox", *Academy of Management Journal*, Vol. 51, No. 2, 2008.

Lusch R. F., Nambisan S., "Service innovation: A service-dominant logic perspective", *MIS Quarterly*, Vol. 39, No. 1, 2015.

Luthans F., Youssef C. M., "Human, social, and now positive psychological capital management: investing in people for competitive advantage", *Organizational Dynamics*, Vol. 33, No. 2, 2004.

Maes J., Sels L., "SMEs' radical product innovation: The role of internally and externally oriented knowledge capabilities", *Journal of Small Business Management*, Vol. 52, No. 1, 2014.

Magala S. J., "The making and unmaking of sense", *Organizational Studies*, Vol. 18, No. 2, 1997.

Maitlis S., Sonenshein S., "Sensemaking in crisis and change: Inspiration and insights from weick (1988)", *Journal of Management Studies*, Vol. 47, No. 3, 2010.

Maitlis S., "The social processes of organizational sensemaking", *Academy of Management Journal*, Vol. 48, No. 1, 2005.

Majchrzak A., Markus M. L., Wareham J., "Designing for digital transformation: Lessons for information systems reserch from the study of ICT and societal challenges", *MIS Quarterly*, Vol. 40, No. 2, 2016.

May D. R., Gilson R. L., Harter L. M., "The psychological conditions of meaningfulness, safety and availability and the engagement of the human spirit at work", *Journal of Occupational and Organizational Psychology*, Vol. 77, No. 1, 2004.

McLaughlin P., Bessant J., Smart P., "Developing an organizational culture that facilitates radical innovation", *International Journal of Technology Management*, Vol. 44, No. 3/4, 2008.

Mele C., Spena T. R., Kaartemo V., et al., "Smart nudging: How cognitive technologies enable choice architectures for value co-creation", *Journal of Business Research*, Vol. 129, 2021.

Mikalef P., Boura M., Lekakos G., et al., "Big data analytics capabilities and innovation: The mediating role of dynamic capabilities and moderating effect of the environment", *British Journal of Management*, Vol. 30, No. 2, 2019.

Moss M., "Sensemaking, complexity and organizational knowledge", *Knowledge & Process Management*, Vol. 8, No. 4, 2010.

Nadkarni S., Barr P. S., "Environmental context, managerial cognition, and strategic action: An integrated view", *Strategic Management Journal*, Vol. 29, No. 13, 2008.

Nambisan S., Lyytinen K., Majchrzak A., et al., "Digital innovation management: Reinventing innovation management research in a digital world", *MIS Quarterly*, Vol. 41, No. 1, 2017.

Naranjo-Valencia J. C., Jimenez-Jimenez D., Sanz-Valle R., "Organizational culture and radical innovation: Does innovative behavior mediate this relationship?", *Creativity and Innovation Management*, Vol. 26, No. 4, 2017.

Ngo L. V., O'Cass A., "In search of innovation and customer-related performance superiority: The role of market orientation, marketing capability, and innovation capability interactions", *Journal of Product Innovation Management*, Vol. 29, No. 5, 2012.

Nonaka I., "A dynamic theory of organizational knowledge creation", *Organization Science*, Vol. 5, No. 1, 1994.

Nooteboom B., "Trust, opportunism and governance: A process and control model", *Organization Studies*, Vol. 17, No. 6, 1996.

Oerlemans L. A. G., Knoben J., Pretorius M. W., "Alliance portfolio diversity, radical and incremental innovation: The moderating role of technology management", *Technovation*, Vol. 33, No. 6, 2013.

Oliver C., "Sustainable competitive advantage: combining institutional and resource-based views", *Strategic Management Journal*, Vol. 18, No. 9, 1997.

Park C. L., "Making sense of the meaning literature: An integrative review of mean making and its effects on adjustment to stressful life events", *Psychological Bulletin*, Vol. 136, No. 2, 2010.

Payne A., Frow P., "Developing superior value propositions: a strategic marketing imperative", *Journal of Service Management*, Vol. 25, No. 2, 2014.

Pera R., Occhiocupo N., Clarke J., "Motives and resources for value co-creation in a multi-stakeholder ecosystem: A managerial perspective", *Journal of Business Research*, Vol. 69, No. 10, 2016.

Peteraf M. A., Bergen M. E., "Scanning dynamic competitive landscapes: A market-based and resource-based framework", *Strategic Management Journal*, Vol. 24, No. 10, 2003.

Pfeffer J., Salancik G. R., *The external control of organizations: A resource dependence perspective*, New York: Harper & Row, 1978.

Pigni F., Piccoli G., Watson R., "Digital data streams: Creating value from the real-time flow of big data", *California Management Review*, Vol. 58, No. 3, 2016.

Prahalad C. K., Ramaswamy V., "Co-creation experiences: The next practice in value creation", *Journal of Interactive Marketing*, Vol. 18, No. 3, 2004.

Pushpananthan G., Elmquist M., "Joining forces to create value: The emergence of an innovation ecosystem", *Technovation*, Vol. 115, 2022.

Pusparini E, S., Soetjipto B, W., Rachmawati R., et al., "Managing eco-friendly strategy implementation and its impacts on business performance: The role of organtional strategic capabilities", *International Journal of Business and Society*, Vol. 21, No. 3, 2020.

Rampa R., Marine A., "Developing radical innovation capabilities: Exploring the effects of training employees for creativity and innovation", *Creativity and Innovation Management*, Vol. 30, No. 1, 2021.

Reker G. T., Peacock E. J., "The life attitude profile (LAP): A multidimensional instrument for assessing attitudes toward life", *Canadian Journal of Behavioural Science*, Vol. 13, No. 3, 1981.

Ritala P., Hurmelinna-Laukkanen P., "Incremental and radical innovation in coopetition-The role of absorptive capacity and appropriability", *Journal of Product Innovation Management*, Vol. 30, No. 1,

2013.

Sabherwal R., Sabherwal S., Havakhor T., et al., "How does strategic alignment affect firm performance? The roles of information technology investment and environmental uncertainty", *MIS Quarterly*, Vol. 43, No. 2, 2019.

Salavou H., Lioukas S., "Radical product innovations in SMEs: The dominance of entrepreneurial orientation", *Creativity & Innovation Management*, Vol. 12, No. 2, 2003.

Sarpong D., Appiah G., Bi J., et al., "In direct breach of managerial edicts: a practice approach to creative deviance in professional service firms", *R&D Management*, Vol. 48, No. 5, 2018.

Schilke O., Lumineau F., "How organizational is interorganizational trust?", Academy of Management Review, 2023, forthcoming. https://doi.org/10.5465/amr.2022.0040.

Schneider S., Kokshagina O., "Digital transformation: What we have learned (thus far) and what is next", *Creativity and Innovation Management*, Vol. 30, No. 2, 2021.

Schumpeter J. A., *Theory of economic development: An inquiry into profits, capital, credit, interest, and the business cycle*, Harvard University Press, Cambridge, 1934.

Schweitzer F., Hende E., Hultink E. J., "There's more than one perspective to take into account for successful customer integration into radical new product innovation: A framework and research agenda", *IEEE Transactions on Engineering Management*, Vol. 67, No. 3, 2020.

Seidl D., Werle F., "Inter-organizational sensemaking in the face of strategic meta problems: Requisite variety and dynamics of participation", *Strategic Management Journal*, Vol. 39, No. 3, 2018.

Senoo D., Magnier-Watanabe R., Salmador M. P., "Workplace reformation, active ba and knowledge creation: From a conceptual to a practical framework", *European Journal of Innovation Management*, Vol. 10, No. 3, 2007.

Sheng M. L., "A dynamic capabilities-based framework of organizational sensemaking through combinative capabilities towards exploratory and exploitative product innovation in turbulent environments", *Industrial Marketing Management*, Vol. 65, 2017.

Sheth J. N., "Customer value propositions: Value co-creation", *Industrial Marketing Management*, Vol. 87, No. 5, 2020.

Shi X., Liang X., Ansari S., "Bricks without straw: Overcoming resource limitations to architect ecosystem leadership", Academy of Management Journal, 2023, forthcoming. https://doi.org/10.5465/amj.2021.1440.

Shrestha Y. R., Ben-Menahem S. M., Krogh G. V., "Organizational decision-making structures in the age of artificial intelligence", *California Management Review*, Vol. 61, No. 4, 2019.

Sirmon D. G., Hitt M. A., Ireland R. D., et al., "Resource orchestration to create competitive advantage: Breadth, depth, and life cycle effects", *Journal of Management*, Vol. 37, No. 5, 2011.

Sjödin D., Parida V., Palmié M., et al., "How AI capabilities enable business model innovation: Scaling AI through co-evolutionary processes and feedback loops", *Journal of Business Research*, Vol. 134, 2021.

Slater S. F., Mohr J. J., Sengupta S., "Radical product innovation capability: Literature review, synthesis, and illustrative research propositions", *Journal of Product Innovation Management*, Vol. 31, No. 3, 2014.

Smith E. R., Semin G. R., "Social situated cognition: Cognition in its social context", *Advances In Experimental Social Psychology*, Vol. 36, No. 1, 2004.

Smith J. B., Mitchell J. R., Mitchell R. K., "Entrepreneurial scripts and the new transaction commitment mindset: Extending the expert information processing theory approach to entrepreneurial cognition research", *Entrepreneurship Theory & Practice*, Vol. 33, No. 4, 2010.

Song M., Thieme J., "The role of suppliers in market intelligence gathering for radical and incremental innovation", *Journal of Product Innovation Management*, Vol. 26, No. 1, 2009.

Stollberger J., Bosch M. J., Heras M. L., et al., "The tone at the top: a trickle-down model of how manager anger relates to employee moral behaviour", *European Journal of Work and Organizational Psychology*, Vol. 29, No. 1, 2020.

Stoyanov S., Stoyanova V., "Navigating cultural divides via identity work: Bulgarian migrant entrepreneurs' tactics in the UK", *Management and Organization Review*, Vol. 18, No. 6, 2022.

Strauss A. L., Corbin J., *Basics of qualitative research: Techniques and procedures for developing grounded theory* (2nd Ed.), Thousand Oaks, CA: Sage, 1998.

Strese S., Keller M., Flatten T. C., et al., "CEOs' passion for inventing and radical innovations in SMEs: The moderating effect of shared vision", *Journal of Small Business Management*, Vol. 56, No. 3, 2018.

Subramaniam M., Youndt S. M. A., "The influence of intellectual capital on the types of innovative capabilities", *Academy of Management Journal*, Vol. 48, No. 3, 2005.

Svahn F., Mathiassen L., Lindgren R., "Embracing digital innovation in incumbent firms: How volvo cars managed competing concerns", *MIS Quarterly*, Vol. 41, No. 1, 2017.

Taeuscher K., Rothe H., "Optimal distinctiveness in platform markets: Leveraging complementors as legitimacy buffers", *Strategic Management Journal*, Vol. 42, No. 2, 2021.

Tan B., Pan S. L., Chen W., et al., "Organizational sensemaking in ERP implementation: The influence of sensemaking structure", *MIS Quarterly*, Vol. 44, No. 4, 2020.

Taylor S. E., Brown J. D., "Illusion and well-being: A social psychological perspective on mental health", *Psychological Bulletin*, Vol. 103, No. 2, 1988.

Teece D. J., Pisano G., Shuen A., "Dynamic capabilities and strategic management", *Strategic Management Journal*, Vol. 18, No. 7, 1997.

Tellis G. J., Prabhu J. C., Chandy R. K., "Radical innovation across nations: The preeminence of corporate culture", *Journal of Marketing*, Vol. 73, No. 1, 2009.

Troilo G., De Luca L. M., Atuahene-Gima K., "More innovation with less? A strategic contingency view of slack resources, information search, and radical innovation", *Journal of Product Innovation Management*, Vol. 31, No. 2, 2014.

van den Heuvel M., Demerouti E., Schreurs B. H. J., et al., "Does meaning-making help during organizational change?: Development and validation of a new scale", *Career Development International*, Vol. 14, No. 6, 2009.

Vargo S. L., Lusch R. F., "Evolving to a new dominant logic for marketing", *Journal of Marketing*, Vol. 68, No. 1, 2004.

Vargo S. L., Lusch R. F., "It's all B2B. and beyond: Toward a systems perspective of the market", *Industrial Marketing Management*,

Vol. 40, No. 2, 2011.

Vough H. C., Caza B. B., "Where do I go from here? Sensemaking and the construction of growth-based stories in the wake of denied promotions", *Academy of Management Review*, Vol. 42, No. 1, 2017.

Walsh J. P., "Managerial and organizational cognition: Notes from a trip down memory lane", *Organization Science*, Vol. 6, No. 3, 1995.

Wang P., "Connecting the parts with the whole: Toward an information ecology theory of digital innovation ecosystems", *MIS Quarterly*, Vol. 45, No. 1, 2021.

Weick K. E., *Sensemaking in organizations*, Thousand Oaks, CA: Sage, 1995.

Weick K. E., Sutcliffe K. M., Obstfeld D., "Organizing and the process of sensemaking", *Organization Science*, Vol. 16, No. 4, 2005.

Whetten D. A., "Albert and Whetten revisited: Strengthening the concept of organizational identity", *Journal of Management Inquiry*, Vol. 15, No. 3, 2006.

Xie K., Wu Y., Xiao J. H., et al., "Value co-creation between firms and customers: The role of big data-based cooperative assets - ScienceDirect", *Information & Management*, Vol. 53, No. 8, 2016.

Xie X., Wang L., Zeng S., "Inter-organizational knowledge acquisition and firms' radical innovation: A moderated mediation analysis", *Journal of Business Research*, Vol. 90, 2018.

Yang D., Wang A. X., Zhou K. Z., et al., "Environmental strategy, institutional force, and innovation capability: A managerial cognition perspective", *Journal of Business Ethics*, Vol. 159, No. 4, 2019.

Yao J., Crupi A., Minin A. D., et al., "Knowledge sharing and technological innovation capabilities of Chinese software SMEs", *Journal of*

Knowledge Management, Vol. 24, No. 3, 2020.

Yoo Y., Henfridsson O., Lyytinen K., "Research commentary-the new organizing logic of digital innovation: An agenda for information systems research", *Information Systems Research*, Vol. 21, No. 4, 2010.

Zhang F., Zhu L., "Social media strategic capability, organizational unlearning, and disruptive innovation of SMEs: The moderating roles of TMT heterogeneity and environmental dynamism", *Journal of Business Research*, Vol. 133, 2021.

Zhang T., Lu C., Torres E., et al., "Value co-creation and technological progression: A critical review", *European Business Review*, Vol. 32, No. 4, 2020.

Zhu F., Liu Q., "Competing with complementors: An empirical look at Amazon. Com", *Strategic Management Journal*, Vol. 39, No. 10, 2018.

Zika S., Chamberlain K., "On the relation between meaning in life and psychological well-being", *British Journal of Psychology*, Vol. 83, No. 1, 1992.

索　引

动态能力　　13,14,16,19—26,64,
65,79,80,82,84,86,88—90,94,
144—146,148,171—177,179,180,
187—194,198,200—203,206—210

工业互联网平台　　120,123,126,
142

管理者认知　　4,5,7,8,10,12,13,
16,20,22—25,64—67,79—82,
84—90,144—150,152,155,157—
161,163—165,167,169—172,
191—193,198,199,203,205,206,
208

价值共创　　9,10,12,16,20,30,34,
63,86,87,91—94,96,100,108,
112—120,122,124,132,137,142,
195—198,205

模块化平台　　12,122,123,135—
137,205

数字化创新　　96,144,203

数字化生产力　　2—16,18—27,30,
43—46,61—64,67—72,74,79,80,
82,86—92,98,101,103,109,112—
115,119—124,132,141,144,145,
147,148,150,156,157,159,161,
163—167,169—180,183—193,
196,198—208,210—212

突破性创新　　1—18,20—27,34—
43,45,46,61—65,67—71,73,79,
80,89,91,92,113—116,119—121,
142,144—150,152,153,156,157,
159—161,163—167,169—180,
183—193,196,198—208,210—212

意义建构　　12,13,16,18,20,23—
25,27,29,46—62,66,67,79,82,
85,87,88,94,144,145,150—153,
156,157,159—161,164—166,
169—171,191,193,199,200,206—
208

知识场活性　　12,24,144,145,
148—150,152,153,155,157—161,

163—167,169—172,198—200,205—207,210

资源配置　　10,13,16,19—21,23—26,42,64,73,79—82,84,87—90,144,145,171—175,177,179,180,187,189—193,200—202,206,207,210

组织情绪能力　　144—148,152,154,155,157,159—161,163—167,169—172,198—200,206,207

致 谢

皇皇三余载,书剑两无成。转眼间,博士生涯已接近尾声。在这期间,我经历了从入学时的彷徨无措,到中期时的偶有小感,到如今的满怀憧憬。彷徨于入学时学术无果、课程繁多,小感于三年没有蹉跎、累累硕果,憧憬于未来仍有期望、高远志向。回味三年,众多场景涌入脑海,久久不能散去。图书馆中键盘声声,与外审斗智斗勇;经管楼下一间教室,与同门谈古论今;学校门外几碟小菜,与挚友推杯换盏……重回首,去时年,揽尽风雨苦亦甜。夜阑珊,读无眠,听尽春言,每天都是新的一片,不再清闲。望着洒满灯光的同舟河,一路向前。

令公桃李满天下,何用堂前更种花。值此小月,这是莘莘学子收获的季节,更是感恩师长的季节。恩师罗瑾琏教授在科研指导、立德树人、企业实践方面对我教诲颇多。在科研指导方面,她始终在坚持做顶天立地的研究,常常教导我要把论文写在祖国大地上,要把科研成果与中华民族伟大复兴的历史进程融为一体,要始终将"穷理致知、反躬践实"的学问精神作为科研座右铭。在立德树人方面,她常常以寥寥几句催人奋进,以生动实例引人前行。每次组会上都能听到她鼓舞我们要不断进取,勿要轻言放弃,时常还能回想起她举起握紧的右拳,说出一句在师门内广为流传的标志性语句"加油,树文"。入学三年,我曾被无数师生反复问到"罗老师何以治学能够做到届届学生独领风骚"。我一向笑着答道"风清气正、气正事成"。在企业实践方面，三年来，她带领我们深入数十家科创企业进行深度调研，整理数百万字访谈资料，这也推动我从象牙塔里做研究走向基于管理实践做研究。一言以蔽之，教诲如春风，师恩似海深。

桃李不言下自成蹊，名师不教学满天下。感谢课题组的钟竞老师，在论文撰写期间给予我许多帮助；感谢同济大学魏峰教授、梁建教授在日常学习中给予指导；感谢我的硕士生导师梁阜教授，在我攻读博士期间给予我许多生活方面的帮助；感谢曾经在学习和生活上帮助过我的众多校内外老师，在此一并谢过。一言以蔽之，花开花又落，师恩永难忘。

一路走来亲朋助，感恩无悔如丝蚕。感谢胡文安师兄在科研方面的悉心指导，在生活方面的无私帮助，小莹师姐在日常学习中的创新性引领，建青师兄在 QCA 学习方面的言传身教以及在生活中的不断鼓舞与开导，贾瑞乾师哥在英文论文撰写中的英文指导；感谢姚柱（柱哥）在三年学习生活中的鼓励和陪伴，利敏师妹在英文投稿中的解惑，慧洁师妹带我发顶刊，志菲师妹在生活方面提供的众多好点子。风雨兼程有君伴，千言万语诉不完。三年时间里，有幸每年都与各位一起撰写课题，一起讨论学术问题，一起徜徉在"吃"的海洋里。一言以蔽之，情深不言谢，未来多关切。

谁言寸草心，报得三春晖。我深深感谢我的父母，30 年来，他们对我的包容、养育。虽然我的家庭不富裕，但他们把我带到这个世界，让我感受到深深的爱和温暖。母亲常年带着病痛、父亲拖着疲惫的身体为我攒学费。即便于此，他们每次都对我说"你不要考虑家里，做你认为对的事就行"，这都成为我学习的动力。

结发为夫妻，恩爱两不疑。我有幸于 2021 年 5 月 26 日结束了与女朋友的十年爱情长跑，成功结为夫妻。感谢我的爱人在我攻读博士期间的理解与支持，在此期间她扛下了家庭重担，从赡养父母到承担家务，从独自走路上班到下班后自己吃残羹冷炙。在结婚时，没有绚烂的求婚仪式，没有电影式的结婚留念，甚至没有肉麻的结婚表白。但这却丝毫没有让她动摇嫁给我这个一穷二白、每天在论文中咬文嚼字的学生。每次我心有愧疚时，她都会用一句"我们这是师生恋"来缓解气氛。一言以蔽之，深情两不负，白首不相离。

记于 G114 上海—北京高铁上

2021 年 7 月 20 日